CONCORDANCES
DES
NUMÉROS ANCIENS ET DES NUMÉROS ACTUELS
DES
MANUSCRITS LATINS
DE LA
BIBLIOTHÈQUE NATIONALE

PRÉCÉDÉES D'UNE NOTICE

SUR LES ANCIENS CATALOGUES

PAR

H. OMONT

MEMBRE DE L'INSTITUT
CONSERVATEUR DU DÉPARTEMENT DES MANUSCRITS

PARIS
ERNEST LEROUX, ÉDITEUR
28, RUE BONAPARTE (VIe)
—
1903

CONCORDANCES
DES
MANUSCRITS LATINS
DE LA
BIBLIOTHÈQUE NATIONALE

ANGERS. — IMPRIMERIE ORIENTALE A. BURDIN ET Cie, 4, RUE GARNIER.

CONCORDANCES

DES

NUMÉROS ANCIENS ET DES NUMÉROS ACTUELS

DES

MANUSCRITS LATINS

DE LA

BIBLIOTHÈQUE NATIONALE

PRÉCÉDÉES D'UNE NOTICE

SUR LES ANCIENS CATALOGUES

PAR

H. OMONT

MEMBRE DE L'INSTITUT
CONSERVATEUR DU DÉPARTEMENT DES MANUSCRITS

PARIS
ERNEST LEROUX, ÉDITEUR
28, RUE BONAPARTE (VIe)

1903

NOTICE

SUR LES ANCIENS

CATALOGUES DES MANUSCRITS LATINS

DE LA

BIBLIOTHÈQUE NATIONALE

Les origines de la Bibliothèque nationale peuvent être légitimement rattachées aux collections de manuscrits réunies par saint Louis, auprès de son trésor, dans la chapelle du Palais[1], et, un siècle plus tard, par Charles V dans une des tours du château du Louvre[2]. Mais ces deux collections n'eurent qu'une existence éphémère; saint Louis ordonna en effet par son testament de disperser les livres qu'il avait réunis, et, quelques années après la mort de Charles VI, la merveilleuse librairie du Louvre, riche d'environ 1.200 volumes, acquise par le duc de Bedford, fut irrévocablement dispersée[3].

Charles VII et Louis XI ne paraissent l'un et l'autre

---

1. Voir L. Delisle, *Cabinet des manuscrits*, t.], p. 6-10.
2. Voir *ibid.*, p. 18 et suiv. et t. III, p. 114 et suiv.
3. C'est à peine si sur ce nombre de 1.200 manuscrits une centaine sont connus aujourd'hui. M. L. Delisle doit prochainement publier une étude d'ensemble sur la bibliothèque de Charles V.

avoir eu ni le goût ni le loisir, sans doute, de former une nouvelle bibliothèque. Charles VIII, le premier, entreprit de restaurer les collections royales, en ajoutant aux splendides volumes exécutés pour lui une grande partie de la bibliothèque des rois aragonais de Naples. Mais c'est à Louis XII qu'il était réservé de fonder véritablement la Bibliothèque royale par la réunion, au château de Blois, des collections de son prédécesseur et des rois de Naples, puis de celles des ducs d'Orléans, des ducs de Milan et de Louis de Bruges, sieur de La Gruthuyse[1].

Au début de son règne, François Ier faisait dresser, en 1518, par son chapelain, le dominicain Guillaume Petit, un répertoire, ou inventaire alphabétique de la librairie de Blois[2], et en même temps il réunissait au château de Fontainebleau une nombreuse collection de manuscrits grecs, tirés à grands frais d'Italie et d'Orient[3]. Lorsqu'à la fin du règne de François Ier, en 1544, la librairie de Blois fut réunie à celle de Fontainebleau[4], avec la collection que les ducs de Bourbon avaient formée à Moulins[5], la Bibliothèque royale était définitivement constituée.

A la fin du règne de Charles IX, elle était transférée de Fontainebleau à Paris, où elle eut à souffrir des troubles de la Ligue. Accrue bientôt, sous les règnes de Henri IV et de Louis XIII, des collections de la reine Catherine de Médicis et de l'ambassadeur Hurault de Boistaillé[6], elle fut suc-

---

1. Voir L. Delisle, *Cabinet des manuscrits*, t. I, p. 94-146.
2. Voir p. v la notice de ce catalogue. — Vers 1530, un autre inventaire de la librairie de Blois fut dressé par Lefèvre d'Etaples; voir p. xi.
3. Voir les *Catalogues des manuscrits grecs de Fontainebleau sous François Ier et Henri II*, publiés par H. Omont (Paris, 1889, gr. in-4º).
4. Voir p. xii la notice de ce catalogue.
5. Voir L. Delisle, *Cabinet des manuscrits*, t. I, p. 165-175.
6. Voir *ibid.*, p. 207-212 et 213-214.

cessivement déposée au Collège de Clermont, puis, après le retour des Jésuites, en 1604, l'historien Jacques-Auguste de Thou, maître de la librairie, la fit placer non loin de là, chez les Cordeliers[1], et bientôt elle fut transportée dans une dépendance de ce dernier couvent, avec une entrée particulière sur la rue de la Harpe, au dessus de Saint-Côme[2]. Elle y resta jusqu'en 1666, date où Colbert, qui avait précédemment obtenu pour son frère, Nicolas Colbert, la charge de garde de la librairie, la fit installer rue Vivienne, derrière le jardin de son hôtel[3]. Ce fut la dernière étape de la Bibliothèque royale, jusqu'à son transfert définitif, en 1724, de l'autre côté de la rue Vivienne, dans l'hôtel du duc de Nevers, contigu à celui de Mazarin et qu'elle occupe encore aujourd'hui[4].

C'est sans doute au moment de son transport de Fontainebleau à Paris, ou peu après, que fut rédigé, peut-être par les soins de Jean Gosselin, garde de la librairie de 1560 à 1603, le premier catalogue général des livres manuscrits et imprimés de la Bibliothèque royale[5]. Cet inventaire, quelque sommaire et défectueux qu'il fût, servit encore pendant l'administration d'Isaac Casaubon, qui remplaça Gosselin de 1604 à 1614. Mais l'un des premiers soins du successeur de Casaubon, Nicolas Rigault, garde

---

1. J.-A. de Thou était, depuis 1596, *père temporel* des Cordeliers; voir les *Acta discretorii magni conventus Parisiensis* (Archives nationales, LL 1511, fol. 94 v°).

2. Sur l'emplacement des immeubles limités actuellement par les rues Racine et de l'École de médecine, à leur jonction avec le boulevard Saint-Michel. Voir le plan de Gomboust (1652), reproduit par Jouvin de Rochefort (1676).

3. Voir le plan de Lacaille (1714).

4. Voir la quatrième lettre, *le Palais Mazarin*, du comte de Laborde, sur l'*Organisation des bibliothèques* (Paris, décembre 1845), avec les plans qui l'accompagnent.

5. Voir p. xix la notice de ce catalogue et des deux suivants.

de la librairie de 1615 à 1645, fut de dresser un nouveau catalogue de la collection royale; il l'acheva en 1622, avec l'aide des érudits Claude Saumaise, Jean-Baptiste Hautin et Pierre Dupuy, après avoir attribué, pour la première fois, dans cet inventaire une cote à chaque manuscrit et mis à part les livres imprimés, encore fort peu nombreux. Pierre et Jacques Dupuy, auxquels Nicolas Rigault avait cédé sa charge en 1645, inaugurèrent leurs fonctions, en remaniant et complétant le catalogue de leur prédécesseur[1].

Mais les acquisitions des importantes collections de Dupuy en 1656, de Béthune en 1662, de Gaulmyn en 1665, de Mazarin en 1668[2], qui se succédèrent dans la première moitié du règne de Louis XIV, nécessitèrent bientôt la refonte complète du catalogue de 1645, aussi bien pour les manuscrits que pour les livres imprimés. Nicolas Clément, garde de la librairie de 1670 à 1712, s'y employa avec un zèle incomparable et acheva, dès l'année 1682, un nouvel inventaire général des manuscrits sur lequel chaque volume fut enregistré avec sa nouvelle cote et, pour la première fois, avec la mention de son origine[3].

A la fin du règne de Louis XIV et au début de celui de Louis XV, les acquisitions successives des collections de Ch.-M. Le Tellier en 1700, d'Ant. Faure en 1701, des Bigot en 1706, de Thévenot en 1712, de Galland et de Gaignières en 1715, de l'abbé de Louvois en 1718, de Ph. de La Mare et de Baluze en 1719, de Saint-Martial de Limoges en 1730, des de Mesmes en 1731, enfin et surtout des ma-

---

1. Voir p. xxiii et xxix les notices de ces deux catalogues.
2. Voir L. Delisle, *Cabinet des manuscrits*, t. I, p. 263, 266 et 270.
3. Voir p. xxxi la notice de ce catalogue.

nuscrits de Colbert en 1732[1], nécessitèrent une refonte complète de l'inventaire de Clément, préparée de longue main par les travaux particuliers confiés à divers savants[2] et qui devait aboutir à la publication par l'Imprimerie royale, en quatre volumes in-folio, de 1739 à 1744, des catalogues des manuscrits orientaux, grecs et latins[3].

I

RÉPERTOIRE ALPHABÉTIQUE DE LA LIBRAIRIE DE BLOIS

PAR GUILLAUME PETIT.

(1518.)

L'exemplaire original du répertoire alphabétique de la librairie de Blois, rédigé en 1518 par Guillaume Petit, semble être depuis longtemps perdu, mais on en possède une copie ancienne, calligraphiée avec un certain luxe et formant un volume in-folio, de 182 feuillets de parchemin,

---

1. Voir L. Delisle, *Cabinet des manuscrits*, t. I, p. 302, 320, 322, 334, 361, 387, 397 et 439.
2. D'Herbelot et l'abbé Renaudot pour les mss. orientaux, Du Cange et Cotelier pour les mss. grecs, Mabillon et plusieurs autres Bénédictins de Saint-Germain-des-Prés pour les mss. latins; voir p. xxxvii.
3. *Catalogus codicum manuscriptorum Bibliothecæ regiæ* (Parisiis, 1739-1744, 4 vol. in-fol.). — Tomus I, Pars prima continens codices mss. orientales (1739). — Tomus II. Pars secunda... codices græcos (1740). — Tomi III et IV. Pars tertia... codices latinos (1744).

jadis recouvert d'une reliure en velours noir[1]. Cette copie est aujourd'hui conservée à Vienne, sous le n° 2548 des manuscrits de la Bibliothèque impériale; elle y est entrée avec d'autres livres de la collection du prince Eugène de Savoie-Carignan, mort en 1736 au service de l'Autriche[2]. Le texte de cet inventaire, qui enregistre les notices de 1592 volumes, manuscrits et imprimés, débute au premier feuillet par le titre suivant :

« S'ensuit le Repertoire, selon l'ordre de l'alphabete, de tous
« les livres, volumes et traittez en françoys, italien et espaignol,
« couvers de veloux et non couvers, de la librairie du treschres-
« tien roy de France, Françoys, premier de ce nom, estant pour
« le present à Blois. Lequel Repertoire a esté commencé, moyen-
« nant la grace de Nostre Seigneur, parfaict et acomply par frere
« Guilielme Pervy, de l'ordre des freres Prescheurs, indigne chap-
« pelain, tresobeissant subgect et immerité confesseur dudict
« seigneur, l'an de grace mil cinq cens et XVIII, et de son regne
« le quatriesme. »

Les notices des livres français, manuscrits ou imprimés, tantôt sommaires, quand il s'agit d'œuvres bien connues, tantôt au contraire assez étendues, sont classées à la suite de ce titre en un seul ordre, à peu près alphabétique, de titres d'ouvrages ou de noms d'auteurs. Les quelques exemples suivants suffiront pour se rendre compte de la méthode suivie par Guillaume Petit (fol. 10 v°) :

[69.] Decretalles[3].

---

1. Voir L. Delisle, *Cabinet des manuscrits*, t. I, p. 175-177. — Une édition annotée de ce catalogue, publiée par M. P. Arnauldet, est en cours d'impression dans le *Bibliographe moderne* depuis 1902.
2. La description de ce volume est donnée ici de seconde main, l'administration de la Bibliothèque impériale de Vienne n'ayant pas consenti à prêter à Paris cette copie du catalogue de Guillaume Petit.
3. Aujourd'hui ms. français 493.

DE LA BIBLIOTHÈQUE NATIONALE

[70.] Digeste viel[1].

[71.] Dialogue sainct Gregoire[2].

[72.] Dix commandemens de la Loy, avec les douze articles de la Foy; les sept Pechez mortelz, avec les branches d'iceulx, figurez par la beste, que veist monseigneur sainct Jehan en son Apocalipse, laquelle avoit sept testes, dix cornes et dix couronnes. — Item, après est contenue une petite doctrine de bien vivre et bien mourir. — L'exposicion des sept Peticions du Pater noster, des sept Dons du sainct Esprit et des Vertus en particulier. — Et est ledict livre historié, faict par ung frere de l'Ordre des freres Prescheurs, à la requeste du roy de France Phelippe, mil deux cens soixante dix neuf[3].

[73.] Dictz moraulx, incitatifs à vertuz, des anciens philosophes, avec ung aultre livre des principalles sentences de Aristote, touchant les vertuz, comme prudance, justice, force et atrempance, avec les vertuz subalternes d'icelles quatre vertuz[4].

A la suite de ce catalogue alphabétique des livres français, qui mentionne 254 volumes et occupe les feuillets 1 à 43 v° du manuscrit, se trouvent cinq autres petits inventaires particuliers de livres, qui, à cause, sans doute, de leur format, de leur nature ou de leur usage, n'avaient pas été compris dans la liste générale précédente :

1° (fol. 44-51). « Inventaire des petitz livres et traictiez en françoys, appartenans au Roy, lesquelz sont en sa librairie à Blois, aux armaires soubz le pulpitre de la Cronicque de Angleterre et de la Toison. » (N°s 255-321.)

2° (fol. 52-54). « S'ensuit ce qui est dedans ung coffre carré de boys de sapin. » (N°s 322-341.)

3° (fol. 55-58 v°). « S'ensuit ce qui est en l'autre armaire, qui est soubz le pulpitre où sont Tite Live, Valere, le Commentaire de Cesar, le Recueil des Histoires. » (N°s 342-375.)

4° (fol. 59 et v°). « Table et inventaire des livres en vulgaire italien, couvers de veloux. » (N°s 376-385.)

1. Aujourd'hui ms. français 495.
2. Aujourd'hui ms. français 911.
3. Aujourd'hui ms. français 942.
4. Aujourd'hui ms. français 1105.

5° (fol. 60-61 v°). « Aultres livres que le Roy porte communement. » (N⁰ˢ 386-403.)

Il semble que ce soit à cette première partie seule de l'inventaire que se rapporte le titre qu'on a lu plus haut, et encore n'y trouve-t-on pas la liste des livres espagnols, mentionnés dans ce titre, non plus que la liste des livres italiens *non couverts de velours*. Cette distinction des livres de même genre en deux séries, suivant qu'ils sont *couverts de velours*, ou *non couverts de velours*, qu'on voit ici appliquée uniquement aux livres italiens, est au contraire une règle constante dans la suite de l'inventaire pour tous les livres latins et grecs.

Les titres des volumes ne sont pas non plus dans cette seconde partie du répertoire, comme dans la première, rangés suivant un seul ordre alphabétique. Les livres *couverts de velours* ont été d'abord répartis en un certain nombre de divisions méthodiques, dont on trouvera la liste plus loin, puis classés par ordre alphabétique, le plus souvent des noms d'auteurs, dans chacune de ces divisions, qui se reproduisent ensuite dans le même ordre pour les livres *non couverts de velours*.

On remarquera enfin une particularité qu'offre la première division, consacrée aux livres de théologie couverts de velours, et qui ne reparaît dans aucune des divisions suivantes. Un grand nombre de ces livres manuscrits renfermant plusieurs ouvrages réunis en un seul volume, l'auteur du catalogue a été amené, après avoir classé à son ordre alphabétique le titre du premier ou du principal traité de chaque recueil, à faire des renvois pour les titres secondaires. Mais, au lieu de comprendre en un seul ordre alphabétique, les titres principaux et secondaires, il en a formé deux séries distinctes, rapprochées sous chaque lettre de l'alphabet et distinguées l'une de l'autre par les mots *volumina* ou *tractatus*, qu'il a eu soin d'inscrire en vedette, à côté de chaque lettre, ou au milieu de la page, pour prévenir toute confusion. Il a de plus ajouté la mention *require*, pour marquer le renvoi, en répétant le titre principal de l'ouvrage avec ou à la suite duquel chacun de ces traités était relié, mais sans cependant, à l'article principal auquel il renvoie ainsi, donner le détail des différents traités qui composaient le volume. Un exemple permettra de se rendre facilement compte de cette méthode ; voici les deux articles consacrés l'un à la suite de l'autre dans le catalogue à la lettre N (fol. 89 et 90) :

THEOLOGIA. N. *Volumina couvers de veloux.*

[513.] Nicolay de Gorron, ordinis Predicatorum, insignis postilla super Ecclesiasticum[1].

[514.] Nicolaus de Lira super Genesim[2].

[515.] Nicolaus de Lira super libros Salomonis et omnes Prophetas. — Item, super Thobiam, Baruch, Judich, libros Machabeorum, Sapiencie, Ecclesiastici, Esdre[3].

[516.] Novum Testamentum, in parvo volumine[4].

THEOLOGIA. N. *Tractatus.*

Nichodemi evangelium. — Require in libro : *Vita Patrum*[5].

Nicholay Bocherii, ordinis Predicatorum, conventus Blesensis et prioris in eodem conventu, consciencie directorium, sive confessionnale, et collaciuncula de materia paciencie, ad Carolum, ducem Aurelianensem. — Require in libro : *Augustinus de spiritu et anima*[5].

Nicholay Treveth, ordinis Predicatorum, commentaria super

1. Aujourd'hui ms. latin 487.
2. Aujourd'hui ms. latin 364.
3. Aujourd'hui ms. latin 461.
4. Aujourd'hui ms. latin 320.
5. Article non identifié.
6. Aujourd'hui ms. latin 2049.

librum Augustini de civitate Dei. — Require in libro : *Tabula librorum Augustini de civitate Dei*[1].

Or, si l'on se reporte dans l'inventaire aux trois articles auxquels il est ainsi fait un renvoi, on n'y trouvera que la seule mention du titre de l'ouvrage principal contenu dans chacun de ces volumes :

1° [559.] Vita Patrum.
2° [414.] Augustinus de spiritu et anima; de diligendo Deo; de diffinitionibus recte fidei; de disciplina christiana; de conflictu viciorum et virtutum; de cognitione vere vite; de tolerantia divine voluntatis, super psalmum : Noli emulari; et de cognitione vere vite; in uno volumine.
3° [552.] Tabula super libros Augustini de civitate Dei.

A la différence des livres français, disposés en seul ordre alphabétique, les livres latins, dont les titres sont rapportés en général avec beaucoup moins de détails, ont été disposés, comme il a été dit plus haut, dans un ordre à la fois méthodique et alphabétique. Sans parler de la division des livres en deux grandes séries, selon qu'ils sont *couverts de velours* ou *non couverts de velours,* les titres de ceux-ci sont classés à peu près alphabétiquement dans une suite de divisions méthodiques, qui occupe les fol. 67 à 182 et dont il suffira de donner le tableau (p. xi).

En résumé, si le répertoire alphabétique des livres français de la librairie de Blois est bien l'œuvre de Guillaume Petit et date certainement de 1518, on ne saurait être aussi affirmatif pour l'inventaire méthodique des livres latins, conçu et rédigé sur un plan tout différent. Dans la copie que nous en a conservée le manuscrit de Vienne, ce dernier inventaire ne porte en effet aucun titre et il y est très nettement séparé par un intervalle de six feuil-

1. Aujourd'hui ms. latin 2075.

lets du répertoire des livres français. Ne serait-on pas autorisé, en ce cas, à voir dans cette copie la réunion de deux inventaires, transcrits postérieurement, au temps, peut-être, de Jacques Lefèvre d'Étaples, qui succéda à Guillaume Petit dans la charge de garde de la librairie, et qu'on sait d'ailleurs, par un passage seulement d'une lettre de Marguerite de Navarre, avoir dressé, vers 1530, un inventaire de la librairie[1] confiée à ses soins?

LIVRES LATINS, GRECS ET HÉBREUX

DIVISIONS MÉTHODIQUES	COUVERTS DE VELOURS	NON COUVERTS DE VELOURS
I. Théologie	Nos 404-560	Nos 873-1007
II. Droit canon . . .	— 561-578	— 1008-1042
III. Droit civil	— 579-600	— 1043-1101
IV. Philosophie . . .	— 601-642	— 1102-1163
V. Médecine	— 643-671	— 1164-1208
VI. Astrologie, arithmétique, géométrie, art militaire, architecture et agriculture	— 672-702	— 1209-1224
VII. Grammaire. . . .	— 703-710	— 1225-1247
VIII. Logique.	»	— 1248-1262
IX. Poésie	— 711-740	— 1263-1349
X. Eloquence	— 741-780	— 1350-1437
XI. Histoire.	— 781-856	— 1438-1562
XII. Livres grecs et hébreux. . . .	— 857-872	— 1563-1592

1. La reine de Navarre parle expressément de cet inventaire dans une lettre qu'elle écrivit en 1531 au connétable de Montmorency (voir *Heptaméron*, éd. Leroux de Lincy; Paris, 1853, in-8°, t. I, p. L) : « Le bonhomme Fabry m'a escript qu'il s'est trouvé ung peu mal à Bloys... Il a mis en ordre sa librairie, cotté les livres et mis tout par inventaire, lequel il baillera à qui il plaira au Roy. »

II

INVENTAIRE DE LA LIBRAIRIE DE BLOIS
LORS DE SON TRANSFERT A FONTAINEBLEAU.
(1544.)

Si l'exemplaire original du second inventaire de la librairie de Blois, dressé en 1544, paraît aujourd'hui également perdu[1], on en possède du moins, sous le n° 5660 des manuscrits du fonds français de la Bibliothèque nationale, une copie authentique et tout à fait contemporaine. C'est le double de cet inventaire, transcrit pour Mellin de Saint-Gelais, chargé de présider au transfert de la bibliothèque de Blois, et qui lui a servi, comme en témoignent de nombreuses corrections de sa main, pour faire le récolement des volumes après leur arrivée à Fontainebleau. Cette copie, sur papier, forme un volume petit in-folio, de 128 feuillets, couverts d'une écriture rapide et négligée ; le long titre, qui en occupe toute la première page, indique d'une façon très nette et très explicite les conditions dans lesquelles a été dressé cet inventaire [2] :

« Inventaire fait par nous Jehan Grenaisie, licencié en loix, et
« Nicollas Dux, conseillers du Roy et maistres ordinaires de ses
« comptes à Blois, à ce commis par la Chambre, en vertu des
« lettres patentes dudit seigneur, données à Sainct Germain en
« Laye, le vingt deuxiesme jour de may dernier passé, signées :
« FRANÇOYS, et au dessoubz : *Par le Roy*, DE L'AUBESPINE, scellées

---

[1]. Une copie, faite en 1719, de l'inventaire original, conservé alors dans les archives de la Chambre des comptes de Blois, forme aujourd'hui le ms. français 12999.

[2]. Un fac-simile de cette première page de l'inventaire a été donné par M. A. Franklin, *Anciennes bibliothèques de Paris*, t. II, p. 138.

« de cyre jaune du grant scel dudit seigneur, de tous les livres
« estans en la librarye de Blois, tant en langue latine, grecque,
« hebraïque, que vulguaires, ensemble des spheres theoriques et
« autres corps d'astrologie, pour iceulx transporter dudit Blois
« à Fontainebleau, selon qu'il est mandé par ledit seigneur par
« ses dites lettres. A veoir faire lequel inventaire ont assisté
« venerable maistre Mellin de Sainct Gelaiz, conseiller dudit sei-
« gneur, abbé commandataire de Orclus, Jehan de La Barre,
« commis à la garde de la librarie dudit Bloys, Estienne Co-
« chart, libraire; pour lequel faire avons vaqué depuis le vingt
« troizyesme jour de may jusques au cinquyesme jour de jun en-
« suyvant. Après lequel inventaire fait, ont esté enpaquetez et
« emballez lesdits livres, spheres et autres choses inventariées, et
« baillées et delivrées audit de Sainct Gelais, commis par ledit sei-
« gneur pour iceulx recevoir, pour les conduire et rendre en la
« librairie du dit seigneur audit Fontainebleau, acompagné dudit
« Mᵉ Nicolas Dux, à ce commis par la Chambre, en vertu desdites
« lettres, pour rapporter par ledit Dux certifffication du libraire
« de la librarie dudit seigneur audit Fontainebleau d'avoir receu
« lesdites lettres selon ledit inventaire, et tout ainsi que ledit sei-
« gneur le veult et mande par sesdites lettres. A faire lequel in-
« ventaire avons vaqué et procheddé à la confection d'icelluy en la
« forme et maniere qui s'ensuit. »

L'acte constatant la remise des volumes faite à Mellin
de Saint-Gelais, le 4 juin 1544, est transcrit à la fin de l'in-
ventaire :

« Le quatriesme jour de jun l'an mil cinq cens quarante et
« quatre, noble et discrete personne maistre Melin de Sangelays,
« conseiller du Roy nostre sire, son aulmosnier ordinaire, abbé
« commendataire d'Orclus en Brye, a confessé avoir receu de
« nobles hommes maistres Jehan Grenaisie et Nicolas Dux, aussi
« conseillers dudit seigneur, et maistres de ses comptes à Blois,
« à ce commis par la Chambre de ses comptes, en vertu des lettres
« patentes d'icellui seigneur, tous et chacuns les livres, spheres,
« globbes et autres choses contenues et declarées par les inven-
« taires cy-dessus escriptz, contenant six vingts sept feuilletz, pour
« iceulx conduire, rendre et delivrer en la librarie dudit seigneur,

« en sa maison de Fontainebleau, au libraire dudit seigneur esta-
« bly audit lieu, et en retirer de luy certiffication et icelle bailler
« audit Dux, commis par ladite Chambre, en vertu desdites lettres,
« pour conduire lesdits livres avec ledit de Sainct Gelays, et tout
« ainsi comme ledit seigneur le veult et mande par sesdites lettres.
« Fait ès presences de Jehan Belon, apothicaire, Estienne Cochart
« et Pierre Albert, demourans à Blois, tesmoings, etc. J. HAPELIN. »

Huit jours après, le 12 juin 1544, le garde de la librairie de Fontainebleau donnait acte à son tour à Mellin de Saint-Gelais de la remise des volumes de Blois[1] :

« Je Mathieu Labisse, garde de la librairie du Roy, seant à Fon-
« tainebleau, confesse avoir receu par les mains de venerable per-
« sonne M° Melin de Sainct Gelays, conseiller dudit seigneur et
« abbé de Orclus, tous et chacuns les livres, speres, globbes theo-
« riques, cedulles, enseignemens et autres choses nommées et
« contenues en ces deux inventoires, contenans cent vingt feuil-
« lez; lesquelz livres, speres, globbes theoriques et autres choses
« dessusdites ont esté enlevez de la librairie dudit seigneur, qui
« soulloit estre à Bloys, et conduits audit Fontainebleau par ledit
« Sainct Gelays, accompagné de noble homme Nicolas Dux, aussi
« conseiller dudit seigneur et maistre de la Chambre des comptes
« audit Bloys, commis par ladite Chambre, ainsi livrés suivant les
« lettres patentes dudit seigneur expediées à ceste fin. Desquels
« livres, speres, globbes teoriques et autres choses dessusdites,
« contenues en ces deux inventoires, je promets tenir et rendre
« bon compte audit seigneur, et en tesmoing de ce j'ay escript et
« signé ceste presente de ma propre main. Fait à Fontainebleau,
« le 12° jour de juing 1544. M. LABISSE.

Dressé très rapidement, peut-être sous la dictée, en suivant l'ordre de placement des volumes, cet inventaire permet de reconstituer en quelque sorte l'aspect matériel de la librairie de Blois. Les livres y sont sommairement énumérés, pupitre par pupitre, en un ordre méthodique souvent

1. Le texte de ce reçu ne se trouve que dans la copie de l'inventaire destiné à la Chambre des comptes de Blois (ms. français 12999, fol. 86 et v°).

approximatif; ils sont toujours séparés en deux catégories, qui se suivent dans chaque division, selon qu'ils sont *couverts de velours* ou *couverts de cuir*, et la couleur de la reliure est régulièrement mentionnée [1]. Les articles de l'inventaire de 1518, cités plus haut, s'y retrouvent sous cette forme, pour les livres français :

1° En tête de la division des *Livres de Droit, en français* :

[1286.] Ung autre livre, en perchemyn, couvert de veloux bleu, figuré, intitulé *Decretales*.

[1285.] Ung livre, en perchemyn, couvert de veloux bleu figuré, intitulé *Digeste vielle*.

2° Dans la division des *Livres de théologie* :

[1515.] Autre livre, en parchemyn, intitullé *Dialogue sainct Gregoire*, couvert de veloux vert, figuré.

[1498.] Ung autre livre en parchemyn, intitulé *Les dix Commandemans de la Loy* et *Apocalipse*, couvert de veloux viollet.

[1532.] Ung autre livre, en parchemyn, intitullé *Les Dictz moraulx*, couvert de veloux tanné, figuré.

Et pour les livres latins :

1° THÉOLOGIE. — Second pupitre en la place; couverts de veloux (en tête du chapitre) :

[26.] *Ecclesiasticus fratris Nicolai de Gorran*, couvert de veloux incarnat.

2° Premier pupitre, etc. :

[8.] *Nicolaus de Lira in Genesim*, couvert de veloux tanné.

---

1. On remarquera qu'il n'est fait aucune mention particulière dans cet inventaire non plus que dans les suivants, à la différence des catalogues des manuscrits grecs, des splendides reliures, mises à un grand nombre de volumes sous François 1er, Henri II et Charles IX, et sur lesquelles on peut consulter le livre récent de M. Ern. Quentin-Bauchart, *La Bibliothèque de Fontainebleau et les livres des derniers Valois* (Paris, 1891, in-8°).

[9.] *Nicolaus de Lira, ubi Parabole Salomonis*, couvert de veloux viollet.

[5.] *Liber quatuor Evangelistarum*, couvert de veloux incarnat.

Mais, tandis que dans le répertoire alphabétique de 1518 les livres français avaient été placés en tête et les livres latins à leur suite, le catalogue de 1544 débute au contraire par les livres latins, et les livres français sont rejetés à la fin. Le tableau suivant permettra au reste de se rendre compte facilement de l'ordre suivi dans la rédaction de cet inventaire :

I. — LIVRES LATINS, GRECS ET HÉBREUX

DIVISIONS MÉTHODIQUES	COUVERTS DE VELOURS	COUVERTS DE CUIR
	Numéros	Numéros
I. Théologie. — Premier pupitre en la place.	1-11	12-25
— Deuxième Id.	26-37	38-48
— Troisième Id.	49-62	63-77
— Petit pupitre vers les fossez.	78-79	80-83
— Grands pupitres contre les murs.	84-176	177-285
II. Jus canonicum. — Quatrième pupitre en la place.	286-299	300-331
III. Jus civile. — Cinquième Id.	332-356	357-413
IV. Médecine. — Sixième Id.	414-439	440-489
V. Historicorum veterum.	490-541	542-605
VI. Historicorum recentiorum	606-648	649-689
VII. Hebraicorum et Græcorum	690-716	717-731
VIII. Poesis.	732-763	764-860
IX. Grammatica	861-868	869-921
X. Rhetorice	922-943	944-1003
XI. Philosophia moralis	1004-1034	1035-1097
XII. Philosophia naturalis, Architecture et Agriculture	1098-1143	1144-1201

II. — LIVRES FRANÇAIS, ETC.

DIVISIONS MÉTHODIQUES	NUMÉROS
Livres de CHAPELLE, en musique	1202-1216
— en plain chant	1217-1243
Histoires de la TABLE RONDE.	1244-1284
Livres de DROIT [et autres], en français. . . .	1285-1460
Livres en vulgaire *italien*.	1461-1474
Livres de THÉOLOGIE [en français].	1475-1535
Autres livres de THÉOLOGIE, en *italien* et *espagnol* .	1536-1597
Autres livres d'HISTOIRES et POÈTES *italiens*.	1598-1745
Inventaire des livres estant aux casses. — 1re cassette.	1746-1815
— 2e cassette.	1816-1886

Au moment de la rédaction de l'inventaire de 1544, une dizaine de volumes de la librairie de Blois étaient prêtés, et quelques-uns de ces prêts remontaient à douze ans et plus ; on ne lira peut-être pas sans intérêt la nomenclature des volumes portés sur cette première liste de prêts, qui témoigne de la libéralité avec laquelle était déjà administrée la Bibliothèque royale :

[1887.] Item, par la cedulle de Pierre DANÈS, lecteur en langue grecque pour le Roy à Paris, est aparu ledit Danès avoir eu de ladite librairie ung livre grec intitullé *Breviarium legum*; laquelle cedulle n'est dattée, ains seullement signée dudit Pierre Danès.

[1888.] Item, par la cedulle de JOMBÈS, dattée du dixiesme jour d'octobre cinq cens quarente deux, est aparu ledit Jombès avoir eu de ladite librairie ung grant livre qui tracte de la *Nature des herbes*.

[1889.] Item, par la cedulle de Claude CHAPPUIS, dattée du IIIe jour de mars mil V^c trente deux, est aparu ledit Chappuis avoir eu de ladite librairie les livres declarez par son recepicé, en vertu des lettres missives du Roy, données à Paris, le XXIIe jour de fevrier V^c trente deux, signées : FRANÇOYS, et au dessoubz : Par le Roy, *Bochetel*.

[1890.] Plus, faisant ledit inventaire, ledit de La Barre, commis à la garde de ladite librarie, a declaré avoir baillé à Mons‍ʳ DU TOUR le livre de *Boece de Consolation*, en ryme, escript à la main, en papier, couvert de cuir ; et en a presenté memoire, escript de sa main, sans toutesvoys avoir cedulle.

[1891.] Plus, ledit de La Barre a declaré avoir baillé à Mᵉ Jehan CHAPPELLAIN, medicin de Madame la Regente, ung livre grec, escript en papier, assez gros, tractant du *Débat du corps et de l'ame* ; et en a presenté memoire, escript de sa main, sans toutesvois avoir cedulle.

[1892.] Plus, a declaré avoir baillé à Monseigneur le DAULPHIN les *Fables de Poge*, en françoys, dont il n'a cedulle.

[1893.] Plus, a declaré avoir baillé à l'huissier MICHELLET ung livre intitullé : *Le livre des Batailles*, dont il n'a aucune cedulle.

[1894.] Plus, a declaré avoir baillé à Guillaume MILLET ung *Ptholomée*, escript à la main, en langage italien, couvert de cuir tanné, en grant volume, comme apert par sa cedulle, du vingt-quatryesme de septembre mil Vᶜ trente trois, signée de sa main[1].

[1895.] Plus, a declaré avoir baillé à...... ALEGRE ung livre de ladite librarie, nommé le *Novellin*, comme il appert par la cedulle dudit Allegre, du vingt huitiesme jour de novembre, signée de sa main.

[1896.] Plus, a declaré avoir baillé à COULDROY ung livre intitullé le *Premier tracté de la glosa Hali*, comme il appert par sa cedulle, dattée du dernier jour de may cinq cens trente trois, signée de son seing[2].

Lesquelles cedulles et memoires sont demourées entre les mains dudit de Sainct Gelays.

---

1. En marge, on lit : « Ceste cedulle a esté rendue audit Millet par Monseigneur de Mascon [Pierre Duchastel, maître de la librairie], present Monsʳ Chappuys, libraire du Roy, le jour des Innocens mil Vᵒ quarante quatre ; et combien qu'il soit escript au doz *Ptolomée*, toutefoys c'est *Franciscus Berlingerius* ».

2. En marge, on lit : « Ceste cedulle fut rendue audit Couldroy, pour ce qu'il m'a rendu le livre ixᵉ may mil Vᶜ quarante sept ».

III

CATALOGUE DES BIBLIOTHÈQUES DU ROI A PARIS

A LA FIN DU XVIᵉ SIÈCLE.

C'est sans doute vers 1560[1], lors du transfert à Paris de la bibliothèque de Fontainebleau, qu'on dressa un nouveau catalogue des collections royales ; quelque sommaire et imparfait qu'il soit[2], c'est à proprement parler le premier catalogue de la Bibliothèque du roi, riche alors de près de 3.650 volumes. On n'en possède plus qu'une copie défectueuse et datant seulement des dernières années du xvıᵉ siècle, qui occupe les 127 premiers feuillets du manuscrit français 5585 de la Bibliothèque nationale. Il est intitulé : « Catalogue des bibliothèques du Roy » et est sans doute l'œuvre de Jean Gosselin. Les livres, manuscrits et imprimés, toujours mélangés, y sont groupés et répartis en un nouvel ordre méthodique, et, si on ne les trouve plus, comme précédemment, séparés en livres *couverts de velours* ou *non couverts de velours,* ils sont cependant encore partagés en une double série méthodique, suivant qu'ils avaient été placés dans la *Haute librairie* ou la *Basse librairie,* aux deux étages de la maison de la rue de la Harpe, occupés alors par la Bibliothèque du roi.

---

1. Parmi les livres imprimés portés à ce catalogue et dont l'identification est certaine, on remarque en effet une série de volumes datant des années 1555 et 1556 et une édition de l'*Architettura* de Serlio, publiée en 1559 (fol. 94 v°).

2. Il semble que beaucoup des articles de ce catalogue reproduisent simplement les titres sommaires poussés sur le plat supérieur des reliures des volumes.

HAUTE LIBRAIRIE.

	NUMÉROS
1. Catalogus theologorum latinorum	1-308
2. Catalogus librorum ad mores pertinentium . .	309-352
3. Catalogus poetarum latinorum	353-452
4. Catalogue des poetes françois	453-521
5. Catalogus medicorum	522-603
6. Catalogus mathematicorum latinorum et gallicorum	604-690
7. Geographie	691-736
8. Historiens françois des guerres contre les Anglois et Flamans	737-764
9. Catalogue des historiens et gestes des François.	765-1000
10. Catalogue [de] diverses histoires françaises, [etc.]	1001-1056
11. Catalogue de certains livres françois	1057-1105
12. Catalogue de divers historiens, in magno folio.	1106-1169
13. Catalogus historiographorum latinorum . . .	1170-1306
14. Catalogus philosophorum latinorum	1307-1449
15. Catalogus latinorum grammaticorum	1450-1509
16. Catalogus latinorum oratorum	1510-1602
17. Catalogue des livres françois théologiens. . .	1603-1822
18. Catalogue des philosophes, en françois . . .	1823-1835
19. Catalogue des philosophes moraux, en françois	1836-1899

BASSE LIBRAIRIE.

20. Catalogues des livres pour chanter, tant en plain chant qu'en musique figurée	1900-1928
21. Catalogus librorum theologorum inferioris bibliothecæ	1929-2133
22. Catalogus historiographorum latinorum . . .	2134-2216
23. Catalogue des historiens françois de la basse librairie	2217-2257
24. Catalogus librorum de jure canonico	2258-2319
25. Catalogus librorum de jure civili	2320-2400
26. Livres du royaume de France et des villes d'iceluy, touchant ordonnances, arrestz et autres.	2401-2435
27. Catalogue des historiens fabuleux	2436-2523
28. Catalogue des poetes françois.	2524-2553
29. Grammatici latini	2554-2572
30. Catalogue des philosophes moraux espagnols.	2573-2577
31. Catalogue des théologiens espagnols	2578-2585
32. Historiens espagnols	2586-2595
33. Des naturiens, en langage espagnol	2596-2604
34. Poetes espagnols.	2605-2608

	NUMÉROS
35. Catalogue des livres de théologie, en langage italien	2609-2681
36. Catalogue de philosophes et naturiens italiens.	2682-2747
37. Catalogue des livres traittant de mathématiques.	2748-2758
38. Catalogue des historiens italiens	2759-2849
39. Catalogue des poètes italiens.	2850-2926
40. Catalogus theologorum græcorum	2927-3142
41. Catalogus philosophorum græcorum	3143-3268
42. Catalogus poetarum græcorum	3269-3343
43. Oratores græci	3344-3374
44. Grammatici græci	3375-3435
45. Historici græci	3436-3523
46. Catalogus librorum cum medicorum tum phisicorum, qui habentur inter græcos	3524-3612
47. Catalogus librorum mathematicorum græcorum.	3613-3649

La longue énumération des chapitres de ce catalogue montre que la séparation primitive des livres latins et français ne subsistait plus qu'à l'intérieur de chaque division méthodique, et que l'ordre de ces divisions avait été lui-même bouleversé. Les livres espagnols, italiens et grecs [1], par contre, continuent à former, à la suite, comme on vient de le voir, des séries spéciales et très nettement distinctes. Afin de donner un aperçu de l'économie de ce catalogue, il suffira de reproduire, pour les manuscrits latins, le début, par exemple, du *Catalogus medicorum* :

---

[1]. Un double catalogue de la merveilleuse collection de manuscrits grecs, réunis à Fontainebleau par François I*er*, avait été rédigé au début du règne de Henri II, vers 1550, par les soins d'Ange Vergèce et de Constantin Palæocappa. Ces deux catalogues donnent des notices détaillées du contenu des volumes, indiquent leurs formats et décrivent leurs reliures, en y ajoutant la reproduction du titre inscrit sur le plat supérieur de chacune d'elles. Voir mon édition des *Catalogues des manuscrits grecs de Fontainebleau sous François I*er* et Henri II* (Paris, 1889, gr. in-4°); toute la partie consacrée aux livres grecs dans le Catalogue de la Bibliothèque royale sous Charles IX y est imprimée en appendice, p. 429-454.

Galenus.

[522.] Annotationes in Amphorismos Galeni.
[523.] Galeni operum 1. thomus. Galeni opera.
[524.] Galeni opera. Opera Galeni thomus 4. et 5.
[525.] Galenus de compositione medicamentorum.
[526.] Ars parva Galeni.

Albertus.

[527.] Albertus magnus de naturis animalium.
[528.] Albertus magnus de naturis animalium.
[529.] Albertus magnus de animalibus.
[530.] Alberti magni questiones medicinales.

Aristoteles.

[531.] Problemata Aristotelis, quæ circa medicinalia versantur.
[532.] Commentarius in Aristotelem de auditu naturali.
[533.] Aristoteles de animalibus.
[534.] Liber de animalibus Aristotelis. — Etc.

Et, pour les manuscrits français, le début du *Catalogue des philosophes moraux* :

Aristote.

[1836.] Æthiques, politiques et œconomiques d'Aristote, translatez en françois par Nicolas Oresme.
[1837.] Etiques d'Aristote, translatez en françois.
[1838.] Les Politiques et œconomiques d'Aristote, en françois.
[1839.] Les Etiques d'Aristote; les Politiques d'Aristote.
[1840.] Etiques d'Aristote, en françois.
[1841.] Les OEconomiques d'Aristote.
[1842.] Etiques d'Aristote; Politiques d'Aristote.

Boece.

[1843.] Consolation de Boece, en vers latins et françois.
[1844.] Le grand Boece; Consolation de Boece.
[1845.] Les livres de Boece de consolation.
[1846.] La Consolation philosophique de Boece.

Gouvernement et regime des princes.

[1847.] Gouvernement des princes; Regime des princes.
[1848.] L'instruction des princes, par Aristote. — Etc.

On peut juger par ces quelques extraits de l'imperfection de ce catalogue, qui dut servir pendant la longue administration de Jean Gosselin[1]. Le successeur de celui-ci, Casaubon, quelques sévères qu'aient été à diverses reprises ses appréciations sur ce même catalogue[2], ne semble pas cependant avoir pris à cœur de remédier à ses défectuosités et de rétablir l'ordre dont il déplorait l'absence dans les collections royales. Cette tâche était réservée à Nicolas Rigault, qui devait enfin doter les collections royales du premier catalogue vraiment digne de ce nom.

IV

CATALOGUES DE LA BIBLIOTHÈQUE DU ROI

PAR NICOLAS RIGAULT.

(1622.)

On doit à Nicolas Rigault deux catalogues des collections royales, qui correspondaient peut-être à la *Haute* et *Basse librairie*, placées à deux étages différents du bâtiment dépendant du couvent des Cordeliers[3], où était tou-

---

1. Dans le ms. français 5585, à la suite des catalogues des livres de la *Haute et Basse librairie*, on trouve copié de même main, aux fol. 130-159 v°, l'« Inventaire de la bibliotheqne de la Royne », Catherine de Médicis, qui fut réunie aux collections royales et apportée, le 16 mai 1599, « au Collège de Clermont, en la chambre attenant la salle haute, où est la Bibliotheque du Roy ».

2. Dans une lettre de Casaubon à J.-A. de Thou, du 28 septembre 1601, à propos du catalogue de la Bibliothèque, on lit en effet : « Video multos libros in album illud non esse relatos, neque est quicquam eo catalogo ineptius » (éd. de 1709, in-fol., p. 130); puis dans une autre lettre adressée à Hoeschelius, du 18 février 1604 : « Indices librorum mendosissime facti sunt et negligentissime » (éd., p. 204).

3. On peut citer à ce propos le témoignage de J. Lomeier, qui, dans son livre *de Bibliothecis* (Ultrajecti, 1680, in-8°), parlant du couvent des Cordeliers,

jours déposée la Bibliothèque du roi. La minute de l'un de ces catalogues, tout entière de la main de Rigault, porte aujourd'hui le n° 9352 des manuscrits du fonds latin de la Bibliothèque nationale. C'est un volume in-folio, de 358 pages, contenant les notices de 2.068 manuscrits, qui a servi plus tard à Pierre Dupuy, successeur de Rigault, pour dresser, en 1645, la minute d'un nouveau catalogue de la Bibliothèque du roi. L'autre catalogue, dont la minute, avec corrections autographes de Rigault, est conservée sous le n° 5685 des manuscrits du fonds français, est relié à la suite d'un « Inventaire des livres de la bibliothèque de la Royne mère » Catherine de Médicis[1], et contient les notices de 2.643 volumes manuscrits et imprimés[2]. Les cotes de ces deux catalogues ont été pour la première fois portées en tête du premier feuillet de chaque volume, en chiffres romains surmontés d'un trait horizontal, pour le premier de ces catalogues; en toutes lettres, ou en chiffres romains non surmontés d'un trait, pour le second catalogue.

Peu après l'achèvement de ces deux inventaires, pour

---

dit, p. 305-306 : « Regia in eo est Bibliotheca, duabus contignationibus constans, in quâ supra decem millia librorum compactorum servantur. Prima contignatio continet libros mss. maximam partem græcos, quorum plurimos regina Catharina Medicea donavit. Altera ornata est mss. latinis, præterea impressis apud Manutium et Stephanum. » On reconnaît facilement dans ces quelques lignes la *Basse* et *Haute librairie*.

1. Voir L. Delisle, *Cabinet des manuscrits*, t. I, p. 207-212; et l'*Inventaire des meubles de Catherine de Médicis en 1589*, publié par Edm. Bonnaffé (Paris, 1874, in-8°), p. 169-210.

2. Les notices s'arrêtaient primitivement au n° 2602, comme on peut le constater par le changement de main sur l'original; une copie ancienne (ms. français 5665) se termine également à ce même n° 2602. — Rigault inscrivit encore sur un autre exemplaire de ce second catalogue une centaine de volumes, du n° 2644 au n° 2745; on en trouvera la liste dans une copie de ce catalogue faite pour Peiresc et aujourd'hui conservée à la bibliothèque de Carpentras (ms. XXI de Peiresc).

la rédaction desquels il avait été secondé par deux érudits, Cl. Saumaise et J.-B. Hautin, Rigault les réunit et les coordonna en un seul catalogue, dont l'exemplaire original, tout entier calligraphié de sa main, est aujourd'hui conservé sous les n°⁵ 10364 et 10365 des manuscrits du fonds latin. Ce sont deux volumes de format petit in-folio, reliés en maroquin rouge, aux armes accolées de France et de Navarre, et avec le chiffre de Louis XIII. Le premier volume débute par le titre suivant, qui donne le détail des cinq sections entre lesquelles les livres avaient été répartis :

CATALOGVS

BIBLIOTHECAE

REGIS CHRISTIANISS.

DESCRIPTVS ANNO CIƆIƆCXXII.

Pars I. continet libros manuscriptos hebraïcos, graecos, arabicos et vetustiores latinos.

Pars II. continet libros manuscriptos latinos recentiores.

Pars III. continet libros manuscriptos gallicos, italicos, hispanicos.

Pars IIII. continet libros impressos typis antiquis hebraïcos, graecos, latinos.

Pars V. continet libros impressos typis antiquis gallicos, italicos.

Après ce titre, et en tête de chacun des deux volumes de son catalogue, Rigault ajouta le texte imprimé d'une inscription destinée à rappeler les développements et les améliorations apportés à la Bibliothèque du roi sous le règne de Louis XIII :

LVDOVICVS · REX · CHRISTIANISS·
PIVS · FELIX · SEMPER AVG·
INTER · GRAVES · BELLI · CIVILIS · CVRAS
SCRIPTORVM · VETERVM · BIBLIOTHECAM
AB · LVDOVICO · XII · FRANCISCO · I

HENRICO · II · CAROLO · IX ·
HENRICO · MAGNO · CONGESTAM
INSTAVRAVIT
ATQ · AD VSVS · PVBLICOS ·
SEDE · COMMODISSIMA · CONLOCATAM
CODICIB · EXQVISITISSIMIS · COMPLVRIB
AMPLIFICARI
REGIA · MVNIFICENTIA · IVSSIT

Le premier volume ne contient que les notices des manuscrits de la première partie, correspondant à la première des deux minutes décrites plus haut, celle qui porte aujourd'hui le n° 9.352 du fonds latin. Mais, tandis que dans cette minute les notices des manuscrits étaient régulièrement cotées, du n° 1 au n° 2068, celles du nouveau catalogue ne portent plus aucun numéro d'ordre. On rencontre seulement de place en place, dans les marges, des chiffres tracés à l'encre rouge et auxquels renvoie la table alphabétique, qui termine ce premier volume; ces chiffres sont ceux des pages de la minute du premier catalogue (ms. latin 9352). Il en est de même des chiffres, également tracés à l'encre rouge, qu'on remarque dans les marges des parties II et III, au second volume, chiffres qui renvoient aux pages de la minute du second catalogue (ms. français 5685). Quant aux parties IV et V de ce second volume, exclusivement réservées aux livres imprimés, on ne trouve dans les marges aucune indication de renvoi aux pages, bien que les livres imprimés aient été enregistrés pêle-mêle avec les manuscrits dans cette seconde minute, où tous les volumes ont également reçu une numérotation uniforme et continue. Aussi n'y a-t-il point d'index alphabétique pour ces deux dernières parties, tandis qu'il y en a un à la fin de chacune des parties II et III.

Pour constituer les parties II à V, qui composent le

second volume, Rigault s'est contenté d'abréger les titres portés sur la seconde minute de son catalogue (ms. français 5685) et de les classer au fur et à mesure, suivant la nature des volumes, dans chacune de ces parties. Il suffira pour se rendre compte de la méthode qu'il a suivie de reproduire, à la suite l'une de l'autre, la première page de cette minute et le début correspondant de la troisième partie du nouveau catalogue.

I.

MINUTE DU PREMIER CATALOGUE
DE N. RIGAULT.

Le premier volume des Anciennetez des Juifs selon Josephus, 1.
Le second volume des Anciennetez des Juifs selon Josephus, 2.
La III. Décade de Titus Livius, version de Berchorius, 3.
La IIII. partie de Titus Livius, par Berchorius[1], 4.
Le livre des Politiques et Œconomiques d'Aristote, par Nicole Oresme, 5.
Histoire compilée de divers autheurs, depuis Jules Cesar jusques au retour de Jean, roy d'Acre, à Constantinople, et contient principalement les guerres[2] de la Terre sainte, 6.
Biblia sacra latina, 7[3].
La Bible historiaulz, ou Histoires escolastres, mises en françois, avec des gloses, par Guiard des Moulins, chanoine de S. Pierre d'Aire[4], 8.

---

1. L'inventaire portait primitivement la mention : *version d'Oresme*, pour les art. 3 et 4.
2. Le texte primitif de l'inventaire portait : *plusieurs guerres*.
3. Les livres latins, n°s 7, 15 et 16, dont les titres ont été imprimés ici en italiques, se retrouvent portés dans le même ordre au début de la seconde partie du catalogue consacrée aux livres latins (ms. latin 10365) :
    1. Biblia sacra latina.
    Collectanea, sive liber deflorationum.
    Alberti magni comment. in libros Aristotelis de cœlo et de mundo.
4. Le texte primitif de l'inventaire portait : *La Bible historiaulz, mises en françois, avec des gloses, l'an 1284, par Pierre, doyen de Saint-Pierre-d'Aire*.

Second volume de la Bible, depuis les Paraboles de Salomon jusques à l'Apocalypse; lequel apartenoit à Jean, duc de Bourbon, 9.

Le Roman de Titus Livius, 10.

Le procès de Jeanne la Pucelle, 11.

Chronique de Naples, 12.

Premier volume des Chroniques d'Angleterre, par Froissart, 13[1].

Second volume des Chroniques d'Angleterre, 14.

Liber deflorationum, incerti authoris, 15.

Albertus Magnus in libros de cœlo et mundo, 16.

Recueil des histoires de Troye, par Raoul Le Fevre, chapelain de Philippe, duc de Bourgongne, l'an 1464, 17.

II.

BIBLIOTHECÆ REGIÆ PARS III

LIBRI MANUSCRIPTI GALLICI, ITALICI, HISPANICI

1. Anciennetez des Juifs selon Joseph, II. vol.

Histoire de T. Livius, version de Berchorius, II. vol.

Politiques et Oeconomiques d'Aristote, par Nic. Oresme.

Histoire compilée de divers auteurs, depuis J. Caesar jusques au retour du roi... Jean à CP.; contient principalement les guerres en la Terre sainte.

La Bible historiau, ou Histoires escholastics, avec gloses, par Guiard des Moulins, chanoine de S. Pierre d'Aire.

Partie de la Bible, depuis les Paraboles de Salomon jusques à l'Apocalypse; apartenoit à Jean, duc de Bourbon.

Le roman de Titus Livius.

Procès de Jeanne la Pucelle.

Chroniques de Naples.

Chroniques d'Angleterre, par Froissart, II. vol.

Recueil des histoires de Troie, par Raoul Le Fevre, chappellain de Philippes, duc de Bourgongne.

---

1. Le texte primitif portait: *Premier volume des chroniques d'Angleterre*, 13.

V

CATALOGUE DE LA BIBLIOTHÈQUE DU ROI,
par Pierre et Jacques Dupuy.

(1645.)

Les frères Pierre et Jacques Dupuy, auxquels Nicolas Rigault avait cédé sa charge de garde de la librairie, dressèrent à leur entrée en fonctions, en 1645, un nouveau catalogue de la Bibliothèque du roi. Mais, sans refondre l'œuvre de leur prédécesseur, ils se contentèrent d'utiliser la minute même du catalogue de Rigault, dont on possède encore la première partie (ms. latin 9352) et, qui a été décrite plus haut. Pierre Dupuy y fit de sa main les quelques corrections, changements et additions nécessaires, et les notices de cette première partie, qui s'arrêtaient au n° 2068 dans le catalogue de Rigault, atteignirent le n° 2334 dans le nouveau catalogue. Dupuy y ajouta en plus la description de différents manuscrits distribués en 49 paquets, de cinq volumes des Basiliques, ou ordonnances des empereurs grecs, et de 49 manuscrits de grand format, qui avaient sans doute été placés hors série; au total, cette première partie du catalogue de Dupuy offrait les notices de 2.437 manuscrits et il inscrivit en tête le titre suivant :

CATALOGI BIBLIOTHECÆ REGIÆ
PARS I

Opera et industria Nic. Rigaltii, *Claudii* Salmasii *et J.* Haultini, *1622; denuo recognita et aucta, opera et studio Petri* Puteani *et Jacobi* Puteani, *hoc anno 1645.*

Il en fit dresser ensuite un index alphabétique, avec

renvois, pour la première fois, aux numéros d'ordre des manuscrits ; la minute de cet index, formée à l'aide de découpures, collées sur un registre et revisées de sa main, porte aujourd'hui le n° 9354 du fonds latin. Puis, Pierre Dupuy fit également de sa main une copie, mise au net, de la première partie du catalogue, qui forme présentement le ms. latin 10366, tandis que son frère Jacques Dupuy transcrivait l'index alphabétique, qui a reçu le n° 1387 du fonds latin des nouvelles acquisitions.

La minute de la seconde partie, réservée également aux manuscrits, n'a pas été conservée, mais on en a la mise au net, copiée aussi de la main de Jacques Dupuy, sous le n° 10367 du fonds latin. Cette seconde partie, qui comptait 1.532 articles, était également accompagnée d'un index alphabétique particulier, renvoyant, de même que celui de la première partie, aux numéros d'ordre des manuscrits, et elle répondait à peu près, comme composition, aux seconde et troisième parties du catalogue de Rigault.

Enfin la troisième et dernière partie du catalogue dressé par les frères Dupuy était réservée aux livres imprimés, qui avaient formé les quatrième et cinquième parties du catalogue de Rigault. Elle comptait 1.329 articles et était terminée par un index alphabétique spécial, renvoyant aussi aux cotes des livres imprimés. La minute de cette troisième partie a également disparu ; mais la copie mise au net par Jacques Dupuy est conservée actuellement au département des Imprimés et on en possède, au département des Manuscrits, une autre copie ancienne, sous le n° 1389 des nouvelles acquisitions du fonds latin.

Une édition, en quelque sorte, du catalogue des frères Dupuy fut donnée à quelques années de là par le P. Philippe Labbe, qui fit entrer la substance des trois parties de ce catalogue dans les Suppléments VII, VIII et IX de sa *Nova Bibliotheca manuscriptorum librorum*, publiée en 1653[1]. La concordance des numéros des deux catalogues, ou des deux parties du catalogue de 1645, avec les numéros du catalogue de 1682 a été imprimée à la fin du présent volume de *Concordances... des mss. latins*, p. 147-179.

VI

CATALOGUE DES MANUSCRITS DE LA BIBLIOTHÈQUE DU ROI
PAR NICOLAS CLÉMENT.

(1682.)

Les accroissements considérables de la Bibliothèque, tant en livres imprimés qu'en manuscrits, pendant la première moitié du règne de Louis XIV, avaient rendu bientôt tout à fait insuffisant le catalogue des frères Dupuy. Après quelques essais pour remédier au désordre qui menaçait de s'introduire dans les collections[2], Nicolas Clément, qui venait d'obtenir le titre de garde, entreprit, dès 1675, une refonte complète des catalogues des livres imprimés[3] et manuscrits, qui allaient désormais former deux collections distinctes.

Le catalogue des manuscrits, qu'il rédigea pendant les

---

1. Paris, J. Henault, in-4°, p. 269-307 pour la première partie; p. 308-336 pour la seconde; et p. 337-360 pour la troisième.

2. Un petit registre in-folio, conservé aujourd'hui sous le n° 5401 des nouvelles acquisitions du fonds français et qui contient les notices de 721 manuscrits, de la main de Clément, semble être un essai de ce genre.

3. Pour tout ce qui concerne désormais les anciens catalogues des livres imprimés il faut consulter la savante notice que leur a consacrée M. L. Delisle dans la *Bibliothèque de l'École des chartes* (1882), t. XLIII, p. 165-201, et tirage à part de 37 pages in-8°.

années 1682 et 1683 et qui porte aujourd'hui le n° 5402 des nouvelles acquisitions du fonds français, forme un gros volume in-folio, de 803 pages, en tête duquel on lit le titre suivant :

Catalogus librorum manuscriptorum hebraicorum, syriacorum, arabicorum, turcicorum, persicorum, græcorum, latinorum, italicorum, gallicorum, etc. Bibliothecæ Regiæ.

Les manuscrits, comme les imprimés, n'avaient été l'objet d'aucun classement systématique dans les différentes parties des catalogues de Rigault et des Dupuy; Clément se proposa de grouper ensemble les volumes contenant des textes de même langue; puis il les réunit par formats et les disposa dans chaque format, autant que possible, en suivant l'ordre des matières. Il donna ensuite une numérotation continue aux manuscrits, en réservant toutefois, pour les accroissements futurs, un certain nombre de cotes à la fin de chacune des principales divisions de son catalogue, et il eut soin enfin d'ajouter, en regard des numéros d'ordre, la mention sommaire de la cote ancienne ou de la provenance de chaque volume.

Les manuscrits, au nombre de 10.542 volumes, furent ainsi répartis en quatre grandes divisions, dont le tableau ci-dessous montrera l'économie :

I. (Page 1.) — Manuscrits *orientaux* . . . . . N°s 1-1615
        Mss. hébreux.   1-282
        — syriaques et chaldéens 283-309
        — samaritains. . . . 310-312
        — arméniens 313-317
        — éthiopiens 320-322
        — coptes 326-367
        — arabes 368-1228
        — turcs. 1229-1471

DE LA BIBLIOTHÈQUE NATIONALE

  Mss. persiens. . . . N°s 1472-1610
  — chinois. 1611-1614
  — canarien 1615
II. (Page 113.) — Manuscrits *grecs* . . . 1801-3537
III. (Page 241.) — Manuscrits *latins* . . . 3561-6699
IV. 1° (Page 461.) Manuscrits *français* et en
     langues modernes . . 6701-10542

MANUSCRITS FRANÇAIS	ITALIENS	ESPAGNOLS	ALLEMANDS ET ANGLAIS
In-fol. maximo, 6701-6817	»	»	»
— magno, 6818-6995	6996-7006	7007-7008	7009-7010
— mediocri, 7011-7239	7240-7265	»	7266-7267
— parvo, . 7268-7700	7701-7798	7799-7826	7827-7835
In-4°, ... 7836-8084	8085-8162	8163-8172	8173-8176
In-8°, ... 8177-8274	8285-8292	8293-8294	8295-8297

— 2° (Page 569.) — Manuscrits relatifs à l'*Histoire de France* et à l'histoire étrangère moderne.... N°s 8300-10542.

Les mémoires manuscrits de Loménie de Brienne[1] ne furent pas insérés dans le catalogue de Clément, mais formèrent à la suite une série particulière de 362 volumes, dont la nomenclature suit aux pages 745 à 756. Enfin, à la page 757, on trouve : 1° un « Mémoire des manuscrits et papiers trouvez dans le cabinet de feu Mr Mézeray[2] et remis par ordre du Roy dans la Bibliothèque de Sa Majesté, entre les mains de Monsr l'abbé Galloys, par Monsr Girardin, lieutenant civil, le 18 novembre 1683 » ; — 2° la nomenclature de six volumes ou liasses, intitulée : « Mémoire de quelques autres livres, trouvez hors de rang, qui n'ont point été inventoriez cy-dessus ».

1. Voir L. Delisle, *Cabinet des manuscrits*, t. I, p. 215-217. — Cette liste des manuscrits de Brienne a été imprimée par Montfaucon, dans sa *Bibliotheca bibliothecarum mss.*, t. II, p. 917-921.
2. François-Eudes de Mézeray, historiographe de France.

A la suite du catalogue, Clément ajouta des tableaux de concordances des numéros anciens de la première (p. 761) et de la seconde partie (p. 777) du catalogue de 1645, des manuscrits légués par les Dupuy[1] (p. 787), de ceux de la Bibliothèque Mazarine[2] (p. 789), des manuscrits acquis des héritiers de Trichet-Du Fresne[3] (p. 802), et enfin de ceux de Pierre de Carcavy[4] (p. 803).

Clément avait fait laisser en blanc le verso de chaque feuillet de l'exemplaire original de son catalogue, afin qu'on pût y insérer plus tard les titres des manuscrits nouvellement entrés; mais cette précaution ne tarda pas à devenir insuffisante, à la suite des nombreuses et importantes acquisitions qui se succédèrent dans les dernières années du règne de Louis XIV et au début du règne de Louis XV. Les intercalations, à l'aide de sous-chiffres et de lettres, dans la série continue des numéros donnés aux manuscrits par Clément, amenèrent bientôt la plus grande confusion dans certaines divisions du catalogue. Pour y remédier en partie, on fit recopier en 1730 le catalogue de 1682, après avoir pris soin d'intercaler à leur ordre les articles supplémentaires. C'est ce nouveau catalogue, de 1136 pages in-folio, conservé aujourd'hui sous le n° 5410 des nouvelles acquisitions du fonds français, qui a été en grande partie imprimé quelques années plus tard, en 1739, par Montfaucon, en tête du second volume de sa *Bibliotheca bibliothecarum manuscriptorum nova*[5].

Mais, si Clément avait ainsi remis l'ordre dans les collections et avait rapidement achevé un inventaire, qui devait en assurer la conservation, le catalogue qu'il avait dressé

---

1. Voir L. Delisle, *Cabinet des manuscrits*, t. I, p. 262-263.
2. Voir *ibid.*, p. 279-282.
3. Voir *ibid.*, p. 269-270.
4. Voir *ibid.*, p. 264.
5. Pages 709-766 et 782-921.

était cependant beaucoup trop sommaire encore pour faire exactement connaître le contenu des manuscrits; on en pourra juger par un exemple, pris au hasard, emprunté aux *Mss*^{ti} *autorum prof.*, *in-fol. parvo* (pag. 378 et 379) :

R. 1. 1942.	5511. Plutarchi apophthegmata, lat. — Varronis de lingua latina libri III.
Mab.	5511². *Varro de lingua latina. Pomponius Mela*[1].
R. 1. 874.	5512. Notarum liber.
Maz. 54.	5513. Alanus de diversis vocabulorum significationibus. — Ejusdem quadripartita contra hæreticos Valdenses, Judæos et Paganos.
Mab.	5513². *Paulus Camaldul. in Priscianum et Donatum, etc.*
R. 2. 1159.	5514. Doctrinale grammaticæ, versibus.
R. 2. 850.	5515. Grammatica Conradini de Pontremulo.
Maz.	5516. Boncompagni pratum eloquentiæ.
Rem. 38.	5516². *Boncompagni formularium epistolarum.*
R. 1. 430.	5517. Ciceronis rhetorica. — Partitiones et alia variorum opuscula.
R. 1. 1821.	5518. Ciceronis de inventione libri II ; ad Herennium libri IV [2].

Aussi Clément ne tarda point à projeter la rédaction d'un nouveau catalogue détaillé, qui fût vraiment digne des collections dont il avait la garde. Cinq ans après avoir achevé l'inventaire des manuscrits, en 1688, dans un *Mémoire sur le catalogue de la Bibliothèque du Roi,* ayant ex-

---

1. Les titres imprimés en *italiques* sont ceux des volumes entrés postérieurement à la rédaction de l'inventaire et ajoutés sur la page laissée blanche en regard, au verso de chaque feuillet.

2. Les mentions qui précèdent chaque numéro doivent être interprétées ainsi :

R. 1, suivi d'un numéro, désigne la première partie du catalogue des Dupuy et *R. 2*, la seconde partie du même catalogue de 1645.

Mab., Maz., Rem. indiquent l'origine de manuscrits, achetés par Mabillon en Italie, en 1686 (Delisle, *op. cit.*, I, 296), provenant de la bibliothèque de Mazarin (*ibid.*, p. 279-282), ou de celle de Ch.-Maurice Le Tellier, archevêque de Reims (*ibid.*, p. 302-304).

posé ses projets en ce qui concernait les livres imprimés, il ajoutait pour les manuscrits[1] :

« Quoyque les livres imprimez soient d'un usage plus ordinaire dans les bibliothèques, il est certain qu'ils ne leur donnent pas la réputation qu'elles tirent des manuscrits, et nous ne connoissons presque les bibliothèques fameuses des siècles passez, que par les ouvrages qui en ont esté tirez pour estre mis sous la presse, et par les citations des pièces et des passages considérables qui se sont trouvez dans les manuscrits qu'elles renfermoient.

« Le recueil de ceux de la Bibliothèque du Roy est un des plus beaux qui soit dans l'Europe, non seulement pour le grand nombre de livres dont il est composé, mais pour les pièces rares, curieuses, anciennes et autentiques que l'on y trouve. Le mérite de ces manuscrits est assés connu des gens de lettres qui viennent tous les jours les consulter; et jusques dans les pays estrangers, les sçavans qui travaillent à restituer les ouvrages des anciens, envoyent souvent conférer leurs auteurs avec les manuscrits du Roy, comme avec les meilleurs originaux.

« On peut dire que rien n'a fait plus d'honneur à la Bibliothèque du Roy, que tant de beaux manuscrits que le roy François Ier fit rechercher en Levant avec beaucoup de soin, et ceux que la reyne Catherine de Médicis fit apporter d'Italie en France; et la réputation de cette bibliothèque ne s'est accrue, qu'à mesure que le nombre des manuscrits s'en est augmenté. Il est présentement de plus de onze mil volumes, et on ne sçauroit ménager avec trop de soin les occasions que l'on a souvent d'en faire de nouvelles acquisitions : il est mesme important de rechercher et de retirer d'entre les mains des particuliers plusieurs pièces

---

1. Bibliothèque nationale, ms. nouv. acq. franç. 1328, fol. 272-273 v° (autographe).

considérables, qui courent risque de se dissiper, ou de passer dans les pays étrangers.

« Les sçavans ne souhaittent pas avec moins de passion de voir publier un catalogue exact tous ces manuscrits ; il sera sans doute reçeu avec applaudissement, non seulement pour le grand nombre de pièces rares qu'il indiquera, mais pour le mérite des habiles gens qui ont eu ordre d'y travailler, et qui peuvent encore le perfectionner, et le rendre digne de paroître sous le titre de Bibliothèque du Roy. Voici l'état où est présentement ce travail.

« Les manuscrits ont été divisez en plusieurs classes :

« La première contient les manuscrits hébreux, arabes, turcs et persans, et d'autres langues orientales, dont les extraits ont esté faits exactement par M^{rs} d'Herbelot, Renaudot et De La Croix[1]. Il reste peu de chose à faire pour mettre cette partie en estat de paroître.

« La deuxième contient les mss. grecs. Les extraits en ont esté faits par M^{rs} Du Cange et Cotelier, et ils sont aussy presque en estat d'estre donnez ; ce qui reste à y faire pourra estre suppléé par M. Boyvin.

« La troisième contient les mss. latins, dont les extraits ont esté amplement faits par les Pères de l'abbaye de Saint-Germain-des-Prez[2].

« La quatrième contient les mss. en langue vulgaire, et la cinquième les mss. d'histoire moderne. Les extraits de ces deux dernières parties ne sont pas faits, et je me propose d'y travailler moy-mesme, quand j'auray achevé ceux de tous les imprimez[3]. »

---

[1]. Le catalogue des manuscrits hébreux avait été rédigé par le juif Louis de Compiègne, et révisé par l'abbé Eusèbe Renaudot ; celui des manuscrits arabes par d'Herbelot et celui des mss. persans et turcs par François Pétis de la Croix, père du professeur d'arabe au Collège de France.

[2]. Mabillon et surtout D. Placide Porcheron y eurent la plus grande part (voir D. Tassin, *Histoire littéraire de la congrégation de Saint-Maur*, p. 156).

[3]. Il faut citer ici et rapprocher de ce qu'on vient de lire les quelques

Le catalogue ainsi projeté par Clément fut bientôt entrepris et les divers savants, dont on vient de lire les noms, rédigèrent, au commencement du xviiie siècle, une description détaillée des manuscrits orientaux, grecs et latins, qui remplit sept gros volumes in-folio, accompagnés de deux copieuses tables alphabétiques pour ces deux derniers fonds :

    I (Hébreu 1296). Catalogue des manuscrits hébreux, etc.
    II (N. a. fr. 5408).   —   syriaques et arabes.
    III (N. a. fr. 5405).   —   turcs et persans.
    IV-V (Latins 9355-9356).   —   grecs.
    VI (Latin 9357). Index alphabétique des mss. grecs.

lignes suivantes d'un *Discours préliminaire sur l'édition du catalogue de la Bibliothèque du Roi*, rédigé plus tard, en 1702, par Clément et publié par M. Delisle dans la *Bibliothèque de l'École des chartes* (1882), t. XLIII, p. 187-188 (et p. 23-24 du tirage à part) :

« Le second catalogue de la Bibliothèque, qui, dans l'ordre de dignité et d'antiquité, doit être le premier, comprendra tous les manuscrits, tant anciens que modernes. Comme c'est la plus noble partie de ce grand recueil de livres, on s'est attaché à en donner des extraits plus étendus, pour mieux faire connoitre ce qu'ils contiennent, d'autant plus qu'avant l'invention de l'imprimerie et lorsqu'on n'avoit pour les études d'autres livres que des manuscrits, ceux qui les transcrivoient avoient souvent peu d'égard au premier auteur, qui commençoit le volume, et y joignoient, suivant leur goût ou leur besoin, telle autre pièce qu'ils jugeoient à propos, sans prendre garde si elle estoit bien assortie ou non : ce qui a obligé d'examiner avec beaucoup d'exactitude chaque volume manuscrit, pour ne laisser rien échapper de ce qui y est contenu.

« On a divisé ce grand nombre de manuscrits en différentes classes, suivant les différentes langues dans lesquelles ils sont écrits. Dans la première classe on verra les manuscrits grecs; dans la seconde, les latins; dans la troisième, les livres écrits ou traduits en langues vulgaires, comme françois, italiens, espagnols, etc. Dans la quatrième, on trouvera les manuscrits de l'histoire moderne, surtout les recueils de pièces qui peuvent y servir, comme des lettres, mémoires, négociations, traitez et autres actes semblables; dans la cinquième seront les manuscrits des langues orientales, hébraïque, syriaque, arabe, turque, persienne et autres langues moins connues. Chacune de ces classes sera ensuite subdivisée en plusieurs sections, à peu près dans le même ordre que les livres imprimez, en commençant toujours par les exemplaires de l'Écriture sainte et par les auteurs ecclésiastiques, et finissant par les auteurs profanes. »

VII-VIII (Latins 9358-9359). Catalogue des manuscrits latins.
IX (Latin 9360). Index alphabétique des mss. latins.

Un dernier événement, l'acquisition, en 1732, des manuscrits de Colbert[1], qui allaient si merveilleusement enrichir et doubler le nombre des volumes de la Bibliothèque royale, fit décider la refonte des catalogues, qui s'imposait depuis longtemps. Le 2 octobre 1735, le ministre Maurepas écrivait à l'abbé J.-P. Bignon, alors bibliothécaire du roi, de faire travailler toute affaire cessante à mettre les catalogues en état d'être imprimés. Les ordres du ministre ne tardèrent pas à être exécutés; un premier volume, consacré au catalogue des manuscrits orientaux, fut publié en 1739; le tome II, contenant la description des manuscrits grecs, l'année suivante, en 1740; et le catalogue des manuscrits latins, imprimé par les soins d'Anicet Melot, garde des manuscrits depuis 1741, parut en 1744, en deux volumes in-folio, formant les tomes III et IV du *Catalogus codicum manuscriptorum Bibliothecæ Regiæ*.

Les manuscrits latins étaient décrits dans ce nouveau catalogue en suivant un ordre méthodique semblable à peu près à celui qu'avait imaginé Clément; mais, à la différence du précédent catalogue, dans lequel tous les manuscrits étaient compris sous une série unique de cotes, une numérotation particulière fut donnée à chaque série de manuscrits, répartis en différents fonds spéciaux, suivant la langue à laquelle ils appartenaient. C'est ainsi que

---

1. Le catalogue des manuscrits de Colbert, rédigé par son bibliothécaire, Etienne Baluze, et tout entier écrit de la main de celui-ci, porte aujourd'hui le n° 5692 du fonds français des nouvelles acquisitions. C'est un volume in-folio de 484 feuillets, dans lequel les titres des manuscrits ont été portés, sans aucun ordre méthodique et inscrits, sous les n°s 1 à 6645, au fur et à mesure des accroissements de la bibliothèque de Colbert. Montfaucon a donné une édition abrégée de ce catalogue dans sa *Bibliotheca bibliothecarum mss.*, t. II, p. 922-1014,

les manuscrits du fonds latin reçurent dans le catalogue imprimé de 1744 les numéros 1 à 8822 et furent répartis par ordre de matières, en trois formats, comme le montre le tableau suivant :

ORDRE MÉTHODIQUE DU CATALOGUE DE 1744	IN-FOLIO	IN-4º	IN-8º
Vetus Testamentum. . .	1-160.	161-197	198-249
Novum Testamentum . .	250-318	319-340	341-344
V. Testamenti interpretes.	345-523	523 A-604	605-614 A
N. Testamenti interpretes.	615-689 A	690-713	»
Libri liturgici.	714-993	994-1246	1247-1438
Concilia.	1439-1570	1571-1607	1608-1613
Sancti Patres	1614-2611	2612-2962	2963-3013 A
Theologi scholastici. .	3014-3226	3403-3486	3680-3709
— morales. . .	3227-3267 A	3487-3535	3710-3727 A
— oratores sacri.	3268-3305 A	3536-3581	3728-3748
— ascetici. . .	3306-3355	3582-3642 B	3749-3772
— polemici . .	3356-3389	3643-3665	3773-3775
— infideles et heterodoxi . .	3390-3402	3666-3679	3775 A et B
Libri homiliarii	3776-3821	3822-3834	3835
Jus canonicum vetus .	3836-3883	4278-4287	4375-4377
— recentius	3884-4223	4288-4354 D	4378-4397
Tractatus juris canonici .	4224-4277 C	4355-4374	4398-4402
Jus civile Romanum. .	4403-4569 A	4693-4716	4783-4786
Tractatus juris civilis .	4570-4612	4717-4724	»
Jus civile Italicum . .	4613-4625 A	4725-4757	»
— Francicum . .	4626-4666 A	4758-4770	4787-4791
— Hispanicum .	4667-4673	»	4792
— Anglicum. .	4674-4674 A	4771	4793
Jus feudorum. . . .	4675-4681	4772-4773	»
Jus publicum	4682-4692	4774-4782	»
Geographi	4794-4829	4830-4850	4851-4857
Chronologi.	4858-4998	4999-5037	5038-5044 A
Historia ecclesiastica .	5045-5408	5499-5644	5658 A-5681
Historia monastica, etc.	5409-5498	5645-5658	5682-5688
Historia profana vetus .	5689-5689 C	6070-6071	»
— Græca . . .	5690-5723	6072-6079	6252
— Romana . . .	5724-5866	6080-6152	6253-6259 B
— Italica . . .	5867-5919 C	6153-6180 A	6260-6262 A
— Francorum. .	5920-6020 A	6181-6222 C	6263-6272

ORDRE MÉTHODIQUE DU CATALOGUE DE 1744	IN-FOLIO	IN-4°	IN-8°
— Hispanica . . .	6021-6025	6223	6273
— Germanica . . .	6026-6038	6224-6229 A	6274-6276
— Anglica, etc. . .	6039-6069 X	6230-6251	6276 A
Philosophi veteres . . .	6277-6428	6567-6652	6754-6773
— recentiores .	6429-6566 A	6653-6753	6773 A-6787
Historia naturalis . . .	6788-6830 N	6831-6842 D	6843-6844
Medici	6845-7020	7021-7098	7099-7126
Chirurgi	7127-7137	7138-7141	»
Chymici	7142-7159	7160-7174	7175-7180
Mathematici	7181-7358	7359-7458	7459-7488
Grammatici	7489-7534	7535-7568 A	7569-7572
Lexicographi	7573-7658	7659-7687	7688-7693
Rhetores	7694-7734	7735-7765 A	7766-7773
Oratores	7774-7818	7819-7870	7871-7876
Poetæ	7877-8166	8167-8447	8448-8499
Apologi et Fabulæ romanenses	8500-8507	8508-8516	8517-8521
Epistolæ	8521 A-8605	8606-8654 B	8655-8662
Philologi et Polygraphi	8663-8727 B	8728-8799	8800-8822

Les cotes des volumes avaient été encore une fois modifiées, aussi prit-on soin de dresser une double concordance, permettant d'identifier facilement à la fois et les anciens et les nouveaux numéros des manuscrits latins. Ces deux concordances, qui forment la contrepartie l'une de l'autre, ont été transcrites sur deux petits registres in-folio, recouverts de parchemin vert, aujourd'hui conservées sous les n°s 5413 et 5414 des nouvelles acquisitions du fonds français. On trouvera imprimée dans le présent volume de *Concordances... des mss. latins*[1] la première seulement de

---

1. Pages 1-37. — Le même volume contient aussi les concordances des numéros anciens de différentes autres collections qui ont été fondues au xviiie siècle pour constituer l'ancien fonds latin : Baluze (p. 38), Bigot (p. 42), De Boze (p. 45), De Cangé (p. 45), Colbert (p. 48), Drouin (p. 77), Gaignières (p. 77), De La

ces concordances, qui donne la correspondance des cotes anciennes de l'inventaire de 1682, et de celles des catalogues de Colbert et des autres collections réunies pour former l'ancien fonds, avec les numéros nouveaux du catalogue imprimé de 1744, qui sont toujours en usage pour désigner les manuscrits latins de la Bibliothèque nationale.

Mare (p. 78), Lancelot (p. 81), De Mesmes (p. 81), De Noailles (p. 82), Saint-Martial-de-Limoges (p. 98), et De Targny (p. 144).

ÉTAT DES MANUSCRITS LATINS

DE LA

BIBLIOTHÈQUE NATIONALE

AU 1ᵉʳ OCTOBRE 1903.

Le fonds des manuscrits latins de la Bibliothèque nationale compte actuellement 21.387 volumes, répartis en deux grandes séries distinctes : 1° une première série, désormais close, qui embrasse l'ancien et le nouveau fonds, constitués l'un vers 1740, l'autre de 1862 à 1868, et dont les volumes ont reçu une numérotation continue de 1 à 18612 ; 2° la série des nouvelles acquisitions, ouverte en 1862, et qui compte aujourd'hui 1.807 volumes.

Ancien fonds. — L'ancien fonds des manuscrits latins, constitué vers 1740, comprend 9.826 volumes, cotés 1-8822 et dont la description a été imprimée en deux volumes in-folio, qui forment les tomes III et IV du *Catalogus codicum manuscriptorum Bibliothecæ Regiæ*, publiés en 1744.

Nouveau fonds. — Le nouveau fonds des manuscrits latins, constitué de 1862 à 1868, compte 9.754 volumes et a été formé à l'aide de cinq séries de manuscrits ou fonds particuliers juxtaposés : Supplément latin, manuscrits latins de Saint-Germain-des-Prés, de Saint-Victor, de la Sorbonne et de différents petits fonds : Notre-Dame, etc.; tous ces volumes réunis ont reçu une numérotation continue, du n° 8823 au n° 18612, faisant suite à celle de l'ancien fonds latin. Un inventaire de ce nouveau fonds a été publié, au fur et à mesure de sa constitution, par M. L. Delisle dans plusieurs volumes de la *Bibliothèque de l'École des chartes*, dont les cinq tirages à part successifs ont été réunis en un volume intitulé : *Inventaire des manuscrits latins conservés à la Bibliothèque nationale sous les n°⁵ 8823-18613, et faisant suite à la série dont la catalogue a été publié en 1744* (Paris, 1863-1871, in-8°).

1° Mss. du *Supplément latin*, au nombre de 2.644 volumes, cotés 8823-11503, entrés à la Bibliothèque, soit isolément, soit par petits groupes, de 1740 à 1862.

Cette première partie, outre le Supplément latin proprement dit, comprend un certain nombre de volumes latins qui avaient jadis été confondus par mégarde avec les manuscrits français de l'Ancien fonds ou du Supplément français, ainsi que les volumes latins du fonds spécial des Cartulaires et recueils de chartes constitué au milieu du xviii° siècle. C'est ainsi que dans sa composition sont entrés les éléments suivants : 2.149 mss. du Supplément latin [1]; — 305 mss. du fonds des Cartulaires [2]; — 20 mss. qui n'avaient pas été régulièrement cotés; — 108 mss. portés parmi les volumes français de l'inventaire de 1682; — 107 mss. du Supplément français [3].

---

1. Voir la concordance des anciens numéros avec les numéros actuels dans le présent volume de *Concordances... des mss. latins*, p. 126-144.
2. Voir *ibid.*, p. 45-47.
3. Voir les concordances de ces anciens numéros avec les numéros actuels à la fin du *Catalogue général des manuscrits français ; ancien Supplément français*, t. III, p. 357-439.

2° Mss. latins de l'abbaye de *Saint-Germain-des-Prés*, au nombre de 2.728 volumes, cotés 11504-14231.

Les volumes de cette seconde série se répartissent ainsi : 1.713 mss. du fonds latin de Saint-Germain, qui, avant le vol de 1791, comptait environ 1.800 volumes [1]; — 147 mss. du fonds français de Saint-Germain; — 118 mss. du fonds de Harlay; — 56 mss. du fonds de Gesvres; — 694 mss. du Résidu de Saint-Germain [2].

3° Mss. latins de l'abbaye de *Saint-Victor de Paris*, au nombre de 944 volumes, cotés 14232-15175 [3].

4° Mss. latins de la *Sorbonne*, au nombre de 1.542 volumes; cotés 15176-16718.

5° Mss. latins de *Notre-Dame et d'autres fonds* [4], au nombre de 1.896 volumes, cotés 16719-18613.

Cette cinquième partie du nouveau fonds latin a été composée à l'aide de volumes provenant des vingt-six fonds divers [5], dont voici l'énumération par ordre alphabétique :

1. *Augustins (Grands)*, 76 mss.
2. *Blancs-Manteaux*, 55 mss.
3. *Bouhier*, de Dijon (Abbaye de Clairvaux, collège de l'Oratoire de Troyes, etc.), 209 mss.

---

1. Voir le présent volume de *Concordances... des mss. latins*, p. 83-98. — On a ajouté, à la fin de ce même volume (p. 182-190) la concordance avec les numéros actuels des numéros de l'ancien Catalogue des manuscrits de Saint-Germain-des-Prés, de 1677, qui porte aujourd'hui le n° 5792 des nouvelles acquisitions du fonds français, et qui a été publié en 1739 par Montfaucon dans sa *Bibliotheca bibliothecarum mss. nova*, t. II, p. 1124-1141.

2. Les concordances des numéros anciens de ces quatre derniers fonds, provenant de Saint-Germain-des-Prés, ont été imprimées à la fin du *Catalogue général des manuscrits français*; ancien Saint-Germain français, t. III, p. 499-551.

3. Voir le présent volume de *Concordances... des mss. latins*, p. 100-110.

4. Voir *ibid.*, p. 110-126.

5. Voir les concordances des numéros anciens de ces petits fonds avec les numéros actuels à la fin du *Catalogue général des manuscrits français*; anciens Petits fonds français, t. III, p. 365-452.

4. *Capucins*, de la rue Saint-Honoré, 13 mss.
5. *Carmes*, de la rue de Vaugirard, 1 ms.
6. *Carmes*, de la place Maubert, 15 mss.
7. *Célestins*, 44 mss.
8. *Compiègne* (Abbaye de Saint-Corneille de), 132 mss.
9. *Corbie* (Abbaye de), 38 mss.
10. *Cordeliers*, 114 mss.
11. *Gaignières* (Roger de), 92 mss.
12. *Jacobins*, de la rue Saint-Honoré, 54 mss.
13. *Jacobins*, de la rue Saint-Jacques, 53 mss.
14. *La Vallière* (Duc de), 21 mss.
15. *Merci* (Couvent de la), 1 ms.
16. *Minimes*, 24 mss.
17. *Missions-Étrangères*, 26 mss.
18. *Navarre* (Collège de), 112 mss.
19. *Notre-Dame* de Paris, 205 mss.
20. *Oratoire* (Maison de l'), 103 mss.
21. *Petits-Pères* (Augustins des), 52 mss.
22. *Récollets*, 12 mss.
23. *Saint-Magloire* (Séminaire de), 92 mss.
24. *Saint-Martin-des-Champs*, 113 mss.
25. *Sainte-Chapelle* du Palais, 2 mss.
26. Série supplémentaire formée de 7 volumes indûment inscrits dans le Supplément grec et de 326 volumes, qui avaient été provisoirement enregistrés dans le fonds latin des *Nouvelles acquisitions*, sous les n°s 1-110, 1001-1142, 2001-2073 et 2501.

Nouvelles acquisitions. — Après la constitution du nouveau fonds latin, on ouvrit, en 1862, pour enregistrer les manuscrits latins, qui viennent annuellement accroître les collections de la Bibliothèque nationale, une nouvelle série, destinée à remplacer le Supplément latin désormais clos, et à laquelle on donna le nom de *Nouvelles acquisi-*

tions. Dans ce nouveau fonds les cotes 1 à 1000 ont été réservées aux volumes de petit format; les cotes 1001 à 2000 aux volumes de moyen format; les cotes 2001 à 2500 aux volumes de grand format; les cotes 2501 et suivantes aux volumes de très grand format.

On a vu plus haut que les manuscrits insérés depuis 1862 jusqu'en 1867 dans le fonds latin des Nouvelles acquisitions sous les n°s 1-110, 1001-1142, 2001-2073 et 2501 ont été versés en 1868 dans la cinquième et dernière série du nouveau fonds latin constitué à cette époque. De cette façon le fonds latin des Nouvelles acquisitions ne renferme plus que 1.807 manuscrits, qu'on y a insérés, depuis 1868, sous les cotes 111-832, 1143-1877, 2074-2391 et 2502-2580. L'inventaire de ces manuscrits a été publié en grande partie dans différents volumes de la *Bibliothèque de l'École des chartes*, depuis 1871, et on en a la liste complète en recourant aux trois publications suivantes :

1° *Inventaire des manuscrits latins de la Bibliothèque nationale insérés au fonds des nouvelles acquisitions du 1er août 1871 au 1er mars 1874*, par M. L. Delisle (*Bibliothèque de l'École des chartes*, 1874, t. XXXV, p. 76-92, et tirage à part de 16 pages, in-8°, souvent joint à l'*Inventaire des manuscrits latins*, du même auteur).

2° *Manuscrits latins et français ajoutés aux fonds des nouvelles acquisitions pendant les années 1875-1891*; inventaire alphabétique, par L. Delisle (Paris, 1891, 2 vol. in-8°).

3° *Nouvelles acquisitions du département des manuscrits pendant les années 1891-1902*; inventaire sommaire, par H. Omont (Paris, 1892-1903); 6 fascicules in-8°, publiés, sauf le cinquième, dans la *Bibliothèque de l'École des chartes*, et dont les cinq premiers ont été réunis avec un titre spécial (1891-1899), en un vol. in-8°.

TABLE DES PLANCHES

I. — Répertoire de la librairie de Blois, par Guillaume Petit (1518); Bibl. imp. de Vienne, ms. 2548, fol. 81.

II. — Inventaire de la librairie de Blois, lors de son transfert à Fontainebleau (1544); Bibl. nat., ms. français 5660, fol. 26 v°.

III. — Catalogue des bibliothèques du roi à Paris, à la fin du xvie siècle; Bibl. nat., ms. français 5585, fol. 43.

IV. — Catalogue de la Bibliothèque royale, par Nicolas Rigault (vers 1620); Bibl. nat., ms. français 5685, fol. 71 (20).

V. — Catalogues de la Bibliothèque royale, par N. Rigault et P. Dupuy (1622 et 1645); Bibl. nat., ms. latin 9352, p. 114.

VI. — Catalogue des manuscrits de la Bibliothèque royale, par Nicolas Clément (1682); Bibl. nat., ms. n. a. franç. 5402, p. 338-339 (en partie).

VII. — 1-3. Spécimens de cotes anciennes des manuscrits dans les catalogues de 1622, 1645 et 1682, empruntés aux mss. latins 2946, 2075 et 8369. — 4 et 5. Spécimens de l'écriture de Mellin de Saint-Gelais (ms. latin 8369) et de Jean Gosselin (ms. français 955).

TABLE DES MATIÈRES

	Pages
Notice sur les anciens catalogues des manuscrits latins de la Bibliothèque nationale.	I
I. Répertoire alphabétique de la librairie de Blois, par Guillaume Petit (1518).	V
II. Inventaire de la librairie de Blois lors de son transfert à Fontainebleau (1544).	XII
III. Catalogue des bibliothèques du roi à Paris à la fin du xvie siècle.	XIX
IV. Catalogues de la Bibliothèque du roi, par Nicolas Rigault (1622).	XXIII
V. Catalogue de la Bibliothèque du roi, par Pierre et Jacques Dupuy (1645).	XXIX
VI. Catalogue des manuscrits de la Bibliothèque du Roi, par Nicolas Clément (1682).	XXXI
État des manuscrits latins de la Bibliothèque nationale au 1er octobre 1903.	XLIII

CONCORDANCES

DES

NUMÉROS ANCIENS ET DES NUMÉROS ACTUELS

DES

MANUSCRITS LATINS

DE LA

BIBLIOTHÈQUE NATIONALE

CODICES REGII (1682)

NUMÉROS DE 1682	NUMÉROS ACTUELS	NUMÉROS DE 1682	NUMÉROS ACTUELS	NUMÉROS DE 1682	NUMÉROS ACTUELS
3560	10	3575	50	3586	664
3561	2	3576	104	3587	2219
3562	3	3577	448	3587,2	2244
3563	45	3578	1762	3587,3	2287
3564	93	3579	1724	3588	2418
3564,2	47	3579,2	1883	3589	678
3565	55	3579,3	1884	3590	286
3566	116	3580	1989	3591	364
3567	7	3581	1989,2	3592	461
3568	43	3581,2	1991	3593	1773
3569	25	3581,3	1931	3594	5337
3570	9	3581,4	1932	3595	799
3571	78	3582	794	3596	798
3572	250	3583	790	3596,2	795
3573	97	3584	807	3596,3	805
3574	150	3585	665	3596,4	806

CONCORDANCES DES NUMÉROS ANCIENS ET ACTUELS

NUMÉROS DE 1682	NUMÉROS ACTUELS	NUMÉROS DE 1682	NUMÉROS ACTUELS	NUMÉROS DE 1682	NUMÉROS ACTUELS
3596,5	809	3629	1891	3654	5293
3596,6	803	3629,2	1875	3654,2	5280
3597	3960	3629,3	1876	3654,3	5296 B
3597,2	3853	3629,4	1850	3655	804
3598	3997	3629,5	1808	3656	800
3599	3988	3629,6	1888	3657	801
3600	4104 A	3630	2011	3658	793
3601	7629	3630,1	2055	3658,2	973
3602	5369	3630,2	2051	3659	858
3603	5345	3630,3	2056	3659,2	871
3604	5318	3631	1994	3659,2^A	863
3605	5323	3632	2090	3659,2^2	848
3606	873	3633	1948	3659,3	879
3607	22	3633,2	2081	3659,4	823
3608	23	3633,3	2093	3659,5^5	886
3609	51	3633,4	2102	3660	771
3610	89	3633,5	2033	3661	760
3611	394	3634	2082	3662	919
3612	414	3634,2	2030	3663	723
3612,2	445	3634,3	1937	3664	721
3613	630	3635	797	3665	3890
3614	663	3636	813	3665,2	3886 A
3615	519	3637	814	3665 A	3182
3616	5048	3638	792	3665 B	3846
3617	5051	3638,2	789	3666	4072 A
3618	5050	3639	2120	3666,2	3959
3619	5060	3640	2120,2	3666,3	3958
3620	1615	3641	2129	3666,4	3936
3621	1627	3642	2187	3666,5	3905 B
3621,2	1628	3643	2289	3666,6	3957
3622	5081	3643,2	2288	3666,7	3931 A
3622,2	5076	3644	2211	3666,8	4122
3623	667	3645	2220	3666,9	4188
3624	1683	3646	2233	3667	3990 B
3624,2	1709	3647	2368	3668	3990 C
3625	1770	3648	2420	3669	3998
3626	1618	3649	2410	3670	4066
3626,2	1699	3650	2453	3671	4144
3626,3	1719	3651	2476	3672	3373
3627	1893	3652	791	3673	3914
3628	1890	3653	5312	3674	646 B

CODICES REGII (1682)

NUMÉROS DE 1682	NUMÉROS ACTUELS	NUMÉROS DE 1682	NUMÉROS ACTUELS	NUMÉROS DE 1682	NUMÉROS ACTUELS
3675	646,2ᴬ	3713,2	452	3741	1665
3675,2	3261	3713,3	108	3742	1668
3676	3063	3713,4	107	3742,2	1698
3676,1	3027	3713,5	440	3743	1727
3676,2	3078	3713,6	449	3743,2	1767
3677	3378	3713,7	451	3744	1726
3678	8379	3714	113	3745	1739
3679	3380	3715	118	3746	1737
3680	512	3716	158	3746,2	1742
3681	3312	3717	147	3747	1743
3682	3312,2	3718	151	3747,2	1760
3683	3173	3719	292	3747,3	1758
3684	401	3719,2	282	3747,4	1754
3685	3294	3720	661	3748	1729
3700	13	3721	662	3749	1728
3701	17	3722	659	3750	1755
3701,2	16	3722,2	660	3751	1751
3702	32	3723	682	3752	1617
3702,2	61	3724	688	3753	5266
3702,3	87	3725	397	3754	117
3702,4	91	3726	490	3755	1828
3702,5	139	3727	361	3756	1832
3702,6	255	3728	463	3756,2	1815
3703	140	3729	430	3756,3	1818
3704	269	3730	5054	3756,4	1817
3704,3	268	3730,2	5057	3756,5	1847
3705	266	3731	1703	3757	1845
3706	262	3731,2	1629	3757,2	1846
3706,2	281	3731,3	1633	3757,3	1855
3706,3	298	3731,4	1643	3758	1857
3706,4	272	3731,4ᵇ	1659	3758,2	1881
3706,5	276	3731,5	1638	3758,3	1800
3706,6	274	3732	1777	3758,4	1886
3706,7	278	3733	2124	3758,5	1793
3707	518	3734	2379	3759	3790
3708	520	3735	1663	3760	1920
3709	646A	3736	1662	3761	2049
3710	390	3737	1674	3761,2	2088
3711	90	3738	1672	3761,3	1946
3712	100	3739	1673	3761,4	2085
3713	435	3740	1671	3762	1917

CONCORDANCES DES NUMÉROS ANCIENS ET ACTUELS

NUMÉROS DE 1682	NUMÉROS ACTUELS	NUMÉROS DE 1682	NUMÉROS ACTUELS	NUMÉROS DE 1682	NUMÉROS ACTUELS
3762,2	1918	3788	4878	3811	2392
3763	2064	3788,2	5795	3811,2	2464
3763,2	2070	3788,3	2180	3812	2431
3764	2065	3789	2122	3812,2	2421
3765	2066	3790	2159	3812,3	2449
3766	2071	3790,2	2161	3812,4	4203
3767	1996	3791	2143	3813	2408
3768	1996,2	3792	2126	3814	2411
3769	1996,3	3792,5	2130	3815	2414
3770	1996,4	3793	2152	3816	2415
3771	1996,5	3794	2177	3817	2451
3772	2005	3795	2182	3818	2383
3773	2003	3795,2	2184	3818,2	2403
3774	2004	3796	2198	3819	2491
3775	1963	3797	5090	3820	2565
3776	1962	3797,2	5088	3821	2558
3777	1965	3798	5316	3822	2551
3777,2	1972	3799	2278	3823	812
3777,3	2012	3800	2282	3824	1896
3778	1922	3801	2224	3825	474
3778,2	2101	3802	2232	3826	411
3778,3	2084	3802,2	2218	3827	3248A
3779	2080	3802,3	2245	3828	3230
3779,2	2079	3802,4	2253	3829	2524
3780	1953	3802,5	2270	3830	2540
3781	1910	3803	2309	3831	2541
3781,2	1908	3803,3	2231	3832	2532
3781,3	1907	3803,4	2231,2	3833	2588
3782	2178	3803,5	2231,3	3834	2590
3782,2	1930	3804	2308	3835	2587
3782,3	1928	3804,2	2204	3836	5358
3782,4	1929	3805	2312	3837	2586
3783	2094	3806	82	3838	2609
3783,2	1939	3807	5408	3839	2582
3783,3	1950	3808	2346	3839,2	8566
3784	1956	3808,2	2347	3840	6368
3784,2	6337	3809	2354	3841	472
3785	2073	3810	2352	3841,3[3]	484
3786	2075	3810,2	5231	3842	625
3787	2117	3810,5	5227A	3843	487
3787,2	2110	3810,6	5230A	3844	3803

CODICES REGII (1682)

NUMÉROS DE 1682	NUMÉROS ACTUELS	NUMÉROS DE 1682	NUMÉROS ACTUELS	NUMÉROS DE 1682	NUMÉROS ACTUELS
3845	3334	3868	959	3885,3	990
3846	1803	3869	958	3886	725
3846,2	5120	3870	948	3887	3839
3846,3	5117	3871	957	3887,1	3840
3847	8111	3872	956	3887,2 A	3856
3848	3236 A	3872,2	953	3887,3	3837
3848,2	523	3872,3	962	3887,4	3842
3849	356	3872,4	966	3888	3888
3850	405	3872,5	971	3889	3887
3851	443	3872,6	938	3890	3893
3852	432	3873	965	3890,2	3858 A
3853	424	3873,3	963	3890,2^2	3922 B
3854	457	3874	849	3890,3	3927
3855	3338	3875	851	3890,4	3929
3855,2	5129	3875,2	856	3890,5	3990 A
3855,3	5128	3875,3	868	3890,6	4536
3856	2333	3875,4	836	3891	3252
3857	2334	3876	859	3892	3253
3857,2	3374	3876,2	857	3893	4231
3857,3	3306 A	3877	877	3894	4142
3858	5273	3878	878	3894,2	3972
3859	5270	3878,2	843	3894,3	4138
3859,2	5358	3878,3	837	3894,4	4007
3860	1788	3878,4	841	3895	4067
3861	3800 A	3878,5	982	3896	3859 A
3862	1700 A	3879	882	3897	1524
3863	5272	3880	883	3897,2	1531
3863,2	5359	3880,1	910 A	3898	1550
3863,3	5296 A	3881	774	3898,2	1549
3863,4	5269	3882	5264	3898,3	4195
3864	5400	3882,2	916	3898,4	4247
3864,2	5326	3882,3	762	3899	5357
3864,3	4210	3883	917	3900	5144
3864,4	5300	3883,2	815	3901	5114
3864,5	5271	3883,3	5185 CC	3902	5102
3865	816	3883,4	5263	3903	5102,2
3865,2	817	3883,5	5258 A	3903,2	4963 B
3866	820	3883,5^5	5187 A	3904	3027 A
3866,2	943	3883,6	5185 E	3905	3028
3866,3	818	3884	724	3905,2	3027 B
3867	960	3885	719	3905,3	3016

CONCORDANCES DES NUMÉROS ANCIENS ET ACTUELS

NUMÉROS DE 1682	NUMÉROS ACTUELS	NUMÉROS DE 1682	NUMÉROS ACTUELS	NUMÉROS DE 1682	NUMÉROS ACTUELS
3906	3032	3947	132	3975	1661
3907	6443 A	3948	133	3976	1664
3907,2	3147	3949	480	3976,2	2627
3907,3	495	3949,2	629	3977	1666
3907,3³	3103	3950	635	3978	1677
3907,4¹	3111	3951	642	3979	1676
3907,5	674	3952	643	3980	1678
3908	3057	3953	2579	3981	1691
3908,2	2518	3954	654	3982	1693
3908,3	3256	3955	683	3982,2	1696
3908,4	3337	3955,2	689	3983	1753
3909	6428 D	3956	1636	3984	1721
3910	455	3956,2	1614	3985	1722
3911	3352 A	3956,3	1619	3986	1725
3912	3114	3956,4	1632	3987	1733
3913	3114,2	3956,5	1684	3988	1757
3914	3228	3957	5071	3988,2	1752
3915	434	3958	5074	3989	3849
3916	1644	3959	1713	3990	1820
3917	3083	3960	1716	3990,1	1805
3918	4264	3961	1717	3991	1837
3927	35	3961,2	1715	3991,2	1841
3928	44	3961,3	1714	3991,3	1796
3929	34	3962	1685	3991,4	1863
3930	33	3963	1776	3991,5	1801
3931	136	3964	1780	3992	1889
3932	257	3964,2	1782	3993	1859
3933	275	3964,3	1783	3994	1858
3934	265	3965	1786	3995	1789
3935	264	3966	2375	3996	1795
3936	277	3967	2376	3997	1862
3937	259	3968	2380	3997,2	1867
3937,2	258	3969	2381	3997,3	1868
3939	653	3969,2	2465	3997,4	1856
3940	376	3970	1622	3998	1866
3941	391	3971	1623	3999	1873
3942	498	3972	1655	4000	1892
3943	105	3973	1656	4000,2	1872
3944	444	3974	1657	4001	1900
3945	456	3974,2	1653	4002	2151
3946	128	3974,3	1651	4002,1	2150

CODICES REGII (1682)

NUMÉROS DE 1682	NUMÉROS ACTUELS	NUMÉROS DE 1682	NUMÉROS ACTUELS	NUMÉROS DE 1682	NUMÉROS ACTUELS
4002,2	4112	4023	2158	4058,2	2342
4002,3	1958	4024	2175	4058,3	2349
4003	1976	4025	1790	4059	130
4003,2	1975	4026	1792	4060	317
4003,3	1971	4027	2170	4060,2	5095
4003,4	1970	4028	2169	4061	2412
4004	1912	4029	2166	4062	160
4004,2	1911	4030	2173	4062,2	2432
4004,3	2024	4031	2201	4063	2440
4005	1973	4032	2191	4064	2441
4006	2047	4033	2189	4065	2435
4006,2	1940	4033,2	2190	4066	2443
4007	2046	4034	8090	4067	Ars. 717
4008	1924	4035	2223	4068	2413
4009	2103	4036	2216	4069	2387
4009,2	1921	4037	2215	4069,2	2401
4009,3	2092	4038	2242	4070	2404
4009,4	1927	4039	2243	4070,2	2446
4010	2104	4040	2243,2	4071	377
4010,2	1923	4041	2248	4072	647
4010,3	974	4042	2254	4072,2	2501
4011	2048	4043	2252	4073	2471
4012	2014	4044	4208	4074	2473
4013	1936	4044,2	2267	4075	2509
4014	1938	4045	2266	4076	2508
4015	2078	4046	2275	4077	2481
4015,2	2109	4047	1865	4078	4221
4016	2466	4048	2261	4078,3	983 A
4016,2	2041	4049	2302	4079	2483
4016,3	1944	4050	2322	4079,2	2485
4017	8084	4051	2323	4079,3	2486
4018	8086	4051,2	2330	4080	2484
4018,2	8092	4051,3	2331	4081	8564
4019	2141	4052	2318	4082	8563
4019,2	2136	4053	2321	4083	8565
4019,3	2137	4054	2317	4083,2	8566 A
4019,4	2139	4055	2319	4083,3	2512
4020	2132	4055,2	2336	4084	2500
4021	2125	4056	2362	4085	2502
4022	2146	4057	2356	4086	2514
4022,2	2145	4058	2359	4087	N° omis.

/ CONCORDANCES DES NUMÉROS ANCIENS ET ACTUELS

NUMÉROS DE 1682	NUMÉROS ACTUELS	NUMÉROS DE 1682	NUMÉROS ACTUELS	NUMÉROS DE 1682	NUMÉROS ACTUELS
4088	2547	4121	403	4154	627
4089	2548	4122	374	4155	685
4090	2570	4122,3	3500	4156	686
4091	3352	4123	624	4157	352
4092	2567	4124	3177	4158	3324
4092,2	2575	4125	3174	4159	3818
4092,3	2474	4125,2	3176	4160	640
4093	5951	4126	3227	4161	2494
4094	2526	4127	355	4161,2	3188
4095	2539	4128	392	4162	3365
4096	2530	4129	727	4163	3290
4097	2496	4130	936	4164	2492
4097,2	2531	4131	2028	4165	3130
4098	2542	4132	3285 A	4166	3128
4099	2591	4133	2593	4166,3	3132 A
4100	3156	4134	3302	4167	3129
4101	3274	4135	3269	4167,2	3123
4102	2589	4136	3813	4167,3	3319
4103	2595	4137	3804	4168	5061
4103,2	2511	4137,2	3293	4168,2	5059
4104	4211	4138	3810	4169	5067
4105	2497	4139	8107	4170	5068
4106	2115	4140	8106	4171	5265
4106,2	3776	4141	8105	4171,2	5075
4107	2454	4141,2	8104	4171,3	5331
4108	458	4142	8102	4172	2445 A
4109	5698	4143	8103	4173	5340
4110	2611	4144	8097	4174	5324
4111	2467	4144,2	8099	4175	5299
4112	2409	4144,3	8098	4175,2	5290
4113	651	4144,4	3348	4176	8501 A
4114	2607	4145	8111 A	4177	5277
4115	2604	4146	8100	4178	5317
4116	2605	4147	8110	4179	5355
4116,2	425	4148	2520	4179,2	5329
4117	427	4149	5116	4179,3	5327
4118	3320	4150	1735	4180	5334
4119	3321	4150,2	3186	4181	5335
4119,2	481	4151	417	4182	5333
4120	426	4152	436	4182,2	5325
4120,2	5151	4153	465	4182,2^2	5328

CODICES REGII (1682)

NUMÉROS DE 1682	NUMÉROS ACTUELS	NUMÉROS DE 1682	NUMÉROS ACTUELS	NUMÉROS DE 1682	NUMÉROS ACTUELS
4182,3	5346	4206	1468	4221	767
4182,4	5356	4206,2	1465	4222	847
4182,5	5307	4207	4271	4223	808
4183	5350	4207,2	5122	4224	744
4184	5366	4207,3	5382 A	4224,2	773
4185	5285	4207,4	5135 A	4225	756
4186	2461	4207,5	5382 B	4225,2	759
4187	5320	4208	5251	4225,3	750
4187,2	5364	4208,2	5242	4225,3[3]	746 A
4187,3	5362	4209	819	4225,4	745
4187,4	989	4209,2	827	4225,5	746
4188	5398	4209,3	853	4226	859 A
4189	5392	4210	866	4226,2	986
4189,2	5389	4210,2	846	4227	985
4192	5401	4211	831	4228	977
4193	5391	4211,1	835	4229	984
4194	5395	4211,2	830	4229,2	992
4195	5404	4211,3	867	4229,3	993
4196	5405	4211,4	824	4229,4	991
4196,2	5390	4212	881	4229,5	5258
4197	5360	4213	946	4229,6	757
4197,2	5396	4213,2	949	4230	925
4198	5388	4213,3	950	4231	908
4198,2	3330	4213,4	972	4232	772
4198,3	4167 A	4213,5	964	4233	924
4198,4	2462	4213 A	945	4233,2	923
4199	5248	4213 B	969	4233,3	921
4200	5249	4213 C	955	4234	940
4200,2	5241	4214	900	4234,2	941
4200,3	5252	4215	899	4234,4	935
4200,4	5260	4216	902	4235	913
4200,5	5254	4217	5281	4235,2	912
4201	4875	4217,2	758	4235,3	829
4202	5086	4218	742	4235,4	826
4202,2	5089	4218,2	898	4235,5	754
4203	5115	4218,3	905	4236	930
4203,2	5104	4218,4	904	4236,2	3371
4204	4984	4219	934	4237	939
4204,2	4974	4219,2	933	4237,2	739
4204 A	4989	4219,3	983	4238	5179
4205	5150	4220	811 A	4239	722

CONCORDANCES DES NUMÉROS ANCIENS ET ACTUELS

NUMÉROS DE 1682	NUMÉROS ACTUELS	NUMÉROS DE 1682	NUMÉROS ACTUELS	NUMÉROS DE 1682	NUMÉROS ACTUELS
4240	1453	4257,6	4043	4278,6	3210
4241	1454	4258	4244	4278,7	3349
4242	3877	4259	3253 A	4279	3142
4242,2	3218	4260	1449	4280	3238 B
4242,3	3878	4261	1444	4280,2	3310
4243	4635	4262	1547	4281	3241
4243,2	1535	4263	1556	4282	3238 C
4244	3864	4263,2	1558	4283	689 A
4244,2	3866	4263,3	1554	4284	3308
4245	3868	4263,4	1553	4284,2	3354
4245,2	3867	4263,5	1555	4285	3270
4245,3	3869	4264	3195	4286	3272
4245,4	3865	4265	4151	4286,2	3873
4246	3187	4266	3205	4287	3313
4247	3880	4266,2	4121	4288	3341
4248	1566	4267	4237	4288,2	3383
4249	3919	4267,2	4233	4288,3	677
4249,2	3889	4268	3276	4288,4	3165
4250	3937	4268,2	3200	4288,5	3118
4250,2	3938	4268,3	4194	4288,6	3118,2
4251	4090	4268,4	4186	4288,7	3229
4251,2	4050	4268,5	4187	4288,8	3077
4252	1482	4268,6	4196	4288,9	3076
4252 B	1506	4268,7	4193	4288,10	3076,2
4252 C	1527	4268,8	4180	4288,11	4238
4252 D	1529	4269	3226	4288,12	4238,2
4253	3981	4270	3015	4289	14
4253,2	3980	4271	3098	4290	1705
4253,3	4131	4272	3298	4291	1844
4253,4	3901	4273	3124	4292	2202 A
4253,5	9994	4274	479	4293	441
4254	4148	4275	3133	4294	482
4254,2	3217	4276	2534	4295	3279
4255	4133	4277	2535	4296	2559
4255,2	4133 A	4278	3213	4297	2533
4256	4119	4278,1	3267	4298	5286
4257	4165	4278,2	3190	4299	5133
4257,2	4129	4278,2²	3266	4299 A	5135
4257,3	4095	4278,3	3265	4299 B	920
4257,4	4096	4278,4	3192	4300	15
4257,5	3847	4278,5	3249	4301	165

CODICES REGII (1682)

NUMÉROS DE 1682	NUMÉROS ACTUELS	NUMÉROS DE 1682	NUMÉROS ACTUELS	NUMÉROS DE 1682	NUMÉROS ACTUELS
4302	164	4323	3826	4353,5	8662
4303	166	4323,2	2720	4354	2873
4304	163	4324	2735	4355	576
4304,2	179	4325	2736	4356	2854
4304,3	178	4326	2698	4357	2857
4304,4	181	4327	2707	4357,4	354
4304,5	180	4328	2775	4357,5	354,2
4305	325	4329	8310	4358	2874
4305,2	322	4329,2	8307	4358,2	2636
4306	320	4330	8309	4359	2901
4307	329	4331	2782	4360	2886
4307,2	336	4332	2781	4361	2881
4308	338	4333	2785	4362	2885
4308,2	188	4333,2	2628	4362,2	2877
4308 B	334	4333,3	2629	4363	2900
4309	2659	4334	2788	4363,2	2899
4310	2661	4335	2790	4364	2903
4310,2	2658	4336	2793	4364,2	2904
4311	2667	4336,2	2796	4365	2891
4311,2	2663	4337	2809	4366	2890
4312	2650	4338	2810	4366,2	2889
4312,2	2776	4339	2802	4367	564
4313	1002	4340	2800	4368	2944
4313,2	2622	4341	2827	4369	2931
4313,3	2616	4341,2	1092	4370	2930
4313,5	2624	4342	2823	4371	2927
4314	2641	4343	2828	4372	2926
4314,2	2642	4344	2835	4372,2	2939
4314,3	2639	4344,2	2821	4373	1201
4314,4	2647	4345	2834	4374	2922
4315	2640	4345,2	2832	4375	2918
4316	2688	4346	2842	4376	2916
4316,2	2677	4347	8170	4376,2	2913
4316,3	2671	4348	2846	4377	2954
4317	2679	4349	2853	4377,2	2958
4318	2669	4350	331	4377,3	2959
4319	2682	4350,2	2738	4378	2946
4320	2684	4351	1538	4379	999
4321	2695	4351,2	1594	4380	2867
4322	2725	4352	6734	4381	2847
4322,2	2717	4353	2923	4382	3825

CONCORDANCES DES NUMÉROS ANCIENS ET ACTUELS

NUMÉROS DE 1682	NUMÉROS ACTUELS	NUMÉROS DE 1682	NUMÉROS ACTUELS	NUMÉROS DE 1682	NUMÉROS ACTUELS
4383	3578	4411,2	2879	4434	3550
4384	546	4411,3	3827	4435	5587
4385	545	4412	594	4435,2	5589
4386	2740	4413	593	4436	5588
4387	3577	4414	2843 C	4437	2708
4387,2	2909	4415	3582	4437,2	5578
4388	3831	4416	3606	4438	5597
4388,2	3832	4417	2948	4438,2	5567
4388,3	1596	4418	553	4438,3	5545
4389	3823	4418,2	3588	4439	1015
4390	2950	4418,3	6726	4440	1075
4391	2951	4418,4	3521	4441	1076
4391,2	3540	4419	543	4442	1079
4392	8323	4420	704	4443	1074
4393	8324	4420,2	525	4444	1073
4394	8331	4420,3	525,2	4445	1023
4395	8329	4420,4	8421	4446	1038
4396	8330	4420,5	557	4447	1061
4397	8325	4421	5499	4448	1060
4398	8327	4422	5631	4448,2	1059
4398,2	8326	4423	5630	4448,3	1053
4398,3	8328	4423,2	5629	4448,4	1054
4399	3612 A	4423,3	5628	4448,5	1024
4400	3612	4424	3510	4448,6	1022
4401	3487 A	4425	5639	4449	1044
4401,3	4333	4425,2	5593	4450	1062
4401,4	4206	4425,3	5568	4451	1025
4402	3597	4425,4	5572	4451,2	1065
4403	562	4426	5547	4451,3	1034
4404	563	4426,2	5553	4452	1045
4405	695	4427	2873 A	4453	1077
4405,2	698	4427,1	2873 B	4454	1114
4405,3	1093	4427,2	5643	4454,7	1051
4405,4	2843 B	4428	5565	4455	1068
4405,5	602	4429	584	4455,3	1224
4406	3491	4429,2	5576	4455,4	1213
4407	3513	4430	5580	4455,5	1208
4408	699	4431	5586	4456	1067
4409	3546	4432	5599	4456,2	1071
4410	588	4432,2	5606	4456,3	1070
4411	2878	4433	5559 A	4456,4	1070,2

CODICES REGII (1682)

NUMÉROS DE 1682	NUMÉROS ACTUELS	NUMÉROS DE 1682	NUMÉROS ACTUELS	NUMÉROS DE 1682	NUMÉROS ACTUELS
4456,5	1041	4476,5	1180	4496,2	4303
4457	1017	4476 A^n	1185	4496,3	8653
4458	1107	4477	1157	4497	4371
4459	1115	4478	1195	4498	4365
4459,2	1130	4479	1197	4499	4373
4459,3	1098	4480	1183	4500	4362
4459,4	1106	4481	1187	4500,2	4359
4459,5	1028	4481,5	1178	4501	1434 A
4459,6	1101	4481,6	1171	4501,2	1244
4459,7	1116	4481,7	10571	4501,3	1243
4459,10	1105	4482	1194	4502	5632
4460	1110	4483	4315	4503	5025
4460,2	1216	4483,1	4286	4504	4338
4460,3	1206	4483,2	4314	4504,2	4312
4460,4	1209	4483,3	4281 B	4504,3	4340
4460,5	1210	4483,4	1575	4504,4	4342
4460,6	1212	4483 A	1603	4505	4351
4461	1170	4483 B	4295 A	4505,2	4352
4461,2	1163	4483 C	4281 A	4505,3	4341
4462	1193	4483 D	2887	4505,4	4353
4463	1192	4483 E	4295	4505,5	4354
4463,2	1191	4484	1581	4506	4348
4464	1246	4485	1578	4507	4349
4464,2	1232	4485,2	1580	4507,3^3	5485 A
4464,3	1239	4486	1600	4508	4337
4464,4	1229	4486,2	1237	4508,2	4336
4465	1140	4486,3	1599	4508,3	4335
4465,2	1199	4487	1592	4508,3^3	2921
4466	1145	4488	1591	4509	3824
4467	1146	4488,3	1597	4510	2741
4468	1142	4489	2888	4511	2932
4469	1144	4490	4758	4511,2	3551
4469,2	1150	4491	4323	4512	2910
4470	1151	4492	4299	4513	3589
4471	1196	4492,2	4298	4514	3403
4472	337	4492,3	4297	4514,2	3407
4473	1227	4492,4	4296	4514,3	3404
4473,2	1228	4493	3520	4515	3489
4474	1162	4494	998	4516	6690
4475	1164	4495	8436	4517	3428
4476	1186	4496	4291	4518	3525

CONCORDANCES DES NUMÉROS ANCIENS ET ACTUELS

NUMÉROS DE 1682	NUMÉROS ACTUELS	NUMÉROS DE 1682	NUMÉROS ACTUELS	NUMÉROS DE 1682	NUMÉROS ACTUELS
4519	2843 E	4546,2	6686 A	4578	228
4520	3609	4546,3	3477	4579	229
4520,2	3625	4546,4	3536	4579,2	227
4521	702	4546,5	3499	4579,3	226
4521,3	2816	4546,6	3635	4580	249
4522	3656	4547	547	4581	245
4523	590	4548	2940	4584	341
4524	1005	4549	561	4585,2	2969
4525	3652	4550	2734	4586	2980
4525,2	3417	4551	2728	4587	2987
4525,3	3475	4552	2733	4588	2702
4525,4	3469	4553	2713	4588,2	2984
4526	3461 A	4554	2935	4588,3	2985
4526,3	997	4555	5633	4589	2981
4527	3479	4556	589	4590	2973
4528	3426 A	4557	1225	4591	2971
4528,2	3215	4558	1047	4591,2	2972
4528,3	3211	4559	1161	4591,3	2975
4529	3523	4560	3637	4592	3013 A
4529,2	3518	4560,2	8345	4593	6785
4529,3	3468	4561	3583	4594	2991
4530	3532	4562	5544	4594,2	2993
4531	3605	4563	2852	4594,3	8658 B
4532	3571	4564	1231	4595	1252
4533	3515	4565	5559	4596	3697
4534	3627	4566	3630	4597	3005
4535	3580	4567	3658	4598	3761
4536	3587	4568	554	4599	3769
4537	3592	4569	3651	4599,2	1250
4538	3593	4569,2	3654	4599,3	2999
4539	3603	4569,3	3653	4600	606
4540	3579	4569,4	4676	4601	3739
4540,3	3632	4570	220	4601,2	3715
4541	3503	4571	221	4602	3728
4542	3425	4572	222	4603	1247
4542,3	3442	4573	223	4604	3000
4542,5	3644	4574	224	4605	3730
4543	3633	4575	225	4605,2	3740
4544	185	4576	232	4606	3764
4545	575	4577	231	4607	5680
4546	2836	4577,2	230	4608	5666

CODICES REGII (1682)

NUMÉROS DE 1682	NUMÉROS ACTUELS	NUMÉROS DE 1682	NUMÉROS ACTUELS	NUMÉROS DE 1682	NUMÉROS ACTUELS
4609	5672	4625,3	1323	4653,2^2	1330 A
4610	5668	4625,4	1326	4654	4382 A
4611	4386	4626	1327	4654,3	4375
4612	4388	4626,2	1330	4655	4382
4612,2	4383	4626,3	5660	4655,2	4394
4613	2995	4627	1435	4655,3	4384
4613,2	1611	4628	1352	4655,4	1437
4614	1280	4628,2	1367	4656	3749
4615	1294	4629	1343	4656,2	4392
4616	1289	4630	1375	4656,3	4393
4617	1285	4631	1400	4656,5	1438
4618	1308	4632	1374	4657	3723
4619	1317	4633	1378	4657,2	3720
4620	1302	4634	1387	4658	3738
4620,2	1261	4635	1372	4658,2	3751
4620,3	1272	4636	1402	4658,3	3711
4620,4	1267	4637	1401	4658,4	3004
4620,7	1262	4638	1377	4658,5	4398
4621	1288	4639	1373	4659	3717
4622	1314	4639,2	1411	4659,5	6134
4622,2	1273	4639,3	1405	4660	3726
4622,3	1291	4640	1398	4661	3750
4622,3^3	1395	4641	1418	4662	2986
4622,4	1311	4641,2^2	1382	4663	6784
4622,5	1275	4642	1417	4664	3757
4622,6	1321	4643	1416	4665	3698
4622 A	1337	4644	1404	4665,2	3771
4622 A^A	1265	4645	1415	4665,3	8491
4623	1312	4646	1353	4665,4	3767
4623,2	1293	4647	1414	4666	3752 A
4623,3	1297	4647,2	1410	4667	1368
4623,4	1300	4648	1376	4668	1354
4623,5	1270	4648,2	1432	4669	1419
4623,6	1298	4648,3	1350	4670	8661
4623,7	1299	4649	1413	4671	4454
4623,8	1305	4650	1412	4672	4477 A
4623,9	1304	4650,2	1429	4673	4478
4624	1310	4651	1345	4674	4437
4625	1318	4652	1342	4675	4440
4625,1	1315	4653	1325	4676	4802
4625,2	1316	4653,2	1409	4677	4801

16 CONCORDANCES DES NUMÉROS ANCIENS ET ACTUELS

NUMÉROS DE 1682	NUMÉROS ACTUELS	NUMÉROS DE 1682	NUMÉROS ACTUELS	NUMÉROS DE 1682	NUMÉROS ACTUELS
4678	4804	4708	4427	4745	6540
4679	4803	4709	4428	4746	6298
4679,2	4805	4710	4429	4747	6299
4680	5047	4711	4436	4748	6790
4681	5049	4712	4675	4749	6458
4682	5045	4713	4254	4750	6512
4683	5045,2	4714	4255	4751	6514
4684	4915	4715	4544	4752	6457
4684,2	4914	4716	3905 A	4753	6543
4685	4896	4717	4616	4754	6541
4686	6797	4718	4674	4755	6459
4686,2	6825	4719	4624 A	4756	8551
4686,3	6825,2	4719,2	5411	4757	8549
4687	6985 A	4720	4594	4758	8714
4688	7627	4721	4593	4759	6795
4689	7610	4722	6064	4760	6798
4690	7610,2	4723	4946	4761	6806
4691	7610,3	4723,2	4869	4762	6805
4692	7600	4724	4917	4763	6804
4693	7312	4725	4949	4764	6556
4694	7323	4726	4927	4765	6830,1
4695	«	4727	4912	4766	Est. Jd. 50
4696	4460	4728	4916	4767	6920
4697	4467	4729	4892	4768	6886
4698	4476	4729,2	4965	4769	6949
4699	4471	4730	4797	4770	6896
4700	4472	4730,2	4798	4771	6961
4701	4473	4731	4800	4772	7258
4701,2	4474	4732	5727	4773	7270
4701,3	4463	4733	5783	4774	7269
4701,4	4481	4734	5767	4775	7344
4701,5	4480	4735	5827	4776	7321 A
4701,6	4526	4736	5830	4777	7596
4701,7	4567	4737	5831	4778	7644
4702	4537	4738	8677	4779	7598
4703	4538	4739	8676	4780	7625 C
4704	4522	4740	8500	4781	7642
4704,2	4535	4741	6425	4782	7645
4705	4524	4742	5861	4783	6346
4706	4523	4743	6306	4784	6334
4707	3950 A	4744	6297	4785	6333

CODICES REGII (1682)

NUMÉROS DE 1682	NUMÉROS ACTUELS	NUMÉROS DE 1682	NUMÉROS ACTUELS	NUMÉROS DE 1682	NUMÉROS ACTUELS
4786	6366	4823	4492	4864	6874
4787	7699	4824	4546	4865	6939
4788	7794	4825	4442	4866	6934 A
4788,2	7774	4826	4083	4867	6938
4788,3	7774,2	4827	4260	4868	6947
4788,4	8533	4828	4507	4869	6960
4788,5	8533,2	4829	4572	4870	6993
4789	7778	4830	4589	4871	6974
4790	7779	4831	4562	4872	6962
4791	7782	4832	4590	4873	6982
4792	7725	4833	4571	4874	6984
4793	7722	4834	4573	4875	6983
4794	8694	4835	4558	4876	7142
4795	7958	4836	4604	4877	6986
4796	8045	4837	4663	4878	6985
4797	8027	4838	4252	4879	6975
4798	4029	4839	6497	4880	6990
4799	4027,3	4840	6541 A	4881	6941
4800	4027,2	4841	6511	4882	6959
4801	3045	4842	6522	4883	7135
4802	3069	4843	6519	4884	6987
4803	3275	4844	6532	4885	7146
4804	4256	4845	6446	4886	4450
4805	4027	4846	6530	4887	4455
4806	4038	4847	6447	4888	4477
4807	3306	4848	6528	4889	4517
4808	4498	4849	6433 A	4890	4413
4809	4569 A	4850	6531	4890,2	4414
4810	4541	4851	6539	4890,3	4405
4811	4561	4852	6548	4891	4519
4812	4493	4853	6547	4891,2	4560
4813	4495	4854	Est. Jb. 18.	4891,3	4435
4814	4493,2	4855	Est. Ja. 24.	4891,33	4423
4815	4496	4856	7275	4892	4545
4816	4493,3	4857	7276 A	4893	4276 A
4817	4493,5	4858	7253	4894	4489
4818	4497	4859	6523	4895	4586
4819	4493,4	4860	6935	4896	4601
4820	4548	4861	6849	4897	4578
4821	4514	4862	6850	4898	4240
4822	4093	4863	6848	4898,2	4673

CONCORDANCES DES NUMÉROS ANCIENS ET ACTUELS

NUMÉROS DE 1682	NUMÉROS ACTUELS	NUMÉROS DE 1682	NUMÉROS ACTUELS	NUMÉROS DE 1682	NUMÉROS ACTUELS
4899	4876	4933,2	6069 A	4965	6518
4900	4872	4934	4950	4966	6520
4900,2	5062	4934,2	4956	4967	6525
4901	4884	4935	4951	4968	6429
4902	4887	4935,3	4957	4969	6504
4903	4932	4936	5780	4970	6542
4904	4942	4936,2	5770	4971	6794
4905	6489	4937	5765	4972	6801
4905,2	9488	4938	5779	4973	6802
4906	4894	4939	5754	4974,2	346 A
4907	4895	4939,7	5755	4974,7	349
4908	4858	4940	5802	4975	8544
4909	4865	4941	5809	4976	6395
4910	4889 A	4942	5807	4977	6376
4911	5707	4943	5816	4978	8550
4912	4901	4943,2	5820	4979	6391
4913	4900	4944	5798	4979,2	6395 A
4914	5867,2	4945	5840	4980	7797
4914,2	4918	4946	5843	4981	6404
4915	4923	4947	5842	4982	6408
4916	4941	4948	5858	4983	6482
4916,2	4964	4949	5845	4984	6496
4917	6815	4950	6503	4985	6390
4918	6810	4951	8664	4986	6499
4918,2	5711	4952	6417	4987	6069 T
4919	5714	4953	6069,1	4987,4	6309
4920	5713	4954	4963 A	4988	6069 K
4921	5689 B	4954,2	5825 E	4989	6069 F
4922	5786	4955	6286	4990	8568
4923	5833	4956	6325	4991	8123
4924	5828	4957	6510	4992	7877
4925	8503	4957,2	6793	4992,2	6069 L
4926	5720	4957,3	6793,2	4993	6069 Q
4927	5691	4957,5	6310	4993,2	6494
4928	5724	4958	6300	4994	6468
4929	5736	4959	6318	4995	6820
4930	5728	4960	6292	4996	6823
4931	5734	4961	6290	4997	6830 H
4931,2	5737	4962	6550	4998	6845
4932	5690	4963	6524	4999	6864
4933	5745	4964	6526	5000	6921

CODICES REGII (1682)

NUMÉROS DE 1682	NUMÉROS ACTUELS	NUMÉROS DE 1682	NUMÉROS ACTUELS	NUMÉROS DE 1682	NUMÉROS ACTUELS
5001	6897	5038	7595	5074	7930
5002	6893	5039	7597	5075	7964
5003	6943	5040	7602	5076	7968
5004	6944	5041	7593	5077	7965
5005	6901	5042	7601	5077,2	7936
5006	6902	5042,2	7594	5078	7975
5006,2	6903	5043	2320 A	5079	7974
5007	6910 A	5044	7504	5080	7993
5008	6943 A	5045	7503	5081	8017
5009	6966	5046	7501	5082	8078
5009,2	6965	5047	7499	5083	8044
5010	6866	5048	7531	5084	8025
5011	7134	5049	7621	5085	8026
5012	7130	5050	6339	5086	8028
5013	7242	5051	6343	5086,2	8024
5014	7243	5052	6357	5087	8134
5015	7237	5053	6342	5088	1675
5015,2	7239	5054	6364	5089	496
5016	7226 A	5055	7703	5090	366
5017	7262	5056	7698	5091	3076
5018	7261	5057	7695	5092	3071
5019	7265	5058	6369	5093	3117
5019,2	7303	5059	7786	5094	3362
5020	7304	5060	8523	5095	3396
5021	7268	5061	8538	5096	6443 B
5022	7267	5061,2	8528	5097	3151
5023	7279	5062	8524	5098	3327
5024	7289	5063	8529	5099	3398
5025	7278	5064	7720	5100	3397
5026	7316 A	5065	7729	5101	3401
5027	7326	5066	7802	5101,2	6565
5028	7327	5067	7801	5101,3	6566
5029	7207	5068	7803	5102	1545
5030	7640	5068,2	7804	5103	4048
5031	7620	5069	7730	5104	4269
5032	7614	5070	8574	5105	4019,2
5033	7615	5071	7880	5106	4019
5034	7623	5072	7880,2	5106,20 B	4666 A
5035	7622	5073 A	7889	5106,20 C	6020 A
5036	7625	5073 B	7900 A	5107	4061
5037	7585	5073 C	7907	5108	4019,3

20 CONCORDANCES DES NUMÉROS ANCIENS ET ACTUELS

NUMÉROS DE 1682	NUMÉROS ACTUELS	NUMÉROS DE 1682	NUMÉROS ACTUELS	NUMÉROS DE 1682	NUMÉROS ACTUELS
5109	4277 B	5143	7222	5175	4053
5110	1567	5144	7222,2	5175,2	3924
5111	4234	5145	7218	5176	3974
5112	4447	5146	7225	5177	4421
5113	4555	5147	7260	5178	4518
5114	4556	5148	7271	5179	4516
5115	4679	5149	7288	5180	4525
5116	4681	5149,2	7340	5181	4403 B
5117	4584	5150	4828	5182	4403
5118	4587	5151	6338	5183	4408
5119	4554	5152	7970	5183,2	4566
5119,2	4552	5153	8713	5184	4409
5119,3	4510	5154	7649 A	5185	4403 A
5119,4	4510,2	5155	7014	5186	4416
5119,5	4510,3	5156	4426	5187	4568
5119,6	4510,4	5157	4528	5188	4632
5120	4574	5158	4529	5189	4627
5121	6527	5159	4410	5189,2	4626
5122	6460	5160	4106	5190	4633
5123	6445	5161	4539	5191	4617
5124	6546	5162	4896 A	5192	4668
5125	6441	5162,5	4966	5192,2	4631
5126	7694	5163	5857	5193	8732 A
5127	6562	5164	5863	5194	4683
5127,2	6566 A	5165	6317	5195	7345
5128	6830 A	5166	6477	5196	4685
5129	Est. Je. 8.	5167	350	5197	4276
5130	Est. Je. 8 A.	5168	7214	5198	4595
5131	6824	5169	7241	5199	4680
5132	6860	5170	7286	5199,2	4611
5132,2	6968	5171	7208	5200	8681
5133	6936	5172	7207 A	5201	3369
5134	7003	5173	7590	5202	3390
5135	6874 A	5174	8016	5203	4807
5136	6946	5174,1	8578	5204	6812
5137	6981	5174,2	8599	5204,2	6818
5138	7132	5174,3	5219 A	5205	6817
5139	6879	5174,4	7810	5206	6811
5140	6994	5174,5	8150	5207	6814
5141	6942	5174,6	8151	5207,2	6813
5142	7224	5174,7	8706	5208	6752 A

CODICES REGII (1682)

NUMÉROS DE 1682	NUMÉROS ACTUELS	NUMÉROS DE 1682	NUMÉROS ACTUELS	NUMÉROS DE 1682	NUMÉROS ACTUELS
5209	4806	5239	5694	5274	5753
5210	4809	5240	5705	5275	5758
5211	4810	5241	5692	5276	9684
5212	4811	5242	5689	5277	5747
5213	8135	5243	5717	5278	5752
5214	4825	5244	5722	5279	5801
5215	5246	5245	5723	5280	5814
5216	4866	5246	5826	5281	5810
5217	4870	5247	5829	5282	5811
5217,2	4861	5247,2	5832	5283	5804
5217,3	5997	5248	5835	5284	5806
5218	4993	5249	5836	5284,2	5805
5219	4994	5250	6397	5285	5813
5219,2	4992	5251	5837	5286	5841
5220	4885	5252	8502	5287	5839
5221	4794	5253	8501	5288	5847
5222	4933	5254	5788	5289	5853
5223	4891	5254,2	5815	5290	5848
5223,2	4890	5255	5730	5291	5849
5224	4969	5256	5739	5292	5846
5225	4968	5257	5743	5293	5866
5225,2	4967	5257 B	4837	5294	5818
5225,3	4970	5258	5789	5294,2	5819
5225,4	4971	5259	5791	5295	5822
5226	4906	5260	5794	5296	5799
5226,2	4905	5261	4961	5297	5800
5227	4897	5262	4958	5298	5797
5228	6427	5263	4960	5299	5823
5229	4929	5264	4959	5299,2	5872
5229,2	5127	5265	5773	5300	8559
5229,3	4931 c	5266	5774	5301	8667
5230	4911	5267	6769	5301,2	8668
5231	4910	5268	5775	5302	8669
5231,2	5695	5269	5776	5303	8670
5232	4944	5270	5777	5303,2	8673
5233	4926	5271	5778	5304	8674
5234	4936	5272	5748	5305	6424
5235	1616	5273	5749	5306	6422
5236	6069 R	5273,2	5750	5307	6416
5237	4930	5273,3	5760	5308	8562
5238	5697	5273,4	5761	5309	7521

CONCORDANCES DES NUMÉROS ANCIENS ET ACTUELS

NUMÉROS DE 1682	NUMÉROS ACTUELS	NUMÉROS DE 1682	NUMÉROS ACTUELS	NUMÉROS DE 1682	NUMÉROS ACTUELS
5310	8603	5348	6389	5384	8505
5311	2613	5349	6396	5385	6467
5312	6280	5350	7796	5386	8699
5313	6281	5351	7798	5387	3233
5314	6279	5352	6403	5388	8575
5315	6289	5353	6405	5389	6471
5315,2	6294	5354	6406	5389,2	6453
5315,3	1926	5354,2	6402	5389,3	6453,2
5316	6293	5354,5	7184	5390	6563
5317	6295	5355	6398	5391	3345
5318	6307	5356	7709	5392	8684
5319	6308	5357	6400 E	5392,2	6561
5320	6311	5358	6400 F	5392,3	3343 A
5321	6314	5359	6399	5393	8558
5322	6312	5360	6400 D	5393,2	8557
5323	6315	5361	6400 A	5394	6821
5324	6321	5362	7200	5395	7924
5325	6788	5363	7201	5396	6830 E
5326	6789	5364	7297	5397	6830 D
5327	6303	5364,2	7204	5398	6830 F
5328	6327	5365	7181	5399	6830 G
5329	6464	5366	7188	5400	6830 B
5330	6456	5367	6400 G	5401	6830 C
5331	7148	5368	6475	5402	6830 M
5332	6443 D	5369	6476	5403	6952
5333	3245	5370	3110	5404	348
5334	6557	5370,2	6480	5405	7156
5335	6330	5371	6481	5406	6827
5336	8539	5371,2	6483	5406,2	7020
5337	8553	5372	6485	5407	6861
5338	8541	5373	6452	5408	6868
5339	8548	5374	7152	5409	6867
5340	8554 A	5375	6498	5409,2	6869
5341	8545	5376	5784	5409,3	7008
5342	6382	5377	8570	5409,4	6891
5343	6381	5378	6069 G	5410	6922
5344	6384	5379	8122	5411	6881
5344,2	6378	5380	8700	5412	6882
5345	6393	5381	6069 M	5413	6915
5346	6387	5382	6069 O	5414	6925
5347	6388	5383	8504	5414,2	6950

CODICES REGII (1682)

NUMÉROS DE 1682	NUMÉROS ACTUELS	NUMÉROS DE 1682	NUMÉROS ACTUELS	NUMÉROS DE 1682	NUMÉROS ACTUELS
5415	6951	5450	8680	5487,2	6649
5416	8160	5451	7886	5488	7682
5416,2	6991	5452	7311	5489	7678
5417	6971	5453	8022	5490	7574 A
5418	6871	5454	7348	5491	7494
5419	6883	5455	7255	5492	7493
5419,2	6884	5456	7256	5492,3	2545
5420	7127	5457	7272	5493	7496
5421	6894	5458	7420 B	5493,2	7509
5422	6973	5459	7196	5494	7497
5423	6964	5460	7287	5495	7513
5424	7137	5461	7300	5496	7498
5425	6978	5462	7277	5497	7512
5426	6977	5463	7342	5498	7511
5426,2	7145	5464	7440	5499	7510
5426,3	6995	5465	7318	5500	7491 A
5427	6979	5466	7307	5501	7492
5428	8161	5467	7351	5502	7490
5429	6980	5468	7332	5503	7491
5430	8687	5469	7316	5504	6400 B
5431	8161 A	5470	7315	5505	7576
5432	6929	5470,2	7346	5506	7577
5433	6957	5471	7322	5506,2	7579
5434	7128	5472	7343	5507	7574
5435	7010	5473	7321	5507,2	7530
5435,2	7009	5474	7325	5508	8679
5435,3	6958	5475	7331	5509	7495
5436	7213	5476	7330	5509,3	2185 A
5437	7192	5477	7328	5510	7519
5438	7228	5477,2	7338	5511	6142
5439	7227	5478	7358	5511,2	7489
5440	7248	5479	7651	5512	8779
5441	7230	5480	7641	5513	7635
5442	7231	5481	7680	5513,2	7517
5443	7232	5482	7626	5514	8152
5444	7233	5483	7675	5515	7522
5445	7234	5484	7674	5516	7732
5446	7235	5484,2	7670	5516,2	7731
5447	7018	5485	7599	5517	7696
5448	7245	5486	6414	5618	7741
5449	7199	5487	6413	5519	7701

CONCORDANCES DES NUMÉROS ANCIENS ET ACTUELS

NUMÉROS DE 1682	NUMÉROS ACTUELS	NUMÉROS DE 1682	NUMÉROS ACTUELS	NUMÉROS DE 1682	NUMÉROS ACTUELS
5519,2	7707	5556	6370	5592	7941
5520	7706	5557	6367	5593	7952
5521	7705	5558	7719	5593,2	7931
5522	7714	5559	7726	5594	7957
5523	7716	5560	8556	5595	7966
5524	7715	5560,2	7806	5596	7971
5525	7791	5561	7795	5597	7972
5526	7792	5562	7526	5598	7976
5527	7785	5563	7524	5599	7978
5528	7774 A	5564	8690	5600	7980
5528,2	7776	5565	8693	5601	7983
5529	7775	5566	8692	5601,2	7982
5530	7790	5566,2	7637	5602	7987
5531	Nº omis.	5567	7884	5603	7988
5532	7787	5568	7888	5604	7985
5533	6362	5569	7891	5605	7992
5534	7702	5570	7894	5606	7997
5535	8527	5571	7892	5607	7994
5536 A	8522	5572	7899	5608	7996
5536 B	8532	5573	7900	5609	7998
5536 C	8537	5574	7904	5610	8000
5537	8536	5575	7913	5611	8002
5538	7712	5576	7917 A	5612	8004
5539	6283	5577	7917	5613	8006
5540	6340	5578	7910	5614	8013
5541	6375	5579	7916	5615	8015
5542	6332	5580	7909	5616	8010
5543	6335	5580,2	7918	5616,2	8001
5544	6374	5580,3	7907 A	5617	8020
5545	6331	5580,4	7915	5618	8048
5546	6349	5581	7921	5619	8077
5547	6351	5582	7933	5620	8073
5547,3	7789	5583	7937	5621	8076
5548	6355	5584	7938	5622	8050
5549	6354	5585	7953	5623	7990
5550	6348	5586	7932	5623,2	7989
5551	6353	5587	7942	5624	8067
5552	6352	5588	7939	5624,2	8068
5553	6344	5589	7940	5625	8051
5554	6358	5590	7939 A	5626	8054
5555	6361	5591	7951	5626,3[3]	8052

CODICES REGII (1682)

NUMÉROS DE 1682	NUMÉROS ACTUELS	NUMÉROS DE 1682	NUMÉROS ACTUELS	NUMÉROS DE 1682	NUMÉROS ACTUELS
5627	8061	5662	110	5703	3301
5627,2	8059	5663	431	5704	3325
5628	8063	5664	304	5705	3326
5629	8064	5665	1704	5706	3402
5630	8030	5666	1949	5707	3400
5631	8029	5667	2276	5708	3399
5631,3[3]	8035	5668	2171 B	5709	6484
5632	8034	5669	1647	5710	3314
5633	8043	5670	1624	5711	3316
5634	8042	5671	372	5712	3342
5635	8041	5672	3084	5713	3231
5636	8082	5673	3087	5714	3243
5637	8079	5674	3271	5715	1487 A
5637,2	8080	5675	3157	5716	1515
5638	8066	5676	3067	5717	3883
5538,2	8065	5677	4272	5718	3923
5639	8089	5678	3086	5719	4168
5640	8083	5679	3158	5720	4167
5641	8096	5680	3201	5721	4028
5642	8509	5681	3155	5722	4559
5643	8509 A	5682	3191	5723	4245
5644	8117	5683	675	5724	4185
5645	8118	5684	3196	5725	4149
5645,2	8119	5685	3370	5726	2499
5645,3	8124	5686	3208	5727	4564
5646	8131	5687	2338	5728	4553
5647	8126	5688	978	5729	4563
5648	8125	5689	3343	5730	4557
5649	8127	5690	3395	5731	4499
5650	8128	5691	3257	5732	4597
5651	8130	5692	3289	5733	4444
5652	7879	5693	8697	5734	4253
5653	8727 B	5694	3335	5735	4583
5654	3181	5695	2599	5736	4200
5655	62	5696	3305	5737	4198
5656	373	5697	3305 A	5737,2	4602
5657	3363	5698	3297	5738	4037
5658	»	5699	3304	5739	4144 B
5659	737	5700	3179	5740	4662
5660	4147	5701	3299	5741	4032
5661	3085 A	5702	3300	5742	4032,2

CONCORDANCES DES NUMÉROS ANCIENS ET ACTUELS

NUMÉROS DE 1682	NUMÉROS ACTUELS	NUMÉROS DE 1682	NUMÉROS ACTUELS	NUMÉROS DE 1682	NUMÉROS ACTUELS
5743	4581	5782	6324	5822	6473
5744	4585	5783	6320	5823	8682
5745	4600	5784	7352 B	5824	3355
5746	4665	5785	6521	5825	3330 A
5747	4665,2	5786	6513	5825,2	6495
5748	»	5787	347 C	5826	6807
5749	4144 C	5788	6430	5827	6808
5749,2	4235	5789	6431	5827,2	6809
5749,3	3159 A	5790	6433	5828	2121
5750	4577	5791	6433 B	5829	6863
5751	3920	5792	6444	5830	6963
5752	4582	5793	6558	5831	6933
5753	4502	5794	6436 A	5832	6910
5754	4501	5795	6533	5833	6908
5755	4575	5796	6534	5834	6913
5756	4505	5797	6535	5835	7357
5757	4512	5798	6537	5836	6872
5758	4513	5799	6536	5837	6855
5759	4265	5800	6448	5838	6911
5760	4570	5801	6449	5839	6988 A
5761	4588	5802	6442	5840	6992
5762	4509	5802,2	6439	5841	7157
5763	4515	5803	6463	5842	7149
5764	4799	5804	6553	5843	6875
5765	5689 A	5805	6830	5844	6851
5766	5787	5806	6829	5845	6876
5767	5744	5807	6826	5846	6852
5768	5854	5808	6437	5847	6857
5769	5865	5809	6470	5848	6858
5770	5700	5810	6470,2	5848,2	6998
5771	5703	5811	6549 A	5849	7000
5772	5701	5812	6545	5850	6999
5773	5699	5813	6538	5851	7002
5774	5702	5814	8716	5851,2	6853
5775	5746	5815	8555	5852	7004
5776	5093	5816	6400	5853	7005
5777	5825 M	5817	6407	5854	7006
5778	6069 C	5818	6409	5855	7007
5779	7882	5819	6426	5856	6878
5780	6313	5820	6501 A	5857	7001
5781	6316	5821	6472	5858	7012

CODICES REGII (1682)

NUMÉROS DE 1682	NUMÉROS ACTUELS	NUMÉROS DE 1682	NUMÉROS ACTUELS	NUMÉROS DE 1682	NUMÉROS ACTUELS
5859	7013	5897	7718 A	5932	5870
5860	7019	5898	7636	5933	4848 A
5861	7017	5899	7811	5933,2	8149 A
5862	8698	5900	7523	5934	6720
5863	7217	5901	8579	5935	3282
5864	7223	5902	8560	5936	8703
5865	7252	5903	6359	5937	5879
5866	8686	5904	6341	5938	8688
5867	7273	5905	7813	5939	»
5868	7302	5905,2	7812	5940	4308
5868,2	7263	5905,3	3384	5941	592
5869	7276 B	5906	8155	5942	4719
5870	7276	5907	7922	5943	1593
5871	7301	5908	7955	5944	4709
5872	7290 A	5908,2	7969	5944,2	4714
5872,3	7339	5909	8081	5945	4366 B
5873	7324	5910	8062	5945,2	4726
5874	7292	5911	8047	5945,3	4725
5875	7335	5912	6363	5945,4	5648
5876	7329	5913	7885	5946	4772
5877	7341	5914	7883	5947	4720
5878	7306	5915	7896	5948	4331
5879	7349 A	5916	8701	5949	5005 C
5880	7356	5917	8114	5949,2	5002
5881	8592	5918	7814	5950	5005
5882	7238	5918,2	8147	5951	5022
5883	4822	5918,3 [3]	8149	5951,2	5021
5884	7352 A	5919	8144	5951,3	4999 A
5885	6554	5920	8146	5951,4	5020
5886	7516	5921	8136	5952	8514
5887	7573	5922	8137	5953	3671
5888	7580	5923	8148	5954	3668
5889	7657	5924	7986	5955	3670
5890	7650	5925	8507	5956	6155
5891	7650,2	5926	6474	5956,2	6078
5891,2	7638	5927	3340	5956,3	6077
5892	7532	5927,3	8727 A	5956,4	6154
5893	7525	5928	8711	5957	4833
5894	8691	5929	4599	5958	4832
5895	7811 A	5930	8212	5959	6832
5896	8154	5931	10764	5960	6834

28 CONCORDANCES DES NUMÉROS ANCIENS ET ACTUELS

NUMÉROS DE 1682	NUMÉROS ACTUELS	NUMÉROS DE 1682	NUMÉROS ACTUELS	NUMÉROS DE 1682	NUMÉROS ACTUELS
5960,2	6833	5997	8413	6035	7067
5961	5543	5997,2	8730	6036	7046
5962	8751 c	5998	6128	6036,2	7052
5963	6074	5999	6650	6037	7056
5964	6076	6000	6651	6038	7041
5965	8515	6001	6569	6039	7036
5966	6136	6002	6570	6040	7035
5967	6138	6003	6567 A	6041	7055
5968	6137	6004	6567	6042	7030 A
5969	6139	6005	8611	6043	7139
5970	6140	6006	6584	6043,2	7118
5971	6249	6007	6583	6043,3	7400 A
5972	6124	6008	6581	6043,4	7065
5972,2	6111	6009	7735	6044	8773 A
5973	6143	6010	6636	6045	7374 A
5974	6088	6010,2	6575	6046	7368
5975	6085	6011	6637	6047	7382
5976	6092	6012	6637 A	6048	3609 B
5977	6099	6013	6684	6048,2	7470
5977,3	6093	6014	6638	6049	7388
5978	6100	6015	7359	6050	7389
5979	6101	6016	8308	6051	7390
5980	6102	6017	6640	6051,2	6127 A
5981	6103	6018	6646	6052	4838
5982	6104	6019	6695	6053	7433
5982,2	6090	6020	6696	6053,2	7431
5983	6118	6021	3615	6054	7363
5984	6116	6022	6705	6055	7403
5984,2	6115	6023	6625	6056	7411
5985	6117	6024	6069 v^v	6057	7438
5986	6080	6025	3585	6058	7409
5987	6112	6025,2	3638 A	6059	7400
5988	5012	6026	6749 A	6060	7439
5989	6081	6027	6838 B	6061	7416
5990	6146	6028	6842 A	6062	6683
5991	6150	6029	6842 D	6063	7446
5992	6149	6030	7057	6064	7819
5993	6114	6031	7023	6065	7820
5994	6121	6032	7028	6066	7677
5995	6144	6033	7038	6067	7676
5996	6120	6034	7050	6068	7668

CODICES REGII (1682)

NUMÉROS DE 1682	NUMÉROS ACTUELS	NUMÉROS DE 1682	NUMÉROS ACTUELS	NUMÉROS DE 1682	NUMÉROS ACTUELS
6069	7543	6105	6593	6140	8254
6070	7541	6106	6594	6141	8213
6071	7548	6106,2	6591	6142	8228
6071,5	7515	6107	7757	6143	8226
6072	7545	6108	8783	6144	8225
6073	7549	6109	7838	6145	8224
6074	7538	6110	7760	6146	8227
6075	7539	6111	7837	6147	8222
6076	7749	6112	7841	6148	8220
6077	7748	6113	7840	6149	8221
6078	8777	6114	8621	6149,2	8215
6079	8728	6115	8620	6150	8232
6080	8428	6116	8623	6151	8235
6081	7750	6117	8608	6151,2	8236
6082	7751	6118	8607	6152	8292
6083	7743	6118,2	8606	6153	8289
6084	7756	6119	8786	6153,3	8511
6085	7754	6120	8787	6153,4	8511,2
6086	7740	6121	8631	6153,5	8511,3
6086,2	7739	6122	7400 B	6154	8288
6086,3	7747	6123	8729	6155	8291
6087	7738	6124	8177	6156	8273
6088	7737	6125	8176	6157	8275
6089	7824	6126	8184	6157,2	8276
6090	7823	6127	8183	6158	8281
6091	7753	6128	8193	6159	8282
6092	7825	6129	8192	6160	8264
6093	7829	6130	8191	6161	8263
6094	8612	6131	8195	6162	8262
6095	6601	6131,2	8194	6163	8261
6096	6607	6132	8198	6164	8271
6096,2	6608	6133	8204	6164,2	8269
6097	6609	6133,2	8203	6165	8296
6098	6610	6133,6	8202	6165,2	8284
6099	6611	6134	8248	6166	6732
6100	6618	6134,2	8249	6167	8209
6100,2	6617	6135	8239	6168	8315
6101	6616	6136	8242	6168,2	8299
6102	6613	6137	8245	6169	8350
6103	6619	6138	8243	6170	8352
6104	6592	6139	8240	6171	8353

CONCORDANCES DES NUMÉROS ANCIENS ET ACTUELS

NUMÉROS DE 1682	NUMÉROS ACTUELS	NUMÉROS DE 1682	NUMÉROS ACTUELS	NUMÉROS DE 1682	NUMÉROS ACTUELS
6171,2	8355	6209	3410	6249	4698
6172	8430	6210	3512	6250	4701 A
6173	8172	6211	3447	6251	4716
6174	8427	6212	3159	6252	4716,2
6175	7053	6213	3471	6253	4716,3
6176	8761	6214	3502	6254	4716,4
6177	8630	6215	3408	6255	4716,5
6178	8629	6216	3449	6256	4711
6179	6714	6217	3483	6256,2	4700
6180	8619	6218	3484	6257	4699
6180,2	8752	6219	3458	6258	5010
6181	527 A	6220	3675	6259	8168
6182	527	6221	701	6260	4999
6182,2	3666	6222	3472	6261	4999,2
6183	598	6223	3486	6261,2	7428
6184	596	6224	1582	6261,3	6226
6185	597	6225	4374	6262	5007
6186	3667	6225,2	4721	6263	3665
6187	»	6226	5620 A	6264	6141
6188	1004	6227	3650	6264,2	6083
6189	2654	6228	3445	6265	6157
6190	2655	6229	3678	6266	4843
6190,2	2656	6230	3679	6267	2614
6191	2620	6231	3459	6268	6683 A
6192	7456	6232	3595	6269	6572
6193	6738 A	6233	2632	6269,2	6635
6194	3432	6234	5621	6270	6672
6195	3436	6235	3616	6271	6578
6196	574	6236	3453	6272	6577
6197	3466	6237	3620	6273	6586
6198	195	6238	2844	6274	6585
6199	539	6239	1204	6275	6668
6200	551	6240	1147	6276	6670
6201	191	6241	1203	6277	6671
6202	192	6242	4329	6278	6658
6203	690	6243	1589	6279	6657
6204	3461	6244	3470	6280	6673
6205	3435	6245	4366 D	6281	6648
6206	705	6246	4712	6282	6667
6207	707	6247	4773	6283	6680
6208	590 A	6248	4701	6283,2	6681

CODICES REGII (1682)

NUMÉROS DE 1682	NUMÉROS ACTUELS	NUMÉROS DE 1682	NUMÉROS ACTUELS	NUMÉROS DE 1682	NUMÉROS ACTUELS
6284	6659	6315	6664	6354	7140
6284,2	6580	6316	6660	6355	7087
6284,3	4695 A	6317	6660,2	6356	7048
6285	6589	6318	6735	6357	7083
6285,2	6662	6318,3³	6740 A	6358	7076
6285,3	6736	6319	6692	6359	7069
6285,4	6743	6320	6677	6360	7026
6286	524	6321	6663	6361	7098
6287	6744	6322	6737	6362	7167
6288	6749	6322,3	6742	6363	7168
6289	6748	6323	7047 A	6364	7171
6289,2	6745	6324	7040	6365	7173
6290	6740	6325	7061	6366	7170
6291	6686 B	6326	8759	6366,2	7160
6292	6685	6327	8751	6366,5	7162
6293	6842	6328	7080	6367	7161
6293,2	8774	6329	7085	6368	7058 A
6294	6598	6330	7033	6369	7376
6295	6727	6331	6839	6370	7377
6296	3638	6332	7088	6371	7424
6297	3618	6333	7081	6372	7367
6298	6716	6334	7082	6372,2	7455 B
6299	6717	6335	7090	6373	7379
6300	8771	6336	7097	6374	7402
6301	6687	6337	7094	6375	7394
6302	6694	6338	7022	6376	7414
6303	6699	6339	7025	6377	4850
6304	6698	6340	7077	6377,3	7404
6305	6701	6341	7078	6378	7393
6306	6700	6342	7075	6379	7405
6306,2	8512	6343	7071	6380	3411
6307	6702	6344	7072	6381	7426
6308	6722	6345	7079	6382	7427
6309	6712	6346	7074	6383	6451
6309,3	6713	6347	7073	6384	8429
6310	3594 A	6348	7024	6385	7429
6311	6719	6349	7032	6385,2	6689
6312	6718	6350	7141	6386	7435
6313	6721	6351	7068	6387	7457
6313,2	8756	6352	7095	6388	7452
6314	8429 A	6353	7084	6389	7444

32 CONCORDANCES DES NUMÉROS ANCIENS ET ACTUELS

NUMÉROS DE 1682	NUMÉROS ACTUELS	NUMÉROS DE 1682	NUMÉROS ACTUELS	NUMÉROS DE 1682	NUMÉROS ACTUELS
6390	7447	6425,2	7846	6464	8744
6391	7443	6425,3	7857	6465	8634
6392	7442	6425,4	7849	6466	2687
6393	7441	6426	7863	6467	6571
6394	7443 A	6427	7862	6468	8188
6394,2	7413	6428	3420	6469	8257
6395	7443 B	6429	7870	6470	8210
6396	7448	6430	7756 A	6471	8274
6397	7395	6431	7865	6472	8278
6398	7417	6432	7859	6473	8277
6399	7443 C	6433	7826	6474	8297
6400	7458	6434	8742	6475	8367
6401	7369	6435	8622	6476	8174
6401,2	6741	6436	8633	6477	8173
6402	3594	6437	8635	6478	8368
6403	7554	6438	8637	6479	8244
6404	4722	6439	6135	6480	8364
6405	7661	6440	6715	6481	8346
6406	7664	6441	8770	6482	8342
6407	7689	6442	8769	6483	8407
6408	7684	6443	8654 A	6484	8369
6408,2	7679	6444	8754	6485	8370
6409	7552	6445	7867	6486	8374
6410	7568	6446	8747	6487	8362
6411	7565	6447	6248	6487,2	8363
6412	7659	6448	8762	6488	8372
6412,2	8782	6449	8765	6489	8389
6413	6599	6450	8639	6490	8410
6414	7759	6451	8648	6491	8411
6415	6612	6452	8610	6492	8415
6416	7762	6453	6723	6493	8348
6417	8764	6454	8745	6494	8408
6418	4694	6455	8253 A	6495	8381
6419	7860	6456	8510	6496	8377
6419,2	7844	6457	6709	6497	8388
6420	7868	6458	8773	6498	8386
6421	7864	6459	6071	6499	8378
6422	7855	6460	6127	6500	8385
6423	7856	6461	8733	6501	8384
6424	7852	6462	8763	6502	8383
6425	7847	6463	6152	6503	8382

CODICES REGII (1682)

NUMÉROS DE 1682	NUMÉROS ACTUELS	NUMÉROS DE 1682	NUMÉROS ACTUELS	NUMÉROS DE 1682	NUMÉROS ACTUELS
6504	8380	6541	8732 B	6578	5658
6505	8387 A	6542	7049	6579	6253
6506	8373	6543	8196	6580	6148
6507	8391	6543,3	9967	6581	6256
6508	8392	6544	7834	6581,2	4786
6509	8393	6545	7835	6582	5038
6510	8394	6545,2	6119	6582,2	7474
6511	8397	6545,3	8179	6582,3	5042
6512	8395	6545,4	8238	6583	5041
6513	8387	6546	7842	6584	8519
6514	8376	6547	8790 A	6585	8520
6515	8400	6548	8789	6586	6755
6515,2	8406	6549	8185	6587	6766
6515,3	6216	6550	4849	6588	8817
6516	8399	6551	8798	6589	6770
6517	8417	6552	8743	6590	523 A
6518	8398	6553	8181	6591	6739
6519	8396	6554	8186	6592	6787
6519,2	8349	6555	8189	6593	7102
6520	8258	6556	6110	6593,2	7106
6521	8375	6557	8788	6593,3	7120
6522	8371	6558	»	6594	7483
6523	8343	6559	8792	6595	7481
6524	8316	6560	»	6596	7479
6525	8418	6561	8793,5	6597	7469
6526	8401	6562	8791	6597,2	6780
6527	8390	6563	8793	6597,3	7876 A
6528	8365	6564	8793,2	6597,4	7769
6529	8344	6565	8793,3	6598	7767
6530	8360	6566	8793,4	6599	7768
6530,2	8361	6567	8794	6600	6761
6531	8180	6568	8795	6600 B	6758
6532	8365 A	6569	8796	6600 C	6762
6533	8403	6570	8796,2	6600 D	6763
6534	8404	6571	»	6601	6257
6535	7845	6572	7763	6602	8800
6536	8775	6573	7765 A	6603	8449
6537	2621	6574	8797	6603,2	8453
6538	8751 D	6575	7305 A	6604	8460
6539	5644	6576	8749	6605	8818 A
6540	»	6577	8304	6605,2	8470

CONCORDANCES DES NUMÉROS ANCIENS ET ACTUELS

NUMÉROS DE 1682	NUMÉROS ACTUELS	NUMÉROS DE 1682	NUMÉROS ACTUELS	NUMÉROS DE 1682	NUMÉROS ACTUELS
6605,3	8468	6641,2	8660	6679	6255
6606	8466	6641,3	8822	6680	7771
6607	6773	6642	8448	6681	8231
6608	6779	6643	7108	6682	8806
6609	8471	6644	7115	6683	8803
6610	3753	6645	7112	6683,5	8804
6611	8499	6646	7110	6684	4785
6612	7688	6647	7113	6685	4783
6613	6772	6648	7111	6686	8464
6614	8517	6649	7107	6687	6259 A
6615	8809	6650	7116	6688	8457
6616	6782	6651	7109	6688,2	8821
6617	8810	6651,3	7121	6689	3765
6618	3774	6652	7101	6690	3696
6618,2	6272	6653	7122	6691	4856
6619	8496	6654	7114	6692	6844
6620	2963	6655	7117	6693	8813
6621	3756	6656	7125	6694	7126
6622	3727	6657	7176	6695	8821 A
6623	3725	6658	7175	6696	8805
6624	608	6658,2	7178	6697	6276 A
6625	3688	6659	7488	6698	3696 A
6626	3690	6660	7487	6699	8814
6627	3692	6661	7473 A	6699,2	8815
6628	3693	6662	7484	6700	7180
6629	3691	6663	3775 A	6765	9042
6630	3703	6664	8808	6817	5970
6631	3707	6665	7871	7700	7534
6632	3709	6666	8816	7390	10286
6633	3704	6667	7872	7766,2	8702
6634	3704,2	6668	7572	7859	5562
6635	3775	6669	8489	7897	6643
6636	4717	6670	8490	7982	7821
6637	4784	6671	8493	8000	6196
6638	4401	6672	8482	8068	8443
6638,2	4401 A	6673	6252	8085	7567
6638,3	4791	6674	8451	8353	5993 A
6639	4854	6675	8452	8357	4645 A
6640	4852	6676	4855	8381	5995
6640,2	4851	6677	7874	8382	5995,2
6641	8819	6678	8450	8383	5995,3

CODICES REGII (1682)

NUMÉROS DE 1682	NUMÉROS ACTUELS	NUMÉROS DE 1682	NUMÉROS ACTUELS	NUMÉROS DE 1682	NUMÉROS ACTUELS
8386	6038	9640,4	5380	9856	6000
8407	5456	9648	5373 B	9861,3	5208
8408	5376	9655,3	4687 A	9862	3224 A
8409	9142	9675	5966	9866,2	4223 A
8420	5971	9675,1	5969	9866,3	4354 D
8461,2	5973	9685	5953	9866,4	4221 B^2
8875,4	5168	9686	5955	9866,5	4354 A
9214,2	5986	9705	8132	9867	6004
9354,5	4691	9706	8133	9868	6005
9354,6	4692	9715,3	4221 B	9870	5217
9386	9846	9718	5976	9871	5421
9390	4660 B	9734,3	6050	9872	10033
9391 A	3381 C	9755	6061	9873	10130
9433,5	5436	9757	8587	9874	5186
9434	9934	9768	5985	9875	5187
9477	5220	9783,2	5987	9877	4221 C
9482	4222 A	9795	5971 A	9878	4221 D
9483	5206	9796	6020	9881	4661
9483,2	5193	9797	4777	9882	6013
9597,24	6023	9799	5936	9883	4657
9598	5977	9801	6026	9883,2	4659
9599	5977,2	9819	4641 A	9884	4658
9600	5977,3	9821	4641 B	9885	4660
9601	5977,4	9822,4	5185 C	9886	4660 A
9602	5977,5	9848	4652	9889	10125
9603	5979	9848,1	4651	9890	10034
9604	5980	9848 A	4653 A	9907	4689
9605	5978	9852	5413	9908	4266 B
9610	6007	9852,2	5189	9910,5	5871
9611	6007,2	9852,3	5191	9913,2	8704
9618	5922	9852,4	5463	9918	5144 A
9618,2	5926	9852 B	5188	9919	4038 B
9619	5938	9852 C^D	5200	9920	6027
9619,2	5939	9853	4991	9921	3197 A
9620	5930	9854	4997	9922	5173
9632	5935	9854,2	5448	9928	5825 D
9638	5944	9855	5430	9929	5867
9639	5945	9855,2	5426	9930	5825 C
9640	5946	9855,3	5195	9931	5894
9640,2	5942	9855,3^3	5426 A	9932	6012
9640,3	5943	9855,5	5201	9940	5887

CONCORDANCES DES NUMÉROS ANCIENS ET ACTUELS

NUMÉROS DE 1682	NUMÉROS ACTUELS	NUMÉROS DE 1682	NUMÉROS ACTUELS	NUMÉROS DE 1682	NUMÉROS ACTUELS
9942	5888	10035,4	5164	10128	5878
9943	4620	10035,5	5164,2	10128,2	5880
9944	5907	10035,6	5164,3	10133	4730
9945	5908	10035,7	5169	10134	4733
9948	5919	10036	5167	10135	4734
9950	5910	10036,1	5172	10136	4740
9951	5909	10036,6	5177	10137	4739
9952	4618	10038	5382	10138	4741
9953	5877	10038,2	5383	10138,2	4745
9968	5882	10038,3	5384	10138,3	4729
9969	5883	10040	4216 A	10139	4727
9973	5895	10043,2	5157	10141	4619
9974	6069 D⁰	10043,3	5153	10145	5378
9975	5915	10050 B	4244 A	10149	5896
9979	4625 A	10050 C	5176	10161	5374
9980	5225	10050 D	4244 B	10164	5881
9980,2	6063	10053	4197	10164,2	5824
9980,3	6063,2	10053,2	4196 A	10165	5825
9980,4	6063,3	10054	4187	10168	5911
9983,2	5234	10055	4156 A	10169	5410
9984	6044	10057	5184 A	10172,2	8602
9985	6049	10072	4156 C	10173	5912
10004	4671	10094	6031	10174	5912 A
10019	5224	10095	5903	10176	4625
10025 A	5136	10100	4757	10177	4622
10026	4986	10101	4624	10178	5916
10027	4982	10104	5899	10178,2	4239 A
10028	4987	10105	5900	10180	4824
10029	4983	10106	4931	10184	6069 E⁰
10029,2	4913	10107	5902	10186	5876
10030	5146	10111	5918	10187	4688
10031	5156	10112	5184	10189	5919 A
10031,2	4192 B	10113	5884	10192	4687
10031,3	4192 A	10114	5885	10192,2	6028
10031,4	5182	10116	5892	10193	6036
10031,5	5183	10117	5886	10196	5994
10032	5158	10120	5889	10199	5174
10034	5161	10121	5890	10201	6059
10035	5160	10122	5891	10203	6062
10035,2	5160,2	10123	5874	10205	5227
10035,3	5163	10123,2	5875	10206	5226

CODICES REGII (1682)

NUMÉROS DE 1682	NUMÉROS ACTUELS	NUMÉROS DE 1682	NUMÉROS ACTUELS	NUMÉROS DE 1682	NUMÉROS ACTUELS
10206,2	5237	10392,5	5532	10450	4735
10207	6047	10394,1	6219	10451	4736
10208	6046	10394,5	4397 C	10454	4738
10209	6041 D	10395	5651	10455	4744
10210	6041	10396	5529	10456	4751
10213	6056	10397	4354 C	10457	4752
10213,1	5238	10398	4767	10460	4753
10213,2	4223 B	10399	4768	10467,2	4755
10227	6022	10400	5538	10468	6164
10292	10381	10401	4768 A	10469	7852 A
10295	4848	10403	3660 A	10473	6163
10296	6182	10406	6222	10477,2	6165
10305	6187	10413,3	5619	10479	6247
10306	5610	10413,4	5534	10484	6176
10306,2	6189	10414,2	4316	10485,2	6174
10308	6195	10415	5622	10486	6175
10312,2	1597 B	10415 A	5036 A	10492,3	6180 A
10312,3	5526	10415 B	5518	10496,4	5657 E
10316	6222 C	10417	4331 A	10497	6704
10317	6267	10419	5645	10498	6225
10318	6197	10420	5646	10499	5539
10320	6221	10421	6159	10501	6208
10323	6200	10422	6160	10501,2	6227
10324	6203	10423	6158	10502,2	6229
10325	6204	10424	6156	10502,3	5618
10329	6206	10425	6161	10503,4	6223
10329,2	6201	10426	4845	10504	6275
10332	6207	10427	5893	10504,2	6231
10333	3673 A	10429	6166	10505	4846
10357	6192	10430	6167	10507	6266
10357,2	4780	10431	6168	10508,2	6241
10369,1	6214	10433	6169	10513	4844
10371	4769	10434	6170	10525,2	3648 A
10377	8733 A	10435	6261	10526	8638
10389	4397 A	10441	6246	10530	5513
10390,2	11032	10442	6171	10531	5511
10390,3	6217	10445	4728	10539	11401
10390,3³	5659	10446	11091	10540	10368
10390,5	5530	10447	4737	10541	11405
10391,8	1426 B	10448	4731	10542	6172
10392	6198	10449	4732	10545	11408

38 CONCORDANCES DES NUMÉROS ANCIENS ET ACTUELS

NUMÉROS DE 1682	NUMÉROS ACTUELS	NUMÉROS DE 1682	NUMÉROS ACTUELS	NUMÉROS DE 1682	NUMÉROS ACTUELS
10556 E. 2940,1	6132 988	E. 2981 A à C	865, A et B	E. 3890,3	720

BALUZE

Nos anciens	Nos actuels	Nos anciens	Nos actuels	Nos anciens	Nos actuels
1	41	47	3037	111	4976
2	4071	48	1480 A	112	2165
3	4026	49	1480,2^A	117	2608
4	4026,2	50	4510 A	118	5131 A
5	5381	51	5459	124	914
6	5381,2	62	5949 A	126	5975
9	5974	63	655	128	4605
10	7649	64	3080	129	4606
11	4045	66	834	130	4604 A
12	4123	68	159	131	8538 A
13	4128	70	6030	136	5196
14	4125	71	10002	137	7633
15	4155	72	4475	143	9033
16	870	73	3982	147	7733
17	3382	74	786	151	2600
18	2423	76	6060	152	1988
19	1477	77	5696	154	4277
20	1497	79	439	156	1707
21	1501	81	5825 H	157	5096
23	3139	83	2448	159	3222
24	4242	87	6282	160	3221
25	7144	88	5941	162	1648
26	6008	89	5222	174	5451
28	3860	90	3839 A	175	5981
30	1650	91	3875	176	5981,2
31	6428 B	93	4030	178	7129
35	6916	101	3203	180	3848 B
37	5171	102	4978	181	3170
38	1559	103	4064	183	5998
41	5181 A	104	3925	184	5124
42	5486	105	3925 A	185	5124,2
43	5487	106	3926	186	3891
44	4170	107	3955	188	1654
45	4139	108	4049	199	5211
46	5372	109	4038 A	202	4634

BALUZE

NUMÉROS ANCIENS	NUMÉROS ACTUELS	NUMÉROS ANCIENS	NUMÉROS ACTUELS	NUMÉROS ANCIENS	NUMÉROS ACTUELS
205	4154	285	1457	341	1561
207	4812	287	1686	342	5065
209	6492 A	289	3137	343	5693
223	7282	290	1712	344	3138
225	3193	291	3850	348	4920 A
226	3180 A	292	1552	349	5094
228	4661 A	293	5533 A	350	4929 A
229	4164	294	6193	351	2600
231	7293 A	295	1473	353	4686
233	7353	296	1496	355	7254
235	5515 A	297	1502	356	5689 C
236	4228	298	1522	357	4934
237	1484	299	1495	358	4282
239	9848	300	1509	359	5026
244	7205	301	1512	360	3239 A
245	954	302	1493	361	1100
252	7630	303	1503	362	2955
254	3178	304	1499	363	4937
258	942	305	1511	364	6220
259	5440	306	1530	365	4760
260	2193	307	1525	366	4222
261	5212	308	1533	367	4223
262	5963	311	2396	368	5540
263	5371	312	8576	369	2739
265	5967	314	4827	371	8617
266	453	315	1440	372	1560
268	2149	317	5940	373	3331
269	4263	319	2592	374	4117 A
270	5970 B	321	2186	377	3079
271	4639	323	6493	378	3136
272	4640	326	4044	380	5213
273	4130	327	5250	382	7284
274	4159	328	2460	385	5706
275	4158	329	2235	388	442
276	4160	330	2824	389	4251
277	4182	331	2206	391	6956
278	4181	333	1532	393	6859
280	4270	334	2447	395	3238 F
281	5917	335	4962	398	679
283	8605	337	2490	406	5214
284	5132	340	4896 B	409	9185

CONCORDANCES DES NUMÉROS ANCIENS ET ACTUELS

NUMÉROS ANCIENS	NUMÉROS ACTUELS	NUMÉROS ANCIENS	NUMÉROS ACTUELS	NUMÉROS ANCIENS	NUMÉROS ACTUELS
416	5447	515	4582 A	589	7758
421	5957	517	7355	592	1576
424	684	518	8018	594	5627
425	4813	521	7919	596	161
426	5949	522	832	597	700
428	5964	528	7655	598	601
429	4996	530	7189	600	8426
430	4921 A	532	4201	602	4293
431	5950	533	733	603	11016
433	5427	537	7250	604	8646
435	10329	539	7420 A	605	2942
438	5497	541	5454	606	558
439	5288	544	5223	607	7455 A
446	5210	545	152	608	168
447	5138	549	3367	609	4344
448	6194	557	5536	610	5019
449	6194,2	558	1122	611	6224
450	6194,3	559	5535 A	612	3452
451	6194,4	561	8818	613	8354
452	6328	562	6756	615	321
455	3886	564	8356	616	5591
456	3212	565	4292	617	3566
459	5394	566	6262	620	8513
460	1488	567	5027	624	182
464	4166	568	1590	625	8758
464,2	4168 A	569	8241	628	7374
466	5414 A	570	6738	629	3431
475	10187	571	7066	630	8757
477	6024	573	8317	631	6710
478	10152	574	8644	632	1104
479	6025	575	4326	634	5515
485	2289 A	576	4322	635	8169
490	4221 A 2	577	4325	637	6781
491	5344	578	4324	638	6765
497	5230	579	4328	639	201
498	7607	580	4327	640	5653
499	347 B	582	4321	641	8768
501	39	583	8433	642	7536
504	4178	584	1577	644	1087
506	5218	585	7537	645	1255
512	5954 A	588	6073	647	6588

BALUZE

NUMÉROS ANCIENS	NUMÉROS ACTUELS	NUMÉROS ANCIENS	NUMÉROS ACTUELS	NUMÉROS ANCIENS	NUMÉROS ACTUELS
648	7031	714	8438	779	5522
649	3455	715	6587	780	5522,2
650	8654 B	716	8632	781	5522,3
651	Esp. 277	717	7853	782	5522,4
652	7365	718	6260	783	5523
653	1571	719	8229	787	6269
655	3508 A	720	5590	788	1613
656	4358	721	7550	789	4332
657	3429	722	7869	792	7682 A
663	3677	723	177	794	1112
669	8320	724	7866	801	5546
671	5017	726	4320	805	8798 A
675	8640	728	2896	806	8798 A ^{2}
676	7561	731	1307	809	5642
678	6679	732	3584	813	1313
681	4831	733	8414	815	234
683	3642	734	8609	816	3714
685	6240	736	6590	817	6151
687	6250	737	1609	818	6777
688	6734 A	738	6145	819	2712
691	7555	739	3569	820	40
692	1574	740	6234	821	3565
693	1230	742	5024	822	711
694	1215	744	1256	823	6626
695	8750	745	1257	824	7054
696	7165	746	6072	825	7060
697	7170 A	747	1610	828	7766
698	8206	749	7828	831	11252
699	8732	750	2906	832	3506
700	7059	752	11017	833	7138
702	7861	755	8781	834	1263
703	6173 A	762	2744	835	1031
704	8748	763	7164	836	1268
705	4782	764	8322	839	1032
707	3567	767	5612	840	1082
708	7423	769	6769	841	1156
709	8435	770	1123	842	6725
710	4775	773	4840	844	7174
711	7850	774	4792	845	2917
712	8642	775	2860	846	5657 D
713	8366	776	5569	848	1046

42 CONCORDANCES DES NUMÉROS ANCIENS ET ACTUELS

NUMÉROS ANCIENS	NUMÉROS ACTUELS	NUMÉROS ANCIENS	NUMÉROS ACTUELS	NUMÉROS ANCIENS	NUMÉROS ACTUELS
850	1390	883	8463	923	1271
851	8518	884	8458	924	236
852	6274	885	3766	925	205
854	3611	887	3699	926	1346
855	3659	890	7770'	927	1349
858	1113	891	3755	928	1347
861	1363	893	1336	929	1361
862	8494	895	3768	930	3748
863	4379	896	5674	932	7485
864	4788	897	6843	935	1169
865	7691	898	1319	936	1124
866	3745	899	3708	937	1362
867	7875	900	5665	939	2977
869	1264	903	8658	940	241
870	4402	904	3774 A	942	1351
871	612	905	1612	944	1266 A
872	1277	908	3734	949	4742
873	1274	909	2967	950	4746
874	8486	910	8492	951	4749
876	4385	911	7103	952	4748
877	1043	913	3763	956	10384
878	1279	917	1428	957	11402
879	3741	919	1332	959	7928
880	2978	920	1266	960	8251
881	8494 B	921	1266,2	986	7123
882	4399	922	204		

BIGOT

2*	8099	15	107	27	905
3*	272	16	445	28	904
5	281 et 298	17	440	29	759
6	629	18	449	30	992
7	5170	19	425	31	993
8	5104	20	481	32	991
10	401	21	3776	33	2401
11	2501	23	941	34	1614
12	2446	24	969	36	1632
13	452	25	815	37	1684
14	108	26	898	38	1714

NUMÉROS ANCIENS	NUMÉROS ACTUELS	NUMÉROS ANCIENS	NUMÉROS ACTUELS	NUMÉROS ANCIENS	NUMÉROS ACTUELS
39	1653	85	4050	173	5359
40	1881	86	3856	174	5362
41	1805	87	3901	175	5290
42	1872	88	3972	176	5329
43	1944	89	3182	177	5326
44	2088	90	1535	178	5356
45	2101	91	3200	179	5390
46	1930	92	4138	180	4192 B
47	2079	93	3980	180*	5122
48	2055	95	4210	181	5195
49	1928	95*	4167 A	183	5201
50	1959	97	4413	183*	5426
51	1970	98	4414	184	5237
52	2150	99	4535	185	4861
53	2331	100	4560	186	4931 C
54	2136	101	4435	187	4970
55	2218	102	4552	188	6488
56	2253	106	4651	189	4992
57	2267	107	4653 A	190	5057
58	2342	128	4626	191	5062
59	2421	130	4611	193	5695
60	2432	132	6378	194	5760
61	2403	133	6561	196	6115
62	2628	139	6853	198	5825 E
63	2531	140	7009	199	4918
64	3078	141	6869	206	9793
65	3083	144	6965	227*	5871
66	3873	147	6483	228	5870
67	3190	149	7020	230	4848 A
69	3261	150	7637	237	179
70	2518	151	8556	238	258
71	3265	152	7907	239	525
72	3192	153	7969	240	188
72*	3330	159	8147	241	8421
76	3383	164	6818	242	557
79	3858 A	167*	4967	243	2913
80	4890	168	5241	244	2899
81	3386 A	169	5252	245	698
82	3929	170	5280	246	1232
83	3927	171	5318 et 5323	247	»
84	3990 A	172	5296 B	248	1216

NUMÉROS ANCIENS	NUMÉROS ACTUELS	NUMÉROS ANCIENS	NUMÉROS ACTUELS	NUMÉROS ANCIENS	NUMÉROS ACTUELS
249	989	299	6884	364	8328
250	1213	301	7009	365	3715
251	1065	302	7162	367	2451
252	1093	304	7455 B	368	1297
253	3827	307	7404	369	1300
254	997	308	7452	370	1270
256	2636	309	7204	371	1298
257	2622	310	18249	372	1299
258	2639	311	6741	373	1305
259	2720	312	7679	374	1316
260	2821	313*	7739	375	1323
261	1594	314	6608	376	1208
261*	2904	317	4314	377	5660
262	3407	320	7931	378	1411
263	6686 A	321	8215	379	1199
264	3536	322	8059	380	1409
265	3630	323	2832	381	1367
266	3518	323*	8355	382	1410
267	3249	334	8512	383	2796
268	3832	335	6635	384	2972
269	554	338	7567	384*	2993
271	2462	339	8752	385	8661
271*	3499	340	6833	386	3751
272	3658	342	5021	389	1596
273	3889	343	5658	390	4383
274	4303	343*	»	393	1611
275	3994	346	5606	398	1426 B
276	4298	347	5242	406	6780
277	4340	348	5629	407	7118
278	4312	349	5389	408	7106
280	4352	350	3651	409	7120
282	4341	352	6217	412	6763
284	1237	354	5530	413	7876 A
285	1597	356	6219	415	4851
292	11032	357	6229	416	5659
295	4721	357*	6231	422	8821
296	6294	361	6241		
298	7008	363	230		

NUMÉROS ANCIENS	NUMÉROS ACTUELS	NUMÉROS ANCIENS	NUMÉROS ACTUELS	NUMÉROS ANCIENS	NUMÉROS ACTUELS
DE BOZE					
2	6835	4,2	6277,2	11	5519
3	7571	5	7721		
4	6277	7	1383		
DE CANGÉ					
35	5185 D	55	4268 A	134	5676
36	5197	61	1156 A	136	3700
38	1384	62	1156 B	144	4636
40	6185	87	4203 A	159	4387
41	6199	125	5678	160	5684
CARTULAIRES					
1	9189	22	Fr.11795	40	9855
2	9128	23	9995	41	10060
3	9202-203	24	9872	42	9922
4	9218	25	9873	43	10096
5	10089	26	10178-80	44	11063
6	9187	26,4-11	9307-314	45	10933
7	9993	27	9984	46	11018
8	Fr.7577	28	10094	47	9224
9	Fr.7578	28 bis	10095	48	10102
10	Fr.7579	29	10098	49	10103
11	10182	30	10947	50	10099
12	10044	31	9890	51	9892
13	9968	32	Fr.11568	52	10101
14	10126	33	10093	53	10097
15	9871	34	11024	54	10124
16	10058	35	Fr.14511	55	10977
17	10116	36	9998	55 bis	10978
18	Fr.11839	37	9856	56	9891
19	9908	38	10936	57	10106
20	9999	39	10176-77	58	11062
21	9987	39,3	9305	59	10104

CONCORDANCES DES NUMÉROS ANCIENS ET ACTUELS

NUMÉROS ANCIENS	NUMÉROS ACTUELS	NUMÉROS ANCIENS	NUMÉROS ACTUELS	NUMÉROS ANCIENS	NUMÉROS ACTUELS
60	Fr.14440	100	10023	141	9880
61	11028	101	10030	142	9877
62	9071	102	10022	143	9150
63	9171	103	10122	144	9165
64	9886	104	11070	145	9207
65	10112	105	10018	146	Fr.8784
66	9290	106	9986	147	8785
67	10108	107	Fr.8711	148	9924
68	10948	108	10973	148 A	9923
69	9937	109	10026	148 B	9926
70	11082	110	Fr.10637	148 C	9921
71	Fr.11878	111	9750	149	9919
72	9748	112	9935	150	10090-91
73	9072	113	11025	151	10013-14
74	9905	114	10946	152	9901
75	11027	115	Fr.11848	153	9887
76	14477	116	Fr.11846	154	9885
77	11069	117	9862	155	9920
78	Fr.11638	118	9927	156	Fr.11851
79	9904	119	9930	157	Fr.8783
80	9864	120	10996	158	9928
81	9973	121	9907	159	9994
81,2	10148	122	9136	160	11011
82	11002	123	9162	161	11009
83	Fr.12007	124	9917	162	11008
84	Fr.11639	125	10035	163	11010
85	11054	126	11001	164	9985
86	11053	127	11075	165	9126
87	11059	128	11003	166	11057
88	11005	129	11071	167	10971
89	11006	130	10997	168	9895-97
90	11073	131	10998	169	9898
91	11074	132	Fr.14590	169 A	9120
92	10118	133	Fr.8344	170	10919
93	11100	134	9166-169	171	9813
94	Fr.11571	135	9193-199	172	9776
95	9226	136	10945	173	Fr.8593
96	11004	137	11102	174	9902
97	9865	138	10897	175	9785
98	10117	139	9878	176	9786
99	10029	140	9879	177	9212

CARTULAIRES

NUMÉROS ANCIENS	NUMÉROS ACTUELS	NUMÉROS ANCIENS	NUMÉROS ACTUELS	NUMÉROS ANCIENS	NUMÉROS ACTUELS
178	11059	216	10968	251	11041
179	9086	217	10969	252	11042
180	10944	218	11012	253	11043
181	10981	219	9235	254	11044
182	9221	220	10057	255	11045
182 A	9222	221	Fr.11570	256	11046
183	9223	222	9983	257	11047
184	10999	223	9170	258	11048
185	11055-56	224	10063	259	11049
186	9974	225	10064	260	10085
187	10020	226	10065	261	11050
188	Fr.11837	227	10066	262	11051
189	Fr.11835	228	10067	263	Fr.7035
190	10021	229	10068	264	10934
191	Fr.11836	230	10069	265	9043
192	10163	231	10070	266	Fr.8340
193	10086	232	10071	267	9173
194	10027	233	10072	268	9174
195	10190	234	10073	269	9175
196	10970	235	10074	270	9176
197	9780	236	10075	271	9177
198	10942	237	10076	272	9178
199	9237	238	10077	273	9179
199 A	9238	239	10078	274	9180
200	10107	240	10079	275	9181
201	10121	241	10080	276	9182
202	9909	242	10081	277	9183
203	Fr.12036	243	10082	278	9184
204	10943	244	10083	279	9256
205	11060	245	10084	280	9257
206	10169	245 A	9215	281	9172
207 I-VII	9976-82	245 B	9213	282	11058
208	10966	245 C	9211	283	9874
209	10138	245 D	9209	284	11068
210	10918	245 E	9208	285	Fr.8573
211	10008	245 F	9214	286	10967
212	8990	246	11036	287	9146
212 A	8989	247	11037	288	9989
213	9090	248	11038	289	10024
214	9091	249	11039	290	10189
215	9884	250	11040		

NUMÉROS ANCIENS	NUMÉROS ACTUELS	NUMÉROS ANCIENS	NUMÉROS ACTUELS	NUMÉROS ANCIENS	NUMÉROS ACTUELS
			COLBERT		
1	1	64	252	112	5233
2	380	65	7611	113	3263
5	2363	66	2207	114	365
6	2364	68	1980	115	375
8	2214	69	1981	116	464
9	2214,2	71	646	117	486
11	5278	73	2427	118	486,2
12	253	74	58	119	3898
18	5308	75	58,2	122	1787 A
24	2062	76	1967	123	1697
26	2217	77	6428 A	124	2425
27	2221	78	6428 A^2	125	7619
28	57	80	2042	126	7216
29	6796 A	81	5322	127	3897
30	3896	82	4418	128	4184
31	3896,2	83	1701	129	5142
32	19	84	4020	130	4073
33	19,2	88	3973	132	4491
35	2063	89	3921	135	2281
36	1995	93	53	137	5352
37	1997	94	4940	138	135
38	2009	95	6066	139	3986
39	3985	97	56	142	1660
40	2285	98	2058	146	52
41	81	99	3126	148	3791
47	9134	100	371	149	3359
50	6918	101	668	150	670
52	1992	102	2371	151	4076
53	5296	103	359	152	3820
54	6800	104	460	153	3817
55	6865	105	617	154	615
56	4190	106	156	155	4243
57	5772	107	137	156	3805
59	5341	108	4547	157	4
61	68	109	2119	158	4,2
62	2213	110	1767 A	159	4939
63	2213,2	111	1767 A^2	160	7502

COLBERT

NUMÉROS ANCIENS	NUMÉROS ACTUELS	NUMÉROS ANCIENS	NUMÉROS ACTUELS	NUMÉROS ANCIENS	NUMÉROS ACTUELS
161	4290	233	5465	293	4899
162	4004	234	8988	294	3996
163	7616	235	5159	295	517
164	7616,2	236	5162	296	4607
165	59	237	5165	297	4608
167	4543	238	5165,2	299	4059
168	2307	239	5165,3	300	6443
171	37	240	4860	302	4257
172	37,2	241	4085 A	303	3254
173	37,3	242	4085 A^3	308	4466
174	37,4	243	4521 B	309	369
175	6912	244	4521 B^2	310	387
176	6912,2	245	11	311	399
177	6912,3	246	3311	312	396
178	6912,4	249	3968	313	467
179	6912,5	251	4678	314	500
181	12	252	4097	315	502
182	12,2	260	4612	316	622
183	12,3	261	4268 B	317	671
184	5304	264	1486 A	320	7591
185	2510	269	4464	321	4258
186	1812	270	4484	322	5353
187	370	271	7723	323	2341
188	388	273	31	324	4011 A
189	398	276	5099	327	3989
190	395	277	4670 A	328	4261
191	466	278	422	329	420
192	3783	279	4877	330	621
193	3783,2	280	5279	331	669
194	4005	281	2059	332	4060
196	5053	282	3948	333	4069
199	6415	283	6517	335	368
204	4534	284	2470	336	4001
207	1835 A	285	3262	337	4031
208	3819	286	7631	338	4488
212	3915	287	3884	339	2021
213	4135	288	3884,2	341	2138
214	438	289	3947	342	4017
215	4439	290	5925	343	2019
216	4022	291	3906	344	5991
217	2536	292	6428	345	2507

NUMÉROS ANCIENS	NUMÉROS ACTUELS	NUMÉROS ANCIENS	NUMÉROS ACTUELS	NUMÉROS ANCIENS	NUMÉROS ACTUELS
346	3928	417	5140	479	4494,3
347	880	422	833	480	7781
348	880,2	424	5956	481	5332
349	3204	425	3949	482	4102
351	3852	426	2083	483	4137
352	2365	428	2293	485	347 D
353	386	429	506	486	5732
356	4127	432	2377	488	4098
358	5741	433	4998	489	4150
360	284	435	5771	490	3908
361	8586	436	4573 A	491	2006
366	4018	437	2050	492	2006,2
367	4116	438	4109	493	4103
369	4532	439	4542	494	294
372	5439	440	7890	495	3987
373	4469	441	2407	496	508
375	5989	442	4078	497	4082
384	4110	443	4104	506	4046
385	872	445	4062	507	4430
386	3377	446	4085	508	3061
387	641	447	2194	509	3963
388	641,2	448	3861	510	4077
389	3892	449	1452	511	378
390	4530	451	3264	512	5297
391	3944	452	4141	513	3814
392	1831	454	3273	514	3809
393	513	455	1979	515	5291
394	3357	456	3916	517	1738
395	4533	461	4482	519	1935
396	389	462	2452	520	4143
397	4479	464	1869	521	4134
401	5292	466	5109	522	423
403	4621	467	4637	523	4111
405	46	468	3913	524	4483
406	4443	469	4021	525	3951
408	1565	473	4136	526	2032
410	5078	474	3967	527	5126
411	4189	475	5087	528	4462
412	499	476	4449	529	4485
415	3863	477	4494	530	4438
416	2399	478	4494,2	531	2118

COLBERT

NUMÉROS ANCIENS	NUMÉROS ACTUELS	NUMÉROS ANCIENS	NUMÉROS ACTUELS	NUMÉROS ANCIENS	NUMÉROS ACTUELS
533	3983	579	4035	661	384
534	7628	580	4034	662	4212
535	5111	582	4003	665	2020
536	4446	583	4477 B	666	5180
537	3023	584	2442	667	2162
539	6394	586	7528	672	4686 A
540	1460	589	2525	673	5868
541	4521 A	592	4249 A	674	2573
542	4093 A	593	6421	675	3789
543	3995	594	1736	677	1732
544	3995,2	595	2405	678	5154
545	4012	956	5221	679	5959
546	4012,2	597	2013	682	3795
547	4013	598	5073	683	7608
548	4014	599	1706	684	3072
549	4015	601	1546	685	3199
550	4079	604	6054	686	350 A
551	4070	606	5958	687	4871
552	4023	611	6490	689	6380
553	7506	612	3779	691	7500
554	3945	615	5046	692	2192
555	3904	618	2385	693	3285
556	3946	620	1756	696	3882
557	4521 C	623	1694	697	6401
558	3984	624	3169	698	7187
559	4549	627	1646	699	5437
560	968	628	3855	701	5921
561	649	630	111	702	381
562	4117	631	3244	704	1843
564	3808	634	2601	705	3953
566	1723	635	1871	709	5336
567	4054	636	8577	710	7604
568	3952	637	8671	711	1913
571	8069	639	1587	713	5287
572	470	640	2610 A	716	10032
573	3894	644	2089	717	3284
574	3956	647	471	718	3922 A
575	4055	649	7926	719	3202
576	419	652	4040	723	5458
577	4025	653	2196	724	2518 B
578	4025,2	654	2197	725	2044

52 CONCORDANCES DES NUMÉROS ANCIENS ET ACTUELS

NUMÉROS ANCIENS	NUMÉROS ACTUELS	NUMÉROS ANCIENS	NUMÉROS ACTUELS	NUMÉROS ANCIENS	NUMÉROS ACTUELS
726	2280	775	5306	825	2630
727	102	776	3809 A	826	4417
729	6392	777	4614	827	2060
730	828	779	3782	828	7588
731	3387	781	503	829	4114
732	4068	782	5386	831	20
735	4977	783	3026	833	2111
736	5145	784	3836	836	3792
737	7808	785	4259	837	1765
738	5305	786	2238	838	6501
739	1895	787	5055	839	8751
740	5735	788	1450	840	6069 H
741	2061	792	4461	841	6502
742	2061,2	793	4486	842	8569
743	4458 A	794	650	843	6069 V
744	3907	795	755	846	5319
745	3943	796	874	849	6551
746	5298	797	5927	852	6069 X
747	3917	798	1769	855	1625
748	5406	799	1626	857	8087
750	6045	800	6518 A	859	3255
751	4931 A	801	3788	860	8717
752	3116	805	270	861	5478
753	4113	806	5962	863	2522
754	5913 A	807	5131	866	3879
755	5155	808	7298	867	4864
756	4115	809	3899	869	1490
757	4246	810	5729	872	271
758	3291	811	1462	873	776
760	5123	812	1472	874	1630
761	5123,2	813	1479	875	6461
762	850	814	1469	878	1740
763	4569	815	1470	879	5229
764	4191	816	1471	880	7505
765	5956 A	817	1478	881	8604
768	3903	818	1475	882	7609
769	4016	819	1481	883	9629
770	5098	820	1480	884	3197
771	2549	821	1466	885	2154
773	765	822	1463	886	1715 A
774	462	823	1708	887	1774

COLBERT

NUMÉROS ANCIENS	NUMÉROS ACTUELS	NUMÉROS ANCIENS	NUMÉROS ACTUELS	NUMÉROS ANCIENS	NUMÉROS ACTUELS
888	1822	944	6505	1017	1814
889	1631	945	2035	1018	1959
890	2098	949	3021	1019	2382
891	1797	951	311	1020	5239
892	1915	952	94	1021	418
893	3787	953	2086	1022	3140
894	1804	954	2340	1023	3140,2
895	5342	955	7583	1025	2557
896	4063	957	5334	1026	3286
897	5764	959	1860	1031	1764
898	3862	960	1741	1036	7605
899	7960	961	2438	1038	2572
901	5740	962	3838	1039	1639
902	5731	963	3121 A	1040	3905
903	6385	966	6862	1041	4919
904	4412	968	351	1042	7647 A
905	2015	969	3060	1043	4036
906	2429	976	383	1045	1957
908	1974	978	3353	1046	4948
913	3394	979	7295 A	1047	1748
914	357	980	3895	1048	2306
915	400	984	4623	1049	5348
916	509	989	1656 A	1050	7596 A
917	149	990	770	1052	2286
918	501	994	3065	1053	5860
919	283	995	2185	1054	5725
920	296	996	876	1055	1836
921	5999	997	1710	1056	7963
925	7220	998	1778	1057	2127
927	1827	999	5821	1058	4862
930	5349	1001	2016	1059	5232
932	3842 A	1002	3381 A	1060	2335
933	36	1003	4945	1061	3048
935	3874	1004	6917	1062	2370
937	3780	1005	2424	1064	6296
938	1961	1009	3034	1065	2283
939	2077	1010	3035	1067	6009
940	1983	1011	3036	1068	4452
941	1984	1012	3038	1070	3119
942	1985	1013	639	1072	3871
943	1986	1015	3786	1073	2574

54 CONCORDANCES DES NUMÉROS ANCIENS ET ACTUELS

NUMÉROS ANCIENS	NUMÉROS ACTUELS	NUMÉROS ANCIENS	NUMÉROS ACTUELS	NUMÉROS ANCIENS	NUMÉROS ACTUELS
1074	7589	1128	1887	1197	127
1075	2516	1129	3070	1198	3074
1076	3979	1130	4904	1200	5261
1077	3267 A	1131	3857	1201	2025
1078	5112	1132	2203	1204	4216
1083	3022	1133	970	1205	3932
1087	7584	1134	1861	1208	7697
1088	7799	1137	4641	1211	3918
1089	429	1138	1768	1214	3238 D
1090	3102	1139	2518 C	1221	303
1091	4056	1143	6284	1223	4893
1092	8163	1145	3376	1224	7652
1093	3816	1146	3238	1230	8521 A
1094	2072	1147	3238,2	1235	3330 C
1095	98	1148	3238,3	1237	2076
1096	3172	1149	3238,4	1238	2469
1097	1903	1150	5247	1239	3799
1098	3066	1151	1829	1248	4883 A
1099	8715	1152	626	1249	2550
1100	4094	1153	4579	1251	2339
1101	3062	1154	1702	1252	6015
1102	1537	1155	3351	1253	6906
1103	6888	1156	142	1258	2031
1104	2091	1158	3332	1259	307
1107	7646	1162	4931 B	1261	3388
1108	3858 C	1164	2505	1262	5058 A
1110	2515	1165	8141	1263	1681
1112	347 E	1166	5070	1264	468
1113	2258	1167	3933	1268	287
1114	1968	1168	1933	1273	8139
1115	5107	1172	5368	1274	4677
1116	153	1176	5851	1275	4248 A
1117	1763	1178	6356	1276	4598
1118	2045	1179	7783	1277	3389
1119	2277	1181	6386	1284	6846
1120	76	1182	7229	1285	2099
1122	2528	1184	2133	1286	4868
1123	7881	1187	3106	1287	2255
1124	1620	1191	4690 C	1288	2584
1125	735	1194	1695	1289	6492 B
1126	7015	1195	7961	1290	2445

COLBERT

NUMÉROS ANCIENS	NUMÉROS ACTUELS	NUMÉROS ANCIENS	NUMÉROS ACTUELS	NUMÉROS ANCIENS	NUMÉROS ACTUELS
1292	5996	1348	2296	1403	2246
1293	2489	1349	5941 A	1404	2039
1294	4425	1350	6492	1405	2562
1296	1766	1351	4796	1406	7617
1297	2627	1352	154	1407	3993
1298	987	1355	6347	1410	2564
1299	2355	1357	5296 D	1411	7603
1300	5084	1359	5178	1412	7151
1302	4124	1360	2436	1413	8526
1303	280	1362	2043	1414	3247
1304	1821	1363	1747	1415	7727
1305	1647 A	1364	2294	1417	1731
1307	7578	1366	2156	1418	2475
1308	636	1367	459	1419	3258
1310	3014	1368	2038	1420	155
1312	4171	1369	3167	1421	99
1314	8040	1370	3167,2	1425	7946
1315	6796	1371	3167,3	1427	4100
1316	5968	1372	3168	1429	8085
1318	7153	1373	6323 A	1430	3268
1319	5782	1375	5309	1431	3356
1320	5932	1376	3992	1433	6953
1321	10360	1378	3934	1434	4650
1322	715	1379	3317	1435	2023
1323	7711	1382	3107	1437	69
1324	4227	1383	5993 B	1438	75
1325	2597	1384	2503	1439	71
1326	7784	1385	4613	1440	73
1327	6400 C	1386	1909	1441	122
1328	4954	1387	6069 P	1442	92
1329	2577	1388	2301	1443	145
1334	4880	1389	1734	1444	143
1335	1839	1390	3971	1445	123
1336	8091	1392	4042	1446	131
1338	2553	1393	1461	1447	289
1339	1152	1395	1838	1448	308
1340	5064	1396	5991 B	1452	4896 C
1344	4226	1398	4859	1453	1658
1345	3245 A	1399	7221	1454	4224
1346	8072	1400	6190	1455	4039
1347	7647	1402	5082	1459	1849

CONCORDANCES DES NUMÉROS ANCIENS ET ACTUELS

NUMÉROS ANCIENS	NUMÉROS ACTUELS	NUMÉROS ANCIENS	NUMÉROS ACTUELS	NUMÉROS ANCIENS	NUMÉROS ACTUELS
1461	5375	1526	7984	1586	780
1463	4886	1530	1798	1587	1220
1464	616	1531	5092	1588	1536
1465	5338	1533	6420	1589	2472
1466	5118	1536	3198	1590	8540
1468	8071	1537	2422	1591	734
1469	4653	1542	7247	1592	7062
1470	1635	1543	7257	1593	2225
1471	1640	1544	7198	1594	2227
1473	2480	1545	4047	1595	2210
1474	1825	1546	3848	1596	5085
1477	2384	1548	3858 B	1597	4638
1478	8055	1549	3854	1598	6450
1479	3150	1550	5904	1600	1746
1480	3127	1551	6011	1601	6043
1483	3307	1552	1779	1602	854
1485	63	1553	4823	1604	7310
1486	7259	1554	7728	1606	3163
1487	5106	1555	6068	1607	6014
1488	5742	1556	5385	1610	6436
1489	6288	1559	4278	1611	6529
1490	3392	1561	4646	1612	6048 A
1492	5992	1562	4172	1615	4118
1493	5379	1563	3278	1616	7300 A
1495	4008	1564	633	1620	6034
1496	8672	1565	2251	1621	2388
1498	310	1566	4952	1622	6057
1499	7197	1567	1563	1624	7929
1502	3315	1568	3934 A	1634	7897
1503	3153	1569	7333	1635	3330 B
1505	2430	1572	3844	1636	5718
1508	6048	1573	5185 G	1638	8031
1512	8093	1574	1542	1639	7147
1514	6932	1575	6507	1640	6016
1516	5236	1576	6041 C	1641	2568
1517	3313 A	1577	7977	1642	5965
1518	6877	1578	5792	1643	5908 A
1521	4979	1580	7350	1644	3964
1523	3112	1583	839	1645	6365
1524	3113	1584	1019	1647	4219
1525	1852	1585	779	1648	4220

COLBERT

NUMÉROS ANCIENS	NUMÉROS ACTUELS	NUMÉROS ANCIENS	NUMÉROS ACTUELS	NUMÉROS ANCIENS	NUMÉROS ACTUELS
1649	4218	1722	8554	1777	4671 A
1653	3368	1723	7979	1778	1543
1654	3366	1726	4009	1779	85
1655	2123	1728	2426	1780	634
1659	2504	1730	7158	1781	8049
1660	5152 A	1731	1642	1782	7954
1662	4420	1732	7016	1785	1771
1664	5367	1734	7195	1786	4645
1666	3160 A	1736	2345	1787	428
1667	7225 A	1737	2434	1789	7807
1670	4821	1738	146	1790	7182
1671	6969	1739	7215	1791	7927
1674	3859	1740	1759	1793	2172
1675	6423	1741	7202	1794	477
1676	7212	1743	787	1795	493
1679	3059	1744	2517	1798	3393
1682	8088	1745	7533	1799	2358
1683	1775	1746	5315	1800	6865 A
1685	980	1747	5442	1803	5052
1689	8008	1748	3234	1805	4943
1690	2327	1749	6865 B	1807	8546
1691	5856	1750	6287	1809	8580
1692	7947 A	1751	3796	1811	5118 A
1695	4052	1753	3162	1812	1951
1696	4874	1754	504	1814	1802
1697	4179	1755	6854	1816	716
1698	3160	1759	2067	1817	2300
1700	5970 A	1760	5873	1818	7527
1701	4863	1761	4406	1820	875
1704	2095	1762	8685	1821	1679
1705	7337	1763	5834	1822	8039
1706	4161	1765	7154	1823	6003
1708	7991	1766	3265 A	1827	7281
1709	5927 A	1767	6828	1829	8070
1712	7920	1768	6059 A	1832	3058
1713	937	1769	3375	1833	4672
1714	2100	1770	3375,2	1834	4676
1718	5110	1771	2610	1836	314
1719	7949	1772	1806	1837	4521
1720	3352 B	1773	3068	1838	3085
1721	4873	1775	8543	1839	2249

CONCORDANCES DES NUMÉROS ANCIENS ET ACTUELS

NUMÉROS ANCIENS	NUMÉROS ACTUELS	NUMÉROS ANCIENS	NUMÉROS ACTUELS	NUMÉROS ANCIENS	NUMÉROS ACTUELS
1841	6931	1912	7336	1969	825
1842	5803	1913	3237 A	1971	4888
1844	1141	1914	619	1972	6360
1845	7893	1916	1718	1974	7190
1847	6411	1917	3962	1975	1667
1848	2114	1919	119	1977	714
1851	6997	1920	4540	1979	3145
1855	2386	1921	3966	1980	5415
1857	4990	1923	1523	1981	2297
1858	4202	1924	5925 A	1982	2264
1860	7780	1925	5516	1985	7582
1863	1564	1926	6371	1987	7314
1864	1557	1927	2291	1989	4881
1865	1456	1928	4649	1990	2360
1868	1451	1929	4648	1992	1851
1869	5812	1930	1848	1994	3360
1870	5295	1935	8675	1995	4667
1871	3922	1936	3391	1999	5091
1873	5766	1937	8007	2000	2200
1874	7209	1938	7878	2001	7947
1877	7959	1939	5203	2009	2369
1878	4580	1940	5202	2030	2205
1879	4075	1941	5204	2036	4647
1880	5108	1942	5204,2	2037	7305
1881	4424	1943	5204,3	2038	8542
1882	469	1944	5204,4	2039	5943 B
1885	7901	1945	5204,5	2041	4615
1888	7150	1946	5204,6	2042	4895 A
1893	1791	1947	261	2043	6438
1894	5920	1948	1761	2044	5850
1895	256	1949	4674 A	2045	5083
1898	1541	1951	1711	2046	1914
1900	7295	1953	5997 A	2047	2113
1901	4975	1954	6069 N	2049	7016 A
1902	2566	1956	7981	2051	7286,0
1903	4248	1957	798	2052	2259
1905	7708	1959	7290	2053	67
1907	2097	1964	3149	2056	507
1908	6822	1966	5253	2057	3214
1909	3935	1967	5719	2058	2521
1910	6432	1968	3146	2059	1942

COLBERT

NUMÉROS ANCIENS	NUMÉROS ACTUELS	NUMÉROS ANCIENS	NUMÉROS ACTUELS	NUMÉROS ANCIENS	NUMÉROS ACTUELS
2060	2332	2107	2053	2186	489
2061	2361	2108	6428 C	2187	5077
2062	5431	2118	3941	2188	2040
2064	7625 B	2119	648	2189	511
2065	1853	2120	4081	2190	4232
2067	2416	2121	4132	2191	3141
2068	658	2122	1534	2193	83
2069	3246	2123	3977	2200	103
2070	6509	2124	5190	2203	6455
2071	3372	2125	676	2204	4690 B
2072	7903	2127	5991 A	2207	3777
2073	7194	2128	3358	2208	3259
2074	141	2131	2487	2209	5397
2075	1941	2140	4883	2212	5192
2076	2437	2141	4938 A	2213	3161
2077	7925	2147	7294	2221	1528
2078	6304	2149	2148	2222	7285
2080	2488	2151	3781	2231	7189 A
2081	5330	2153	8679 A	2232	8591
2082	7788	2155	8108	2233	5768
2083	6377	2156	4215	2234	6278
2084	4630	2158	3029	2237	6516
2085	652	2163	1904	2238	7159
2086	7508	2164	7286 A	2239	3194
2087	5079	2165	433	2240	7695 A
2088	4088	2166	7267 A	2248	3108
2089	4241	2167	3352 C	2256	3991
2090	8547	2168	8138	2257	4162 A
2093	6323	2172	4451	2261	5100
2094	6559	2173	855	2262	5244
2095	7352	2174	4144 A	2263	6451 A
2096	3033	2175	717	2264	6443 C
2098	263	2176	3976	2265	7935
2099	3965	2178	7625 A	2269	4592
2100	101	2179	413	2270	4163
2101	6523 A	2180	407	2271	3152
2102	6305	2181	4051	2273	4230
2103	3251	2182	121	2274	9784
2104	5990	2183	3975	2275	9996
2105	4908	2184	360	2278	6350
2106	3288	2185	402	2279	406

CONCORDANCES DES NUMÉROS ANCIENS ET ACTUELS

NUMÉROS ANCIENS	NUMÉROS ACTUELS	NUMÉROS ANCIENS	NUMÉROS ACTUELS	NUMÉROS ANCIENS	NUMÉROS ACTUELS
2280	347 F	2343	4504	2402	4229
2284	1901	2344	4508	2406	3180
2285	2164	2345	4508 A	2407	4907 A
2286	7912	2347,2	1692	2408	981
2287	4011	2348	305	2409	2179
2291	4560 A	2351	6067	2410	7902
2292	8153	2354	8037	2411	6552
2294	3050	2355	1645	2412	1905
2295	3051	2356	3148	2413	273
2297	4146	2357	1131	2414	318
2298	5726	2360	3090	2415	7211
2299	5733	2361	3092	2416	1621
2300	3931	2362	3095	2417	6803
2301	7717	2363	3046	2418	299
2302	4262	2364	3049	2419	4204
2303	8159	2368	3089	2420	3902
2304	3105	2369	3093	2422	9988
2306	3039	2370	3097	2423	2037
2307	2792	2371	4588 A	2425	6544
2308	752	2372	3041	2426	4041
2309	285	2373	3042	2427	291
2314	124	2374	3043	2428	1810
2315	112	2375	3802	2429	2087
2316	3100	2376	2292	2430	1870
2317	9804	2378	4903	2431	2074
2322	3236 B	2379	6469	2432	66
2323	86	2380	6549 B	2433	5313
2324	3052	2381	2398	2435	5228
2325	3053	2382	2271	2436	4404
2326	3054	2383	7800	2438	1906
2327	8142	2385	6478	2439	5432
2331	3047	2386	1781	2440	8680 A
2332	6017	2387	896	2441	5255
2335	6508	2388	3056	2442	5256
2336	3900	2389	764	2445	5923
2337	4084	2390	3115	2446	8567
2338	4947	2391	6301	2449	6440
2339	4205	2394	2167	2450	869
2340	4503	2395	778	2452	3296
2341	4503,2	2397	1799	2453	3322
2342	4503,3	2398	2468	2456	8144 A

NUMÉROS ANCIENS	NUMÉROS ACTUELS	NUMÉROS ANCIENS	NUMÉROS ACTUELS	NUMÉROS ANCIENS	NUMÉROS ACTUELS
2458	2273	2525	4591	2577	125
2459	4415	2526	297	2578	4955
2460	4973	2527	313	2579	1568
2461	7299	2528	5399	2581	7529
2462	4250	2529	8121	2582	10129
2463	5721	2530	1443	2583	2433
2464	4988	2531	5712	2585	2290
2466	3187 A	2532	5274	2586	5119
2470	4162	2533	1885	2587	5121
2471	1879	2534	5080	2592	3912
2474	7809	2535	4207	2593	2555
2475	2373	2537	1485	2597	4431
2476	2569	2538	1485,2	2598	4465
2477	9990	2539	10151	2599	1880
2478	8695	2541	3872	2600	2506
2479	1772	2542	4867	2607	673
2480	1539	2543	6560	2608	4458
2481	5069	2546	5373 A	2609	5466
2482	1952	2551	8525	2610	2153
2488	8109	2553	7943	2611	4456
2489	4279	2554	3024	2612	4183
2491	300	2555	5032	2613	4183,2
2492	5738	2556	8023	2614	4183,3
2499	6291 A	2557	979	2615	4183,4
2504	2366	2558	5259	2616	4183,5
2505	1955	2559	3238 A	2617	2320
2506	1749	2560	5393	2624	5175
2507	7210	2561	2606	2625	5175,2
2508	736	2562	763	2626	4074
2509	5294	2563	4441	2627	2585
2512	1487	2564	6506	2628	1816
2513	1486	2565	4808	2629	1819
2515	1744	2566	7293	2632	5284
2516	7816	2568	1700	2633	1807
2517	409	2569	5149	2634	1641
2518	2563	2571	5303	2635	1947
2519	852	2572	4422	2636	3843
2520	6500	2573	894	2637	2351
2521	362	2574	1687	2638	5370
2522	2329	2575	5296 C	2639	510
2524	5113	2576	1458	2640	505

62 CONCORDANCES DES NUMÉROS ANCIENS ET ACTUELS

NUMÉROS ANCIENS	NUMÉROS ACTUELS	NUMÉROS ANCIENS	NUMÉROS ACTUELS	NUMÉROS ANCIENS	NUMÉROS ACTUELS
2643	3144	2697	6479	2761	1467
2644	473	2698	5066	2762	1492
2645	2018	2705	60	2763	4985
2646	2357	2706	8696	2766	2250
2647	1925	2707	6419	2767	251
2648	476	2711	4879	2769	2495
2649	3329	2712	7349	2770	4980
2650	485	2713	6830 L	2771	644
2651	3954	2714	8033	2772	5781
2652	2527	2717	421	2774	2057
2653	2237	2719	410	2775	77
2654	2160	2720	8157	2780	8032
2655	2343	2723	8581	2781	1489
2656	70	2724	8581,2	2782	267
2657	2417	2725	6037	2783	475
2658	491	2726	1966	2784	2142
2661	4214	2727	3189	2785	2022
2662	2513	2728	6319	2786	7944
2663	3301 C	2729	4432	2787	5097
2664	4487	2730	3075	2788	6069 B
2665	7236	2731	718	2789	2265
2666	7592	2732	4213	2790	3281
2667	1491	2736	2260	2791	6418
2668	889	2739	7244	2795	769
2669	9778	2741	447	2796	892
2670	9777	2742	4981	2797	893
2671	4152	2743	5156 A	2798	901
2672	4225	2745	1916	2799	838
2674	5825 F	2747	4087	2801	1033
2675	5825 L	2748	6555	2802	2128
2676	6830 N	2749	4192	2804	29
2677	5373	2750	5235	2805	3020
2679	1669	2751	5859	2806	3940
2680	4086	2752	7612	2807	1882
2682	7319	2754	5982	2808	485 B
2683	6451	2755	5790	2810	1830
2684	8038	2756	1794	2812	408
2685	4267	2757	4690	2817	7724
2686	4268	2758	4644	2818	5125 A
2690	4133 B	2759	8036	2821	2017
2693	7967	2760	1476	2824	2554

COLBERT

NUMÉROS ANCIENS	NUMÉROS ACTUELS	NUMÉROS ANCIENS	NUMÉROS ACTUELS	NUMÉROS ANCIENS	NUMÉROS ACTUELS
2825	5276	2897	4609	2955	415
2827	2310	2898	7622 A	2956	74
2828	2310,2	2899	3990	2957	5056
2832	8601	2900	4531	2958	5302
2835	4991 A	2901	4434	2960	6052
2836	7613	2902	632	2961	6052,2
2837	7613,2	2903	6898	2962	3960 B
2842	382	2905	4002	2963	5387
2843	3280	2906	4058	2964	4101
2845	3841	2907	681	2965	4470
2846	1464	2908	2523	2966	4453
2847	3171	2909	2529	2967	138
2848	3175	2910	4006	2968	115
2849	3025	2914	4248 B	2969	84
2850	416	2915	2222	2970	120
2852	345	2916	3999	2971	295
2853	514	2917	1945	2972	301
2854	1864	2921	28	2973	672
2855	7625 D	2922	751	2974	6466
2856	21	2923	5983	2975	7587
2857	7793	2924	5984	2976	3969
2858	1840	2925	5972	2977	293
2859	2052	2926	65	2978	302
2860	2054	2927	72	2979	7923
2861	2537	2928	129	2980	2007
2862	2538	2929	144	2981	1990
2880	747	2930	279	2982	1998
2882	6434	2931	288	2983	2008
2883	6538 A	2932	6322	2984	1999
2884	4057	2933	1954	2985	2002
2885	5143	2934	5864	2986	2000
2886	3064	2939	24	2987	2001
2887	3040	2940	4935	2988	2212
2888	3099	2941	6345	2989	2228
2889	3993 A	2942	915	2990	2229
2890	3793	2943	766	2991	2225
2892	5452	2946	8046	2992	2230
2893	4080	2950	3166	2993	1826
2894	3930	2951	7710	2995	4669
2895	4459	2952	2439	2998	4156
2896	450	2954	618	3000	5058

CONCORDANCES DES NUMÉROS ANCIENS ET ACTUELS

NUMÉROS ANCIENS	NUMÉROS ACTUELS	NUMÉROS ANCIENS	NUMÉROS ACTUELS	NUMÉROS ANCIENS	NUMÉROS ACTUELS
3001	7240	3093	6996	3174	6885
3004	7586	3095	1680	3175	6972
3005	1823	3108	6372	3176	6972 A
3009	363	3109	4433	3177	6989
3010	385	3110	4468	3178	7216 A
3011	393	3111	4527	3178,2	7219
3012	3031	3113	6892	3179	6954
3013	3044	3114	3942	3180	6955
3014	3096	3115	5993	3181	6870
3015	3094	3116	3346	3182	3030
3016	5961	3117	4928	3183	4120
3019	3088	3118	3183	3185	3287
3022	3135	3119	5796	3187	7777
3026	1474	3120	4126	3189	8158
3027	2822	3121	6048 B	3190	729
3029	4280 A	3122	7805	3191	6899
3030	2495 A	3123	6002	3192	3339
3033	3055	3124	3815	3194	3794
3034	3243 A	3125	3381	3195	412
3035	3303	3126	5954	3197	6919
3037	731	3133	768	3198	6923
3038	2482	3134	5460	3199	6935 A
3039	6006	3135	8666	3200	2519
3041	3869 A	3139	4500	3201	6873
3042	2580	3140	657	3202	6940
3043	4024	3141	2419	3203	6934
3044	4036 B	3142	1982	3203,2	3101
3045	4091	3146	8665	3206	7632
3070	6977 A	3147	4922	3207	7632,2
3073	6069 S	3157	3121	3208	7632,3
3074	6059 B	3161	5152	3209	3978
3076	478	3162	730	3210	6919 A
3077	4487 A	3163	2348	3211	6924
3078	3909	3164	3350	3212	6792
3080	1750	3166	6799	3213	6988
3081	4643	3167	7143	3214	309
3082	4902	3168	157	3215	6889
3086	3309	3169	3134	3218	7274
3087	1943	3170	7133 A	3219	7191
3089	5063	3171	3104	3221	8143
3092	1544	3173	6904	3222	8101

COLBERT

NUMÉROS ANCIENS	NUMÉROS ACTUELS	NUMÉROS ANCIENS	NUMÉROS ACTUELS	NUMÉROS ANCIENS	NUMÉROS ACTUELS
3225	5181	3301	961,3	3368	1455
3229	6900	3302	4445	3369	7133
3234	3223	3303	4596	3370	3224
3236	6051	3304	2495 B	3501	1572
3244	4666	3305	3539	3503	7392
3248	931	3306	492	3504	2705
3255	3911	3317	4169	3505	2298
3256	8140	3318	861	3507	6728
3258	7895	3319	862	3508	2325
3260	4550	3320	860	3509	2202
3262	5757	3321	748	3511	8358
3264	6069 D	3322	749	3512	631
3265	5409	3323	3318 A	3513	3419
3266	3120	3331	3047	3514	6652
3267	5913	3332	5785	3515	6630
3268	2493	3335	3132	3518	5512
3269	494	3336	5844	3519	1235
3270	2393	3337	5205	3521	2863
3271	2395	3338	5704	3522	2850
3272	2394	3339	2257	3523	515
3273	6053	3340	3361	3524	312
3274	7251	3341	4972	3525	8707
3275	1913 A	3342	3250	3526	4743
3276	5929	3343	2337	3528	4713
3278	8075	3344	4209	3531	367
3280	1745	3345	4108	3532	692
3281	5310	3346	2315	3536	7206
3282	10010	3347	6816	3537	1153
3283	7212 A	3348	6487	3538	5759
3284	5763	3349	4105	3541	2937
3286	5960	3350	1877	3542	3460
3287	4995	3351	4112	3545	6731
3288	3184	3352	8121 A	3546	2479
3289	5948	3353	4107	3547	7034
3290	5933	3356	6410	3549	552
3291	5275	3358	5101	3552	6655
3294	3778	3359	884	3556	2806
3295	5934	3362	6515	3557	8778
3296	5283	3365	5198	3560	6383
3299	961	3366	3185	3561	3236
3300	961,2	3367	3180 C	3562	8534

CONCORDANCES DES NUMÉROS ANCIENS ET ACTUELS

NUMÉROS ANCIENS	NUMÉROS ACTUELS	NUMÉROS ANCIENS	NUMÉROS ACTUELS	NUMÉROS ANCIENS	NUMÉROS ACTUELS
3563	516	3623	1018	3693	693
3564	2029	3624	173	3702	7736
3566	3301 A	3627	1902	3703	620
3567	26	3628	2649	3704	2668
3568	2299	3630	175	3705	3610
3570	4288	3631	3427	3706	8434
3571	5634	3632	2546	3708	2140
3572	3821	3634	1039	3709	587
3573	2623	3635	7520	3710	572
3575	5943 A	3636	2571	3711	6639
3576	2957	3637	526	3712	1091
3580	7166	3638	573	3713	2804
3585	8552	3639	2915	3716	4770
3586	8256	3640	2742	3717	3622
3587	697 A	3644	3674	3718	530
3588	6095	3647	566	3719	6724
3589	8641	3648	3495	3721	7300 B
3590	3837	3650	3482	3722	4274
3591	8751 A	3651	3812	3723	2690
3597	8208	3653	2769	3724	782
3598	7671	3654	8157 A	3725	3557
3599	8057	3655	2389	3726	3209
3600	3473	3656	4277 A	3727	2726
3601	1207	3659	536	3728	2615
3602	5551	3665	8217	3729	8447
3603	4841	3666	4710	3730	6747
3604	3851	3670	696	3731	2803
3605	7973	3671	2311	3733	531
3606	4419	3672	343	3734	2902
3609	3487	3674	8056	3735	8340
3610	2444	3675	1080	3738	8755
3611	3207	3676	8422	3739	7839
3612	4275	3682	2855	3741	4304
3613	4311	3683	5575	3742	4307
3615	2672	3685	6907	3743	5268
3616	7581	3687	485 A	3744	8424
3617	3528	3688	5641	3746	1127
3618	1021	3689	2913 A	3747	2880
3619	7827	3690	2952	3748	3919 A
3620	5013	3691	1690	3749	1090
3621	3645	3692	2556	3750	8199

COLBERT

NUMÉROS ANCIENS	NUMÉROS ACTUELS	NUMÉROS ANCIENS	NUMÉROS ACTUELS	NUMÉROS ANCIENS	NUMÉROS ACTUELS
3751	3830	3831	6691 A	3909	6211
3752	6096	3834	591	3910	3430
3753	7851	3835	4355	3911	1234
3755	7360	3837	5508	3912	6121
3756	7416 B	3839	3628	3913	8617 A
3757	6678	3840	2982	3917	8416
3761	5506	3841	7914	3918	8753
3762	5506,2	3842	8190	3919	8116
3765	7406	3844	6326	3920	8734
3767	8252	3848	7834	3925	8298
3768	3636	3849	4364	3926	3631
3770	2737	3852	3463	3927	7663
3771	7296	3853	8201	3928	5756
3773	8624	3854	2894	3929	8060
3775	330	3859	7454	3930	3590
3776	7169	3860	4771	3933	7836
3780	6233	3861	8014	3935	7418 A
3782	1221	3862	4703	3937	7905
3786	5029	3863	6183	3939	7507
3787	2843 F	3869	340	3940	2778
3788	7535	3870	3833 A	3941	4352 A
3789	2295	3872	2829	3944	3508
3791	2174	3873	5509	3949	3703
3792	3581	3875	2892	3950	6631
3793	6819	3876	7568 A	3951	7662
3796	1026	3877	8735	3952	6239
3799	7746	3880	3833	3953	2848
3800	571	3881	6967	3957	8287
3801	5207	3882	8250	3959	694
3804	5649	3884	7755	3960	298 A
3805	2864	3888	994	3961	6887 A
3806	5654 A	3890	5520	3962	6302
3807	4217	3891	7383	3963	8616
3808	4343	3894	7832	3964	2936
3809	4345	3896	2612	3965	4287
3810	5514	3897	5681	3966	4762
3813	7344 A	3898	2772	3967	5582
3815	6614	3901	7291	3968	1592 A
3816	5560	3906	556	3969	6042
3824	4177	3907	2445 B	3970	4284
3828	3599	3908	6669	3971	1200

CONCORDANCES DES NUMÉROS ANCIENS ET ACTUELS

NUMÉROS ANCIENS	NUMÉROS ACTUELS	NUMÉROS ANCIENS	NUMÉROS ACTUELS	NUMÉROS ANCIENS	NUMÉROS ACTUELS
3972	2660	4039	7399	4101	7744
3973	3516	4041	27	4103	5004
3976	2402	4044	1652	4104	8214
3977	7667	4046	6576	4105	8301
3978	7831	4047	3881	4109	6623
3980	1009	4048	3876	4110	1874
3981	3870	4050	8626	4120	2808
3982	8074	4051	254	4121	2456
3983	5501	4052	7537 A	4125	1052
3984	645	4053	3511	4127	2477
3985	6209	4054	8295	4128	2602
3986	3570	4055	6633	4129	2840
3987	7557	4056	2884	4131	3507
3989	7378	4057	8003	4132	335
3992	5614	4058	171	4133	7558
3994	3845	4059	4629	4134	6606
3995	4857	4060	3438	4139	1174
3997	8169 A	4061	8314	4145	691
3999	6181	4062	2171	4146	7543 A
4001	7185	4063	888	4147	6246 A
4002	5584	4064	1682	4151	1073 A
4003	3457	4067	8272	4155	2794
4004	3642 B	4069	2634	4160	1219
4013	2576	4070	4763	4163	5625
4014	599	4071	1597 A	4167	5577
4015	2883	4073	1020	4168	2905
4017	2907	4074	7713	4170	7136
4018	2662	4075	8333	4171	3336
4019	7362	4077	1811	4173	6836
4020	7104	4079	5377	4174	5565 A
4022	2234	4082	3639	4175	2938
4024	8306	4084	8216	4181	5009
4025	2603	4085	2731 A	4188	6791
4026	8627	4086	5033	4189	2768
4027	2866	4087	4690 A	4191	6218
4028	3561	4088	7364	4192	2871
4029	4670	4091	7408 A	4193	2962
4030	7742	4095	1670	4194	8334
4033	2730	4098	8543 A	4195	2478
4034	7700	4099	5716	4196	2893
4038	5855	4100	437	4197	109

COLBERT

NUMÉROS ANCIENS	NUMÉROS ACTUELS	NUMÉROS ANCIENS	NUMÉROS ACTUELS	NUMÉROS ANCIENS	NUMÉROS ACTUELS
4198	1143	4190	7334	4347[F]	976
4199	5399 A	4291	7286 B	4349	2664
4200	2807	4292	7320	4351	7547
4201	6106	4293	7434	4353	2619
4203	7681	4294	7308	4354	2683
4207	3216	4295	7380	4356	3598
4209	4411	4296	7381	4358	6188
4210	6568	4298	1688	4361	2378
4211	2666	4299	2819	4362	6107
4212	5428	4300	2838	4363	3323
4223	6131	4302	2859	4366	6245
4224	2269	4305	4280 A[A]	4367	8630 A
4227	1096	4306	8095	4368	5751
4228	5762	4307	1720	4370	3558
4229	5148 A	4308	2168	4371	8012
4235	8628	4309	2240	4372	3406
4236	1007 A	4310	2390	4373	2732
4238	8041 A	4311	2723	4374	4889
4240	2865	4312	7372	4376	5561
4242	5566	4313	7193	4379	6838 C
4246	2773	4314	3114 A	4380	4747
4247	2815	4315	5635	4383	5035
4250	2908	4319	2374	4391	8005
4251	3552	4321	1977	4394	189
4252	7266	4322	6948	4396	3109
4253	3476	4323	7283	4397	7377 A
4254	911	4324	521	4399	3415
4257	5626	4325	2241	4401	2876
4263	2305	4326	7299 A	4403	1588
4264	2594	4328	7064	4406	7634
4265	1181	4330	2583	4408	3073
4266	975	4333	7391	4409	3465
4267	3939	4334	2543	4410	8058
4268	8175	4335	3459 A	4411	8305
4269	8689	4337	3529 A	4412	7203
4271	2721	4338	5652	4415	64
4282	1176	4339	2715	4418	3446 A
4284	2544	4340	5636	4419	2457
4286	5581	4344	2731	4420	3575
4287	4764	4345	5018	4422	1214
4288	6379	4346	6831	4423	4750

CONCORDANCES DES NUMÉROS ANCIENS ET ACTUELS

NUMÉROS ANCIENS	NUMÉROS ACTUELS	NUMÉROS ANCIENS	NUMÉROS ACTUELS	NUMÉROS ANCIENS	NUMÉROS ACTUELS
4424	1241	4526	1029	4667	8643,3
4425	7401	4527	1029,2	4668	4842
4427	7416 A	4528	7542	4669	7455
4428	7407	4536	3649	4673	1011
4431	3514	4537	6153	4674	6729
4434	197	4538	4781	4675	3633
4435	7415	4549	7054 A	4677	7030 B
4436	2678	4550	8359	4679	3546 B
4437	8255	4551	7396	4682	2924
4445	7160 A	4555	1048	4688	2912
4448	1000	4562	3533	4690	1058
4453	326	4563	2892 A	4692	5016
4459	1236	4564	7093	4698	8776
4460	8649	4865	2709	4706	6627
4463	4370	4566	7556	4707	3614
4465	4707	4567	8409	4708	7386
4467	4350	4568	4310	4714	7686
4468	3347	4569	6842 C	4715	7559
4470	1049	4570	6629	4720	1057
4473	7854	4571	3434	4722	6582
4479	2833	4591	3467	4733	8650
4483	5603	4593	2718	4734	8321
4484	2645	4594	5565 B	4735	2882
4486	535	4595	8234	4748	6196 A
4487	3412	4596	5503	4750	5608
4488	2680	4614	3642 A	4752	8405
4489	2868	4616	1160	4761	6454
4493	3562	4620	2897	4762	2657
4494	172	4621	7063	4769	3664
4495	2625	4622	8437	4770	8615
4496	1223	4641	1007	4771	2784
4507	6191	4642	3619	4772	3553
4508	5598	4650	7371	4773	2929
4511	6075	4654	578	4774	2716
4513	3648 B	4660	3660,2	4775	2801
4517	238	4661	3660	4776	8259
4518	600	4662	8413 A	4777	580
4519	541	4663	3548	4778	559
4520	8439	4664	3548 A	4788	5620
4524	3481	4665	8643	4789	5656
4525	3621	4666	8643,2	4790	6688

COLBERT

NUMÉROS ANCIENS	NUMÉROS ACTUELS	NUMÉROS ANCIENS	NUMÉROS ACTUELS	NUMÉROS ANCIENS	NUMÉROS ACTUELS
4791	1159	4877	6615	4968	2692
4793	5623	4881	5579	4970	8265
4794	3608	4884	2774	4971	7021
4795	4834	4887	2635	4974	3564
4796	1117	4888	3607	5003	6113
4797	7385	4889	1063	5004	529
4798	4921	4890	7437	5006	5616
4799	3555	4891	3206	5007	194
4800	8178	4892	7058	5008	2631
4802	6264	4893	4909	5013	6697
4803	8772	4902	3424	5014	6105
4805	8659	4905	4724	5015	2155
4806	1167	4907	7370	5016	2498
4820	1166	4909	7163	5017	4283
4821	1173	4912	5604	5024	532
4822	8654	4914	7745	5025	533
4823	6177	4915	2830	5026	537
4825	5548	4917	4759 A	5027	538
4827	7560	4918	8730 A	5028	540
4828	2841	4919	7666	5029	88
4833	4697	4922	6842 B	5030	581
4834	2798	4925	4305	5031	577
4835	6752	4931	7039	5032	2673
4836	703	4932	6089	5033	2653
4837	3541	4933	5005 B	5034	2777
4838	2644	4934	550	5035	7186
4839	4294	4935	7765	5037	8318
4840	2350	4936	4656	5038	209
4841	4236	4937	6276	5039	2820
4842	3301 B	4947	4369 A	5040	8625
4843	1919	4949	7553	5042	3542
4844	5549	4951	2685	5043	2631 A
4858	193	4952	3547	5044	6162
4859	2326	4953	3522 A	5045	8351
4860	8268	4955	4354 B	5046	7761
4862	2667 A	4957	8253	5047	8247
4865	6628	4961	6147	5048	2710
4866	8445	4962	2700	5049	7377 B
4870	8286	4963	7564	5050	7410
4872	4357	4964	3657	5051	4715
4876	5808	4966	8338	5052	7378 A

CONCORDANCES DES NUMÉROS ANCIENS ET ACTUELS

NUMÉROS ANCIENS	NUMÉROS ACTUELS	NUMÉROS ANCIENS	NUMÉROS ACTUELS	NUMÉROS ANCIENS	NUMÉROS ACTUELS
5059	8011	5131	7366	5193	2961
5071	3418	5133	2945	5195	7086
5072	3444	5136	5541	5196	4718
5073	4280	5139	6871 A	5199	2825
5074	8115	5140	2812'	5207	2795
5075	8120	5141	5537	5208	2928
5076	5036	5142	1050	5209	126
5077	728	5143	5869	5210	2689
5078	7183	5144	5585	5211	3238 E
5079	2676	5145	2531 A	5212	8341
5080	11015	5146	4306	5213	3283
5081	6882 A	5147	6976	5214	2933
5082	7906	5150	2706	5215	2934
5083	8319	5152	2743	5216	446
5084	4280 B	5154	6232	5217	3563
5085	1233	5155	6622	5219	3834
5086	7764	5156	6091	5222	2858
5087	6251	5157	5638	5223	7822
5088	565	5159	7752	5224	1540
5089	6621	5160	2898	5225	522
5092	1083	5161	5825 A	5226	1184
5093	8053	5162	5617	5228	3522
5095	6082	5163	3829	5229	579
5100	7044	5164	8678	5230	2780
5101	176	5165	3560	5231	5502
5112	1730	5166	1811 A	5233	6094
5113	8293	5167	2459	5234	3961
5114	8237	5168	4603	5237	3496
5115	8270	5169	1129	5238	4301
5116	6703	5170	3519	5240	6205
5117	712	5173	2626	5241	2304
5118	3493	5175	7618	5243	8337
5119	6603	5176	4313	5244	2911 A
5120	8336	5185	4367	5245	4331 B
5121	8572	5186	7361	5247	8156
5122	8573	5187	3433	5248	3811
5123	7514	5188	454	5249	3828
5124	6108	5189	3544	5250	2729
5127	6596	5190	2674	5251	8197
5128	7172	5191	2646	5252	6647
5129	5510	5192	3546 A	5253	6676

COLBERT

NUMÉROS ANCIENS	NUMÉROS ACTUELS	NUMÉROS ANCIENS	NUMÉROS ACTUELS	NUMÉROS ANCIENS	NUMÉROS ACTUELS
5254	5570	5361	3480	5426	5595
5255	8246	5363	6691	5427	2949
5256	569	5364	7425	5428	5555
5262	2856	5365	1081	5429	2391
5263	8811	5366	2831	5430	3248
5264	3617	5367	1010	5431	5573
5266	2791	5368	7546	5432	5596
5267	5517	5369	3469 A	5433	2397
5268	3600	5370	3587 A	5434	555
5270	4319	5371	1056	5437	8442
5271	1689	5373	603	5438	2648
5272	2324	5374	604	5439	5011
5273	2724	5375	6291	5440	7419
5274	1634	5377	1014	5442	1072
5310	5521	5378	4708	5443	5609
5311	5521,2	5379	7397	5444	4759 B
5312	5521,3	5381	6186	5445	3485
5313	5914	5393	6070	5449	2779
5332	5615	5396	4361	5450	8312
5333	4847	5397	6228	5453	4628
5334	4333 A	5398	761	5454	6661
5335	6236	5402	3526	5455	7660
5336	6238	5403	1094	5456	3359 A
5337	6235	5404	6273	5457	8431
5338	5557	5405	3448	5458	5607
5340	1001	5406	3441	5460	4333 B
5344	1211	5407	8021	5461	5013 A
5345	4776	5408	3409	5462	8303
5346	8113	5409	3477 A	5463	5594
5347	332	5410	3477 A^2	5464	1149
5348	316	5411	3225	5465	6184
5349	10736	5414	8618	5466	11414
5350	6665	5416	4907	5467	1165
5351	7047	5417	8223	5468	3122 A
5352	3501	5418	4759	5483	6178
5353	7045	5419	4938	5495	2786
5354	3464	5420	3490	5496	5006
5355	3602	5421	5563	5501	2805
5356	7051	5422	2578	5502	2960
5359	3609 A	5424	8311	5503	2920
5360	3604	5425	5339	5504	1099

CONCORDANCES DES NUMÉROS ANCIENS ET ACTUELS

NUMÉROS ANCIENS	NUMÉROS ACTUELS	NUMÉROS ANCIENS	NUMÉROS ACTUELS	NUMÉROS ANCIENS	NUMÉROS ACTUELS
5508	8205	5964	8652	6084	611
5509	6212	5967	8636	6085	4706
5511	6733	5969	2862	6086	3573
5512	2581	5971	922	6087	6786
5513	2947	5972	1573 A	6088	6755 A
5514	7887	5976	248	6089	7432
5515	5556	5979	5535	6090	6086
5516	548	5980	1198	6091	5671
5517	5602	5981	5511 A	6092	3002
5518	666	5982	5034	6094	3537
5519	4092	5983	583	6096	2956
5520	1006	5984	1222	6097	3624
5521	1601	5988	2783	6098	2693
5522	6113 A	5994	6271	6099	8454
5523	5613	5996	1189	6100	1078
5527	1030	5997	1055,2	6101	1249
5529	1934	5998	1055	6102	2887 A
5530	7540	5999	3546 C	6103	7422
5531	2638	6000	3835	6104	3613
5532	8812	6009	6230	6105	3752
5533	2618	6010	3416	6106	3680
5534	1573	6014	3494	6107	5005 A
5535	582	6018	2681 A	6108	3754
5536	2849	6019	708	6109	6556
5537	687	6020	2914	6110	5558
5539	4302	6021	6764	6112	713
5540	1108	6022	3554	6113	2722
5542	1027	6023	1577 A	6114	3531
5543	1097	6031	7096	6115	4391
5544	3497	6033	206	6119	2839
5545	8461	6036	5592	6120	5574
5547	5000	6038	5667	6121	7375
5943	1175	6054	2970	6122	1008
5945	2817	6055	1426 A	6124	3008
5946	7476	6068	3574	6127	3559
5947	8171	6069	3556	6128	3413
5950	6645	6070	8807	6129	6783 A
5951	8335	6071	8808 A	6130	1095
5960	6265	6078	5669	6132	7673
5961	8260	6081	6259 B	6133	2983
5962	8280	6082	3773	6134	3576

NUMÉROS ANCIENS	NUMÉROS ACTUELS	NUMÉROS ANCIENS	NUMÉROS ACTUELS	NUMÉROS ANCIENS	NUMÉROS ACTUELS
6135	4376	6211	8290	6272	3724
6136	2998	6213	5014	6273	235
6150	7773	6214	7430	6274	243
6151	6602	6215	8285	6275	6754
6152	2964	6220	3524	6276	217
6153	242	6222	3474	6278	6708
6154	7027	6223	6624	6279	6275
6155	342	6224	7450	6280	6276
6156	2989	6230	1242	6281	6277
6157	2691	6231	4696	6282	6278
6159	8483	6233	207	6283	8473
6161	2919	6234	6707	6284	8474
6164	3723 A	6237	8339	6285	7460
6165	8462	6238	211	6286	8479
6166	1205	6239	3007	6287	3687
6169	3013	6240	8357	6288	3689
6170	1217	6241	2851	6289	3694
6171	6087	6242	8207	6290	3695
6172	8658 A	6243	212	6292	6775
6176	3727 A	6244	3009	6293	6259
6177	8731	6245	1016	6296	8446
6180	319	6246	1016,2	6298	7463
6181	1260	6247	613	6299	7472 A
6183	7566	6252	208	6300	7471
6184	2872	6253	1331	6301	7472
6192	3534	6254	7672	6302	7462
6193	1035	6255	7830	6303	7467
6194	1036	6256	4309	6304	7249
6195	2974	6257	7037	6305	7466
6196	6753	6258	3498	6306	3010
6197	4787	6259	2925	6307	6268
6198	2813	6260	8302	6309	8440
6199	8266	6261	5044 A	6310	8655
6201	2787	6262	3710	6311	2875
6202	614 A	6263	1286	6313	6262 A
6204	6771	6264	7100	6314	1340
6205	4790	6265	1282	6315	5043
6206	7384	6268	3733	6316	5670
6208	3716	6269	3702	6317	5677
6209	174	6270	3705	6318	5039
6210	2968	6271	1329	6319	4377

CONCORDANCES DES NUMÉROS ANCIENS ET ACTUELS

NUMÉROS ANCIENS	NUMÉROS ACTUELS	NUMÉROS ANCIENS	NUMÉROS ACTUELS	NUMÉROS ANCIENS	NUMÉROS ACTUELS
6320	6263	6451	3684	6530	5661
6321	5001	6452	2994	6531	1158
6322	6185 A	6460	2984 A	6532	1168
6323	1399	6461	3736	6533	1172
6324	2869	6462	7475	6534	1202
6325	7772	6463	1287	6535	324
6326	2861	6464	7690	6536	4378
6327	8484	6467	2997	6537	3731
6328	6237	6468	4400	6538	1278
6383	3721	6469	1040	6539	1278,2
6384	1334	6470	1425	6540	1278,3
6385	1394	6471	2993 A	6541	6258
6386	3683	6472	3747	6543	7477
6387	5664	6473	610	6544	6749 C
6388	8488 A	6474	213	6545	6838 A
6389	5673	6475	233	6546	1306
6391	8497	6476	4381	6547	3737
6394	1348	6478	1037	6548	247
6396	4397 B	6479	8459	6549	1290
6397	4785 A	6482	2990 A	6551	2996
6398	1430	6484	3770	6552	2968 A
6400	8495	6488	6757	6553	1276
6404	7461	6489	607	6556	2990
6405	3012	6490	4853	6557	1283
6407	3746	6491	2995 B	6558	6254
6420	1427	6493	1371	6564	4395
6427	210	6494	344	6565	7486
6428	3682	6498	2976	6566	3011
6430	7692	6499	216	6572	4389
6431	5044	6500	216,2	6574	8498
6432	1251	6501	2994 A	6575	1403
6433	7480	6507	3686	6576	1296
6434	4380	6508	3712	6578	237
6435	6604	6518	3724 A	6580	7570 A
6437	3706	6520	7873	6581	8656
6439	8467	6521	3759	6582	8456
6440	7569	6522	7693	6585	1284
6444	8820	6523	3762	6588	3681
6447	2979	6526	1366	6592	1431
6449	214	6527	1364	6593	7099
6450	3003	6529	215	6594	4390

COLBERT. — DROUIN. — GAIGNIÈRES

NUMÉROS ANCIENS	NUMÉROS ACTUELS	NUMÉROS ANCIENS	NUMÉROS ACTUELS	NUMÉROS ANCIENS	NUMÉROS ACTUELS
6595	5571	6623	7473	6640	3735
6596	8801	6624	7468	6641	3722
6597	8465	6625	7465	6642	219
6602	1365	6626	7464	6643	3744
6607	8472	6631	4789	6644	1303
6608	4793	6632	8480	1645	240
6609	7119	6633	7179	6646	7459
6610	1301	6635	5040	6647	11015,f.20
6621	2992	6638	7105	6648	11015,f.32

DROUIN

1	3260	14	5031	24	3760
2	5125	15	3655	25	10779 / 10780
3	4924	16	7762 A		
4	1507	17	3646	26	5682
5	1548	18	8432	27	6129
6	3122	19	1602	28	8746
9	1514	20	5030	42	5148
10	2176	21	3643	43	2116
11	4363	22	3437	45	3545
12	3623	23	3718		

GAIGNIÈRES

3	8112	30 [43]	1562	71	7482
4	8162	34 [46]	4382 B	72 [103]	3363 A
8 [2][1]	203	48	4444 A	73 [44]	1569
10	907	54	6760	73,2	7478
[11]	906	55 [283 bis]	1385	76 [31]	3180 B
21 [23]	1370	60 [55]	3235	79 [1]	162
21,2 [21]	1389	61 [7]	638	84	7449
22 [8]	638 A	62 [6]	1190	86	7043
23 [17 bis]	5658 B	63 [61]	6486	90	8802
24	1395	64 [47]	4356	92 [52]	4610
26	1177	66	6729 A	95	5037
29	1350 A	70	7309	96	4925

1. Les chiffres entre crochets sont les numéros anciens rectifiés.

NUMÉROS ANCIENS	NUMÉROS ACTUELS	NUMÉROS ANCIENS	NUMÉROS ACTUELS	NUMÉROS ANCIENS	NUMÉROS ACTUELS
98	5023	222,1	5441	700	6169 A
100	5147	222,2	5441,2	751	6022 A
120	5211 A	222,3	5441,3	803	6766 A
121	5185 H	222,4	5441,4	990	8564 A
122	5185 I	223	5416	994	8453 B
123	5211 C	224	5420	995,1	8453 A
124	5215	225	5433	995,2	8456 A
125	5211 B	226	5430 A	1291[981]	6164 A
126	5185 F	227	5450	1392	8770 A
127	5185	228	5473	1395	2171 A
128	5185 A	229	5423	1396	6681 A
130	5185 B	230	5417	1397	4366 A^A
131	1245	232	5474	2804	6222 A
150[16]	1064	233	5469	[14]	1109
207	5475	234	5472	[5]	1126
208,1	5480	235	5446	[27]	1179
208,2	5480,2	236	5419	[18]	1182
209	5471	237	5462	[131]	1245
210	5423 A	238	5425	[13]	1309 A
211	5482	239	5468	[13 bis]	1309 A²
212	5481	240	5476	[20]	1369
213	5418	241	5453	[15]	1386
214	5449	242	5444	[22]	1388
215	5467	243	5445	[25]	1391
216	5479	273	5483	[17]	1392
217	5443	281,1	5438	[19]	1396
218	5424	281,2	5438,2	[30]	2711
219	5484	663,1	6041 A	[39]	2870
220	5470	663,2	6041 B	»	5662
221	5414	682	6229 A		

DE LA MARE

1	38	10	488	17	2096
2	218	11	244	18	2696
3	167	12	549	19	2727
4	8109 A	13	5498	20	2988
7	328	14	2068	21	2652
8	327	15	2069	22	2665
9	628	16	2010	23	2272

DE LA MARE

NUMÉROS ANCIENS	NUMÉROS ACTUELS	NUMÉROS ANCIENS	NUMÉROS ACTUELS	NUMÉROS ANCIENS	NUMÉROS ACTUELS
24	2274	99	4766	244	8200
26	2284	100	4654	246	6778
27	2263	103	4765	247	8657
28	2643	104	9869	248	8767
29	2771	110	6270	249	6126
30	2561	130	4266 D	251	8766
31	2681	177	6019	253	8435 A
32	7418	183,2	5906	254	8481
33	2814	184	5897	255	6179
34	2686	187	4425 A	259	7518
35	3277	195	6069	260	7648
36	586	197	5130	261	8712
37	346	199	7387	262	6133
38	680	202	544	263	7911
39	568	204	7685	264	3596
40	710	205	8165	265	7665
41	2516 A	206	8683	266	8469
42	8313	210	5825,2	267	8444
46	4244 C	212	8705	268	8645
48	4369	213	4366	269	7544
51	4175	214	7962	271	8425
53	2450	215	6632	275	8708
59	5435	216	6620	276	7643
60	5422	217	8485	278	7818
62	5529 B	218	6730	279	7876
63	4157	220,2	7654	280	7815
64	6029	223	8506	281	8736
65	4347	224	190	286	8182
68	4761	225	932	289	8164
69	1549 A	228	8760	290	8585
71	1570	229	6711	291	8584
72	4339	230	7843	293	8582
73	5655	231	8521	295	8588
76	4192 C	236	6759	297	8583
77	1459	237	8613	298	8600
78	1608	238	8530	299	8589
79	5654	239	6597	302	5919 B
80	4330	240	7945	308	8647
81	4187 B	241	6401 A	311	6033
83	8653 A	242	8145	314	6123
84	5529 A	243	7948	319	6213

CONCORDANCES DES NUMÉROS ANCIENS ET ACTUELS

NUMÉROS ANCIENS	NUMÉROS ACTUELS	NUMÉROS ANCIENS	NUMÉROS ACTUELS	NUMÉROS ANCIENS	NUMÉROS ACTUELS
323	11020	432	8663	480	3426
329	5825 B	433	7377 C	481	3543
337	5134	434	7398	482	2911
341	4826	434,2	4830	483	3462
342	5069 A	435	4829	484	726
346	5931	440	4839	485	4334
348	6084	441	7354	487	347 A
349	5905	442	7408	487,2	7155
350	5898	445	3801	488	6336
354	5262	446	8652 A	489	6840
357	5793	447	3405	491	7317
360	5928	448	4576	492	6641
361	5784 A	449	3423	493	6666
362	9870	450	3414	494	6749 B
363	5852	451	3672	495	6435
367	5105	452	3661	497	6847
368	5402	453	3696 B	498	6970
370	4963	454	3183 A	499	6895
371	5817	455	3082	500	6905
372	4898	456	3164	501	6909
374	5403	457	3478	502	7091 A
375	2334 A	458	3081	504	7008 A
376	8494 A	459	6454 A	505	6930
376,2	6180	460	5663	505,2	7124
377	6248 A	461	3648 C	506	7091
378	5361	462	2843 D	508	6945
381	6222 B	464	3492	510	7030
384	5343	467	3629	511	6837
388	9906	468	3318	513	6856
389	6069 E	468,2	5554	514	6838
391	6001	470	3385	515	7070
392	5862	471	2701	516	7011
397	4642	472	3006	517	7092
401	8709,3	472,2	3772	518	6880
411	2183	473	3487 B	519	7089
415	7420	474	3538	521	7131
416	3446	475	3509	523	4285
427	7280	476	3568	524	4360
428	7300 C	477	1003	525	4173
429	4795	478	3328	526	4174
431	7198 A	479	1344	527	3960 A

DE LA MARE. — LANCELOT. — DE MESMES

NUMÉROS ANCIENS	NUMÉROS ACTUELS	NUMÉROS ANCIENS	NUMÉROS ACTUELS	NUMÉROS ANCIENS	NUMÉROS ACTUELS
528	4033	542	4664	597	6125
529	4372	543	4723	598	8737
530	3721 A	544	4366 E	599	3219
531	4000	545	4695	601	8709,2
532	4065	582	6841	602	8709,4
533	3910	587	8598	604	8741
534	4684	588	8593	606	10350
535	4199	589	8709	607	8597
536	4606 A	591	8740	608	8596
537	4448	592	8624 A	609	8595
538	4490	593	8738	610	8594
539	4704	594	7683	»	995
540	4565	595	2617		
541	4366 C	596	8739		

LANCELOT

11	6021	74	5528	138	1380
15	6040	77	5657	144	7817
16	6039	80	5527	152	6706
17	5952	88	4655	157	7453
18	5507	96	5675	159	8651
19	10916-17	99	6010	160	7656
34	5166	100	5901	161	3364
69	4396	132	3344	179	6210
70	5489	137	1397	180	8420

DE MESMES

248	5924	455	9348	503	8720
429	8710	456	7658	504	5715
441	8727	459	8724	511	7734
445	4266 A	461	8719	512	4559 A
446	8726	469	8718	513	4551
447	8725	483	6549	523	4953
449	7898 A	483,2	6549,2	532	6462
450	7898	493	8723	533	6465
452	5825 I	494	8722	534	4457
454	10406	502	6285	535	4239

CONCORDANCES DES NUMÉROS ANCIENS ET ACTUELS

NUMÉROS ANCIENS	NUMÉROS ACTUELS	NUMÉROS ANCIENS	NUMÉROS ACTUELS	NUMÉROS ANCIENS	NUMÉROS ACTUELS
536	6564	569	6750	590	8233
544	4511	570	6751	598	706
547	6329	572	6109	599	3673
548	8721	573	8790	602	6642
549	6412	574	8614	604	1526
557	9845	585	6693	606	3443
561	9374	586	6653	607	4705
562	9375	587	6579	608	4835
566	4693	588	6634		
567	4702	589	8267		

DE NOAILLES

NUMÉROS ANCIENS	NUMÉROS ACTUELS	NUMÉROS ANCIENS	NUMÉROS ACTUELS	NUMÉROS ANCIENS	NUMÉROS ACTUELS
2	6,2,3,4	30	656	86	3822
3	48	31	4249	87	8218
4	49	32	3950	90	7042
5	80	33	4072	93	1102
6	79	34	4010	91	
6,2	3018	35	358	95	} 4289
7	18	36	290	96	
8	42	37	891	94	5504
9	96	38	2247	97	5003
10	95	40	952	98	8332
11	897	41	3800	99	183
12	3017	42	5289	100	184
13	796	43	802	101	186
14	3019	45	811	102	187
15	4089	46	885	104	1218
16	3248 A	47	842	105	1089
17	840	50	347	106	5624
18	951	54	4145	107	2953
19	3797	55	4099	108	7373
20	2560	57	5947	109	1128
21	30	58	4882	110	1103
24	803 A	61	4577 A	111	3529
25	2552	81	323	113	3517
26	845	82	5500	114	6097
27	844	83	{ 7230 A	115	8423
28 {	} 5311	84		116	114
29		85	1238	117	5637

NUMÉROS ANCIENS	NUMÉROS ACTUELS	NUMÉROS ANCIENS	NUMÉROS ACTUELS	NUMÉROS ANCIENS	NUMÉROS ACTUELS
118	595	157	1328	177	1360
119	4366 A	158	1258	178	605
120	4290	159	1259	179	1359
121	7624	160	1309	180	1393
125	8412	161	1436	181	1408
126	6746	162	1333	182	1407
131	1226	163	1355	183	6098
132	1226,2	164	1269	184	8488
140	5015	165	200	185	3488
146	3166 A	166	1281	186	7177
146,2	3167 A	167	1069	187	1406
147	5605	168	1358	188	1433
148	199	169	1356	189	6698 A
149	198	170	8487	»	134
151	2966	171	1357	»	169
152	2714	172	1322	»	379
153		173	6774	»	947
154	2694	174	614	»	1579
155	3001	175		»	3806
156	6767	176	3732	»	4156 B

SAINT-GERMAIN LATIN

1	11519	15	11533	30	11550
1 bis 1	11511	16	11504	31	11508
1 bis 2	11512	17	11505	32	11545
1 bis 3	11513	18	11514	33	11546
2	11515	19	11534	34	11556
3	11517	20	11535	35	11557
4	11518	21	11554	36	11547
5	11507	22	11548	37	11560
6	11506	23	11549	38	11574
7	11509	24^1	11539	39	11575
8	11510	24^2	11540	40	11576
9	11516	25	11543	41	11682
10	11520	26	11544	42	11579
11	11521	27	11541	43	11580
12	11529	27 bis	11542	44	11522
13	11530	28	11555	45	11594
14	11532	29	11552	46	11592

CONCORDANCES DES NUMÉROS ANCIENS ET ACTUELS

NUMÉROS ANCIENS	NUMÉROS ACTUELS	NUMÉROS ANCIENS	NUMÉROS ACTUELS	NUMÉROS ANCIENS	NUMÉROS ACTUELS
47	11587	86	11553	124^2	11573
48	11624	87	11952	125	12425
49	11643	88	11958	126	11979
50	11644	89	11537	127	11980
51	11700	90	11538	128	11984
52	11702	91	11536	129	11983
53	11704	92^1	11933	130	12019
54	11701	92^2	11935	131	11981
55	11703	93	11934	132	11982
56	11706	94	11929	133	11971
56 bis	11707	95	11932	134	11999
57	11705	96	11943	135	12006
58	11864	97	11944	136	12008
59	11685	98	11945	137	12001
60	11849	99	11942	138	12003
61	11715	100	Déficit	139	12005
62	11712	101	11551	140	11567
63	11717	102	12010	141	11566
64	Imprimés	103	11953	142	11565
65	11718	104	11954	143	12011
66	11531	105	11957	144^1	12009
67	11727	106	S. Pét., F. 1, 5.	144^2	12012
68	11735	107	11960	145	12013
69	11527	108	Déficit	146	11568
70	11730	109	11964	147	11997
71	11747	110	11961	148	12022
72	11758	111	11962	149	11569
73	11757	112	11559	150	
74	11753	113	11558	151	11570
75	11756	114	Déficit	152	11571
76	11754	115	12068	153	11966
77	11793	116	11969	154	12429
78	11855	117	11970	155	12027
79	11856	118	11968	156^1	12026
80	11861	119^1	11994	156^2	12545
81^1	11865	119^2	11993	157	11572
81^2	11593	120	11561	158	12034
82	11938	121	12021	159	12426
83	11939	122	11985	160	12892
84	11940	123	12030	161	12785
85	11941	124^1	12018	162	12081

SAINT-GERMAIN LATIN

NUMÉROS ANCIENS	NUMÉROS ACTUELS	NUMÉROS ANCIENS	NUMÉROS ACTUELS	NUMÉROS ANCIENS	NUMÉROS ACTUELS
163	12048	203	12135	241^1	11635
164	12049	204	12137	241^2	Déficit
165	12051	205	Déficit	242	12197
166	11591	206	12139	243	12199
167	12035	207	12136	244	12201
168	12053	208	12160	245	12402
169	11590	209	12150	246	12200
170	12055	210	11626	247	12219
171	12062	211	S. Pét., F. I, 3.	248	12218
172	12071	212	12151	249	12204
173	12057	213	11627	250^1	12209
174	12065	214	12153	250^2	12208
175	12036	215	11628	251	12220
176	12060	216	12155	252^1	12213
177	12056	217	11629	252^2	12211
178	12063	218^1	11630	253	11637
179	12070	218^2	12159	254	S. Pét., Q. I, 3.
180	12085	219	11632	255	12205
181	12073	220	11631	256	12226
182	12061	221	12163	257	11639
183	12079	222	11633	258	11638
184	12064	223^1	12165	259	12216
185	11595	223^2	12411	260	11640
186	12038	223^3	12413	261	12232
187	12074	224	12167	262	12016
188	11596	225	12147	263	12234
189^1	12044	226	12148	264	11642
189^2	12119	227	12225	265	12228
190	12118	228	12222	266	12239
191	12121	229	12169	267	12240
192	11615	230	11634	268	12241
193	11616	231	12185	269	11671
194	12122	232	12186	270	12242
195	11617	233	12187	271	12243
196	12123	234	12189	272	11672
197	S. Pét., F. I, 4.	235	12188	273	12244
198	12124	236	12184	274	12245
199	12125	237	12191	275	12247
200	Déficit	238	12196	276	12249
201	12133	239	12195	277	12250
202	12166	240	12194	278	12254

CONCORDANCES DES NUMÉROS ANCIENS ET ACTUELS

NUMÉROS ANCIENS	NUMÉROS ACTUELS	NUMÉROS ANCIENS	NUMÉROS ACTUELS	NUMÉROS ANCIENS	NUMÉROS ACTUELS
279	11673	319	11699	355[3]	11740
280	12255	320[1]	12279	355[4]	11741
281	12192	320[2]	12278	356[1]	12382
282	11674	321	12045	356[2]	12383
283	11675	322	12046	357	12388
284	12258	323	12407	358	11696
285	12259	324	12410	359	12377
286	12050	325	12270	360	12338
287	12052	326	12315	361	12393
288	11589	327	11636	362	11742
289	12072	328	12408	363	12439
290	11681	329	12406	364	11709
291	11995	330	12409	365	11711
292	12271	331	11588	366	12445
293	12272	332	12020	367	11710
294	12282	333[1]	12312	368	11611
295	12287	333[2]	12286	369	12264
296	12288	334	12229	370	12462
297	11577	335	12422	371	12099
298	11578	336	12423	372	12104
299	12289	337	11692	373	12469
300	12290	338	12328	374[1]	12463
301	12291	339	11690	374[2]	12826
302	12306	340	11691	375	12449
303	12302	341	12330	376	11867
304	12304	342[1]	12329	377	12458
305	11683	342[2]	12331	378	11721
306	11684	343	12332	379	11719
307	12298	344	12335	380	11720
308	12295	345	11694	381	12459
309	12964	346	12400	382	12453
310[1]	11998	347	12979	383	12452
310[2]	11688	348	12980	384	12456
311	12314	349	12981	385	11713
312	12321	350	12982	386	11714
313	12004	351	12983	387	11716
314	12316	352	11695	388	12454
315	13058	353	12334	389	12455
316	11564	354	12432	390	11746
317	12319	355[1]	12431	391	12576
318	12404	355[2]	11739	392	12577

SAINT-GERMAIN LATIN

NUMÉROS ANCIENS	NUMÉROS ACTUELS	NUMÉROS ANCIENS	NUMÉROS ACTUELS	NUMÉROS ANCIENS	NUMÉROS ACTUELS
393	12468	425	12819	459	12527
394	12467	426	Fr. 18486	460	S. Pét., F. I, 11.
395	11847	427	12807	461	12525
396	12856	428	12936	462	12713
397	11848	429	12517	463	12519
398[1]	12727	430	12511	464	13056
398[2]	12925	431	12495	465	12090
399[1]	Fr. 17155	432	S. Pét., F. I, 9.	466[1]	12098
399[2]	13885	433	12502	466[2]	12919
399[3]	12852	434	12117	467	13080
400[1]	12080	435	11729	468	12547
400[2]	S. Pét., F. 1, 2.	436	12711	469	12549
400[3]	13090	437	12837	470	12546
401	12637	438[1]	12838	471	12550
402	12638	438[2]	12839	472	12914
403	12784	439[1]	12841	473[1]	12551
404[1]	12641	439[2]	12832	473[2]	Ital. 1164
404[2]	12787	440	11851	473,3[1]	11805
405	12788	441[1]	12717	473,3[2]	11806
406[1]	12649	441[2]	11794	473,3[3]	11807
406[2]	12798	441[3]	11795	473,3[4]	11808
407	12799	442[1]	13079	473,3[5]	11809
408	12709	442[2]	12860	4734,[1]	11810
409	12479	443	12821	473,4[2]	11811
410	11723	444	12822	473,4[3]	11812
411	11724	445	12853	474	11831
412	12927	446[1]	12886	475	12861
413	11726	446[2]	12866	476	12873
414	12478	446[3]	12874	477[1]	12827
415	12485	447	12874	477[2]	12738
416	12477	448	12512	478	12708
417[1]	12480	449	12513	479	12260
417[2]	12487	450	11736	480	12834
417[3]	12863	451	11737	481	12833
418	12481	452	12520	482	12885
419	12929	453	12521	483	12584
420	12926	454	12522	484	12587
421	12903	455	12529	485	12594
422	12928	456	12526	486	12593
423	12486	457	12528	487	11748
424	12483	458	11738	488	12603

CONCORDANCES DES NUMÉROS ANCIENS ET ACTUELS

NUMÉROS ANCIENS	NUMÉROS ACTUELS	NUMÉROS ANCIENS	NUMÉROS ACTUELS	NUMÉROS ANCIENS	NUMÉROS ACTUELS
489	12604	525⁴	11836	561	12764
490	12615	525⁵	11837	562	12765
491	12602	525⁶	11838	563	12766
492	12601	526	12739	564	12767
493	11751	527	12740	565	12768
494	11752	528	12884	566	12769
495	11750	529	12741	567	12770
496	11749	530	Fr. 18950	568	12771
497	12605	531¹	13890	569	12772
498	12611	531²	12893	570	12773
499	12606	532	12890	571	12774
500	11951	533	12895	572	12775
501	11755	534	12889	573	12776
502	11759	535	11825	574	Arsenal, 1007
503	12612	536	12742	575	1008
504	12616	537	12743	576	1009
505	12607	538	12744	577	12777
506	12617	539	12745	578	12778
507	12599	540	12746	579	12779
508	12608	541	12747	580¹	12780
509¹	12597	542	12748	580²	12857
509²	12618	543	12749	581	12823
510	12609	544	12750	582	Vacant.
511	12613	545	12751	583¹	11818
512	12592	546	12752	583²	13081
513¹	12591	547	12753	583ᴬ	11819
513²	12632	548	12898	584	12654
514	12619	549	12754	585	12655
515	12620	550	12755	586	12859
516	12622	551	12756	587	12891
517	12623	552	12757	588	12916
518	12625	553	12758	589	12917
519	12627	554	12897	590	12921
520	12628	555¹	12896	591¹	12918
521	12629	555²	12818	591²	12904
522	12630	555³	12858	591³	13089
523	12631	556	12759	592¹	12494
524	11787	557	12760	592²	12901
525¹	12653	558	12761	593¹	12942
525²	11835	559	12762	593²	12943
525³	11839	560	12763	594	12923

SAINT-GERMAIN LATIN

NUMÉROS ANCIENS	NUMÉROS ACTUELS	NUMÉROS ANCIENS	NUMÉROS ACTUELS	NUMÉROS ANCIENS	NUMÉROS ACTUELS
595	12924	633^1	13003	667	13212
596	13014	633^2	Allem. 231	668	11965
597	13019	634	12993	669	13174
598	13022	635	13029	670^1	11967
599	12948	636	13033	670^2	13185
600	12946	637	13034	670^3	13186
601	12947	638^1	12504	671	13201
602	12951	638^2	13042	672	12007
603	12952	639	13043	673	12002
604	12953	640	13044	674	13193
605	12968	641	13050	675^1	13192
606	12969	642	13051	675^2	12000
607	12970	643	13038	676	12421
608	12956	644	12966	677	13208
609	12955	645	11937	678	13207
610	12954	646	11930	679	13204
611	12959	647	11931	680	12023
612	13009	648	11972	681	12025
613	S.Pét.,Q.XIV,1	649	11973	682	13213
614	12961	650	11974	683	12024
615	12962	651	11975	684^1	12028
616	12991	652	11976	684^2	12033
617	12967	653	11977	685	12029
618	12975	654	11978	686	S.Pét.,Q.I,34 et 56
619	12972	655^1	13143	687	11949
620	12973	655^2	12475	688	12578
621	12976	656	13158	689	12088
$621,2^1$	13971	657	11946	690	12086
$621,2^2$	13972	658	11950	691	12087
621^3	12977	659	13166	692	12043
622	12994	660	13167	693	12082
623	13016	661^1	11947	694	12083
624	13005	661^2	13160	695	12084
625	11857	662	11948	696	12786
626	11860	663^1	11955	697	12054
627	13001	663^2	11956	698^1	12059
628	13000	664^1	11959	698^2	13247
629	11862	664^2	11955	699	12058
630	13008	664^3	11641	700	13248
631	13004	665	11963	701	13250
632	13006	666	13171	702	13251

CONCORDANCES DES NUMÉROS ANCIENS ET ACTUELS

NUMÉROS ANCIENS	NUMÉROS ACTUELS	NUMÉROS ANCIENS	NUMÉROS ACTUELS	NUMÉROS ANCIENS	NUMÉROS ACTUELS
703	12069	741	12171	782	12963
704	13222	742	12172	783	S.Pét.,F.XIV,1
705	12066	743	12173	784	14144
706	12041	744	12174	785	13049
707	13223	745	12175	786	12248
708	13227	746	12176	787	12246
709	12037	747	12177	788	13391
710	12042	748	12178	789	S.Pét.,Q.I,14
711	12039	749	12179	790	12251
712	13253	750	12180	791	12252
713[1]	12040	751	12182	792	12253
713[2]	13319	752	12183	793	13392
713[3]	13318	753	12152	794	12262
714	13263	754	12181	795	13393
715	13264	755	13358	796	12263
716	13329	756	12202	797	13394
717	S.Pét.,Q.I,38 et 39	757	12193	798	12257
718	Déficit	758	12190	799	12267
719	S.Pét.,F.I,13	759	13362	800	S.Pét.,Q.I,15
720	12126	760	12217	801	12268
721	12131	761	12221	802	13398
722	12132	762	13367	803	13399
723	13339	763	12207	804	13397
724	12134	764	12223	805	13027
725	S.Pét.,Q.I,46	765	12206	806	13028
726	13336	766	12214	807	14085
727	13338	767	12215	808	12237
728	12138	768	12210	809	12265
729	12149	769	12212	810	13401
730	12154	770	13366	811	12273
731	12156	771	12227	812	13402
732	12158	772	12140	813	12275
733[1]	12157	773	12141	814	12276
733[2]	12427	774	12142	815	12277
734	12164	775	Déficit	816	12280
735	12162	776	13385	817	12281
736	12224	777	12958	818	12283
737	S.Pét.,Q.I,17	778	12957	819	12284
738	12168	779	14080	820	12274
739	12170	780	13020	821	12303
740	13360	781	14064	822	12305

SAINT-GERMAIN LATIN

NUMÉROS ANCIENS	NUMÉROS ACTUELS	NUMÉROS ANCIENS	NUMÉROS ACTUELS	NUMÉROS ANCIENS	NUMÉROS ACTUELS
823	12296	863	13396	900	13495
824	12294	864	12325	901	13482
825	12297	865	12313	902	13513
826	12299	866	12440	903	13483
827	13407	867	13426	904	13484
828	12307	868	13432	905	13488
829	13411	869	12230	906^1	13491
830	12965	870^1	13376	906^2	13479
831	12320	870^2	12311	906^3	13493
832	13419	871	12405	907	13490
833	12322	872	12428	908	13489
834	13057	873	12415	909	13522
835	13416	874	12416	910	13523
836	13428	875	13582	911	13524
837	13596	876	13958	912	13525
838	12309	877	12424	913	13526
839	13331	878	12417	914	13423
840	Déficit	879	12418	915	12397
841	13047	880^1	12419	916^1	12333
842	12814	880^2	13576	916^2	13459
842 A	Déficit	881	13575	917	12385
843	13441	882	12420	918	13496
844	13048	883	13577	919	13497
845	13342	884	13435	920	13498
846	13387	885	12324	921	12391
847	S. Pét., F. I, 10	886	13434	922	13553
848	12285	887	13433	923	13554
849	12203	888	12387	924	13595
850	12412	889	12971	925	12430
851	12120	890	13980	926	12499
852	12292	891	12978	927	12399
853	12269	892	13504	928	12401
854	12235	893	12337	929	13478
855	12238	894	13505	930	13486
856	12261	895^1	13647	931	Déficit
857	12256	895^2	13639	932	13487
858	S. Pét., F. I, 7	895^3	13730	933	13721
859	12047	896	13509	934	13648
860	13345	897	13485	935	13320
861	Déficit	898	13481	936	12097
862	12236	899	13480	937	Déficit

CONCORDANCES DES NUMÉROS ANCIENS ET ACTUELS

NUMÉROS ANCIENS	NUMÉROS ACTUELS	NUMÉROS ANCIENS	NUMÉROS ACTUELS	NUMÉROS ANCIENS	NUMÉROS ACTUELS
938^1	12444	973	13852	1011	12559
938^2	13656	973 bis	13853	1012	12560
939^1	13655	974	12894	1013	12561
939^2	12450	975^1	13846	1014	12562
939^3	12451	975^2	13828	1015	12563
940^1	13452	976	13687	1016	12564
940^2	Déficit	977	12476	1017	12565
941	12103	978	13681	1018	12566
942	Déficit	979	13973	1019	12567
943	12457	980	12484	1020	12568
944^1	12915	981	12816	1021	12569
944^2	13660	982	13920	1022	12570
945	13666	983	13928	1023	12574
946	13688	984	13683	1024	12571
947	13061	985	13682	1025	12572
948	12460	986	13930	1026	12573
949	13015	987	13931	1027	13745
950	12471	988	12902	1028	13882
951	12461	989	13013	1029	12582
952	13661	990	13403	1030	12583
953	13662	991	13409	1031	13889
954	13663	992	13720	1032	12586
955	14172	993	12518	1033	11747
956	13697	994	11996	1034	12523
957	12536	995	12496	1035	12524
958	12930	996	12500	1036	13772
959	13884	997	13959	1037	13760
960	12634	998	13703	1038	S.Pét.,F.I,12
961	13795	999	13704	1039	13762
962	12636	1000	12498	1040	13764
963	Fr.17250	1001	Fr.17179	1041	13756
964	13908	1002	13705	1042^1	12596
965	13800	1003	12842	1042^2	13783
966	13803	1004	Vacant	1043	13771
967	13806	1005^1	13742	1044	12600
968	13805	1005^2	13738	1045	12598
969^1	13807	1006	12554	1046	13774
969^2	13799	1007	12555	1047	12414
970	13810	1008	12556	1048	13757
971	13776	1009	12557	1049^1	13758
972	13851	1010	12558	1049^2	12610

SAINT-GERMAIN LATIN

NUMÉROS ANCIENS	NUMÉROS ACTUELS	NUMÉROS ANCIENS	NUMÉROS ACTUELS	NUMÉROS ANCIENS	NUMÉROS ACTUELS
1050	13780	1073	13915	1101	14072
1051	12614	1074^1	14186	1102	14073
1052	13769	1074^2	12937	1103	13965
1053	13789	1074^3	12938	1104	Fr.19093
1054	12590	1075^1	12508	1105	13946
1055^1	13749	1075^2	Déficit	1106	12950
1055^2	12824	1075^3		1107	13956
1056	13750	1076	13709	1108	12949
1057^1	13777	1077	13711	1109	12992
1057^2	13788	1078^1	12509	1110	12960
1057^3	13787	1078^2	Ital. 1348	1111	13978
1058	13751	1079^1	12939	1112	13940
1059	12707	1079^2	Ital. 1289	1113	13979
1060	12621	1080	12945	1114	13944
1061	12624	1081	12712	1115	13942
1062	12626	1082	13836	1116	13941
1063	12438	1083	12716	1117	13943
1064^1	12714	1084	13832	1118	13981
1064^2	13917	1085^1	12710	1119	13982
1064^3	13916	1085^2	14192	1120	12974
1064^4	12922	1085^3	12493	1121	12985
1064^5	13872	1086^1	12715	1122	13988
1064^6	Fr.17106	1086^2	12888	1123	13989
1065	13816	1086^3	12721	1124	13990
1066	13817	1087	12882	1125	13991
1067	13818	1088	13904	1126	13992
1068	13819	1089	12872	1127	13993
1069	13820	1090	13897	1128	Déficit
1070^1	13905	1091	12828	1129^1	12996
1070^2	13878	1092^1	13881	1129^2	Déficit
1070^3	13899	1092^2	13935	1129^3	12998
1071^1	13873	1092^3	13926	1130^1	13952
1071^2	13894	1093^1	13844	1130^2	Déficit
1071^3	12829	1093^2	Ital. 1303	1131	Déficit
1071^4	13880	1094	13955	1132	Déficit
1071^5	Déficit	1095	14065	1133	Déficit
1071^6	Fr.19857	1096	Déficit	1134	12999
1071^7	13893	1097	13012	1135	14035
1072^1	12820	1098	14081	1136	14024
1072^2	13835	1099	13011	1137	13007
1072^3	13871	1100	12510	1138	14040

94 CONCORDANCES DES NUMÉROS ANCIENS ET ACTUELS

NUMÉROS ANCIENS	NUMÉROS ACTUELS	NUMÉROS ANCIENS	NUMÉROS ACTUELS	NUMÉROS ANCIENS	NUMÉROS ACTUELS
1139^1	14041	1171	14091	1210	13191
1139^2	16987	1172^1	14148	1211	13198
1140	14042	1172^2	14154	1212	13197
1141	Fr. 19080	1173	Déficit	1213	13203
1142	13002	1174	14157	1214	13205
1143	14048	1175	13053	1215	13206
1144	14049	1176	13054	1216	13209
1145	14017	1177	13055	1217	13210
1146^1	14025	1178	13023	1218	13231
1146^2	14005	1179	13024	1219	13214
1147	14016	1180	13025	1220	13215
1148	14006	1181	13031	1221	13216
1149	14012	1182	14087	1222	13439
1150	14013	1183	14090	1223	13183
1151	14074	1184	13030	1224	13218
1152	14075	1185	13039	1225	13219
1153	14007	1186	14084	1226	13313
1154	14008	1187	13040	1227	13315
1155	Déficit	1188	13026	1228	13225
1156	14114	1189^1	13032	1229	13454
1157	13947	1189^2	14153	1230	13874
1158	14121	1190	13145	1231	13875
1159	14100	1191	13144	1232	13321
1160^1	14101	1192	13141	1233	13322
1160^2	14106	1193	13260	1234	13234
1161	14107	1194	Déficit	1235	13221
1162	14108	1195	13161	1236	13231
1163	14109	1196	13162	1237	13230
1164	14110	1197	13165	1238	13224
1165	14137	1198	13170	1239	13226
1166^1	14132	1199	13169	1240^1	12067
1166^2	14138	1200	Déficit	1240^2	13252
1166^3	14139	1201	13172	1241	13254
1166^4	14140	1202	13173	1242	13255
1166^5	14141	1203	13175	1243	13229
1167^1	14134	1204	13176	1244	13228
1167^2	12505	1205	13187	1245	13232
1167^3	14133	1206	13422	1246	13310
1168	14112	1207	13424	1247	13265
1169	13045	1208	13584	1248	13266
1170	13046	1209	13190	1249	13267

SAINT-GERMAIN LATIN

NUMÉROS ANCIENS	NUMÉROS ACTUELS	NUMÉROS ANCIENS	NUMÉROS ACTUELS	NUMÉROS ANCIENS	NUMÉROS ACTUELS
1250	13268	1290	13372	1330	13581
1251	13269	1291	13373	1331	13579
1252	13270	1292	13390	1332	13589
1253	13271	1293	13384	1333	13381
1254	13272	1294	S. Pét., O. I, 4	1334	13953
1255	13273	1295	13405	1335	13960
1256	13274	1296	13410	1336	13437
1257[1]	13275	1297	13414	1337[1]	13580
1257[2]	13276	1298	13217	1337[2]	13643
1258	13277	1299	13418	1338	13473
1259	13278	1300	13876	1339	13447
1260	13279	1301[1]	13420	1340	13506
1261	13280	1301[2]	13826	1341	13644
1262	13281	1302	14170	1342	Fr. 19268
1263	13282	1303	14171	1343	13453
1264	13283	1304	14168	1344	13451
1265	13284	1305	13572	1345	13457
1266	Déficit	1306	13775	1346	13460
1267	13330	1307	13344	1347	Déficit
1268	13335	1308	13570	1348	13429
1269	13337	1309	13348	1349	13448
1270	13341	1310	13368	1350	13471
1271	13340	1311	14086	1351	13466
1272	13343	1312	13377	1352	13474
1273	13350	1313	13346	1353	13475
1274	13349	1314	13386	1354[1]	Fr. 19444
1275	13351	1315	13347	1354[2]	13431
1276	13354	1316	13413	1355	13461
1277	13353	1317	13388	1356	13417
1278	12161	1318	13659	1357	13609
1279	13355	1319	13443	1358	13588
1280	13356	1320	14193	1359	13564
1281	13380	1321	14069	1360	13634
1282	13375	1322	13359	1361	13638
1283	13369	1323	13408	1362	13615
1284	13361	1324	13400	1363	13657
1285	13363	1325	13374	1364	13327
1286	13370	1326	13334	1365[1]	13326
1287	13365	1327	13571	1365[2]	13658
1288	13364	1328	13583	1365[3]	13456
1289	Fr. 19269	1329	13578	1366	13324

CONCORDANCES DES NUMÉROS ANCIENS ET ACTUELS

NUMÉROS ANCIENS	NUMÉROS ACTUELS	NUMÉROS ANCIENS	NUMÉROS ACTUELS	NUMÉROS ANCIENS	NUMÉROS ACTUELS
1367	13665	1406	13759	1447	14089
1368	13672	1407	13770	1448	14175
1369	13467	1408	13767	1449	13939
1370	13673	1409	13779	1450	14174
1371	13674	1410	13766	1451	14135
1372	13675	1411	14145	1452	14136
1373	13676	1412	13909	1453	14142
1374	13728	1413	13752	1454	13954
1375	13798	1414	13753	1455	14143
1376	13808	1415	13754	1456	Déficit
1377	13809	1416	13710	1457	14149
1378	13802	1417	14117	1458	14147
1379	13918	1418	13936	1459	14150
1380	13849	1419	Fr.20021	1460^1	14151
1381	13925	1420	13838	1460^2	14095
1382	13866	1421	13837	1461	14152
1383	13680	1422	14066	1462	14176
1384		1423	14077	1463	14158
1385	Déficit	1424	14067	1464	14088
1386		1425	14068	1465	14094
1387	13922	1426	13957	1466	14097
1388	13927	1427	13968	1467	14093
1389	13698	1428	13945	1468	13146
1390	13700	1429	13948	1469	13147
1391	13895	1430	13963	1470	13148
1392	13702	1431	13938	1471	13149
1393^1	13743	1432	13937	1472	13150
1393^2	13741	1433	13961	1473	13151
1394	13824	1434	13951	1474	13152
1395	13744	1435	13436	1475	13153
1396	13896	1436	14023	1476	Déficit
1397	13427	1437	14027	1477	13154
1398	13747	1438	14034	1478	13156
1399	13746	1439	14050	1479	13155
1400	13722	1440	14045	1480	13157
1401	13723	1441	14029	1480 bis	13163
1402	13724	1442	14030	1481^1	13164
1403	13781	1443	14009	1481^2	Déficit
1404^1	13761	1444	14010	1481^3	Déficit
1404^2	13090	1445	Fr.19960	1482	13168
1405	13765	1446	14116	1483	13188

SAINT-GERMAIN LATIN

NUMÉROS ANCIENS	NUMÉROS ACTUELS	NUMÉROS ANCIENS	NUMÉROS ACTUELS	NUMÉROS ANCIENS	NUMÉROS ACTUELS
1484	13195	1524	13301	1563	13425
1485	13189	1525	Déficit	1564	13470
1486	13196	1526	13302	1565	13469
1487	Déficit	1527	13303	1566	13468
1488	13246	1528	13304	1567	13645
1489	13316	1529	13305	1568	13449
1490	13317	1530	13306	1569	13446
1491	13236	1531	Déficit	1570	13476
1492	13237	1532	13312	1571	13558
1493	13238	1533	13332	1572	13559
1494	13239	1534	13352	1573	13637
1495	13240	1535	13378	1574	13472
1496	13233	1536	13379	1575	13606
1497[1]	13241	1537	13382	1576	13608
1497[2]	13242	1538	13395	1577	13611
1498	13235	1539	13404	1578	13610
1499	13256	1540	13440	1579	13630
1500	13257	1541	13442	1580	13328
1501	13258	1542	13357	1581	13664
1502	13245	1543	13768	1582	13667
1503	13285	1544	13594	1583	Fr.19704
1504	13286	1545	13444	1584	13691
1505	13287	1546	13593	1585	13796
1506	13311	1547	13146	1586	13797
1507	13308	1548	13587	1587	Déficit
1508	Déficit	1549	13586	1588[1]	13801
1509	13288	1550	13574	1588[2]	13540
1510	13289	1551	13585	1589	13847
1511	13290	1552	13590	1590	13858
1512	13261	1553	13591	1591	Fr.19552
1513	13291	1554[1]	13597	1592	Fr.19551
1514	13292	1554[2]	Fr.19287	1593	13692
1515	13293	1555[1]	13598	1594	13684
1516	13294	1555[2]	13599	1595	Fr.19761
1517	13295	1556	13603	1596	13686
1518	13296	1557	13600	1597	13964
1519	13297	1558	13601	1598	13977
1520	13298	1559	13604	1599	13699
1521	13299	1560	13605	1600	13834
1522	13300	1561	13430	1601	Déficit
1523	13309	1562	13602	1602	13857

CONCORDANCES DES NUMÉROS ANCIENS ET ACTUELS

NUMÉROS ANCIENS	NUMÉROS ACTUELS	NUMÉROS ANCIENS	NUMÉROS ACTUELS	NUMÉROS ANCIENS	NUMÉROS ACTUELS
1603	13725	1617	13975	1632	14092
1604	Déficit	1618	13976	1633	13833
1605	13785	1619	13966	1634	13839
1606[1]	13786	1620	13967	1635	14159
1606[2]	Déficit	1621	14026	1636	14160
1607	13763	1622	14033	1637	14155
1608	13870	1623	14036	1638	14156
1609	13784	1624	14037	1639	13929
1610	13778	1625	14028	1640	14177
1611[1]	13892	1626	14038	1641	14196
1611[2]	13906	1627	14039	1642	14096
1612	13969	1628	14019	1643	Fr. 19999
1613	14078	1629	14020	1644	14014
1614	14070	1630[1]	12862	1645	13726
1615	Déficit	1630[2]	14119	1646	13706
1616	14082	1631	14115		

SAINT-MARTIAL DE LIMOGES

1	5	22	1978	44	821
2	5,2	23	2719	45	895
3	8	24	2367	46	785
4	8,2	25	2372	47	890
5	148	26	567	48	1125
6	623	27	483	49	903
7	315	28	404	50	774 B
8	637	29	5505	51	781
9	5363	30	656	52	774 A
10	54	31	2303	53	774 C
11	260	32	3742	54	777
12	306	33	3804 A	56	810
13	196	34	2236	58	783
14	5552	35	1834	59	1042
15	1993	36	2675	60	1085
16	1987	37	1785	62	609
17	2208	38	2965	63	1854
18	1824	39	2428	64	5301
19	1835	40	2455	65	2400
20	2195	41	2406	66	5257
21	1813	42	1842	67	585

SAINT-MARTIAL DE LIMOGES

NUMÉROS ANCIENS	NUMÉROS ACTUELS	NUMÉROS ANCIENS	NUMÉROS ACTUELS	NUMÉROS ANCIENS	NUMÉROS ACTUELS
68	7562	109	1897	152	2268
69	1341	110	1088	153	5640
70	743	111	1132	154	5611
71	732	112	775	155	353
72	5243	113	2316	156	3548 B
73	1012	114	1136	157	2843 A
74	1248	115	5314	158	2799
75	1253	116	2208,2	159	2157
76	1154	117	2209	160	2843
77	1013	118	2279	161	2134
78	822	119	3784	162	2670
79	910	120	740	163	2895
80	944	121	5347	164	2328
81	1133	122	2135	165	2826
82	887	123	2637	166	5564
83	1240	124	2027	167	2995 A
84	1320	125	2699	168	3454
85	2239	126	2036	169	3640
86	2651	127	2977 A	170	5321
87	1784	128	2034	171	5679
88	3719	129	2704	172	5351
89	1138	130	1960	173	2144
90	1254	131	1969	174	3549
91	5245	132	2394 A	175	2768 A
92	1119	133	2353	176	2463
93	1088,2	134	3851 A	177	3154
94	1118	135	5600	178	3333
95	1338	136	5072	179	5407
96	1086	137	3572	180	5267
97	1120	138	2262	181	2026
98	1084	139	3535	182	2131
99	741	140	3713	184	4520
100	1139	143	2770	185	3885
101	1121	144	2877 A	186	6674
102	909	145	528	187	5137
103	784	146	2941	188	4273
104	1134	147	5103	189	3143
105	1135	148	2811	190	7570
106	3785	149	5601	191	7551
107	5240	150	3743	192	4486 A
108	1137	151	3239	193	6860 A

NUMÉROS ANCIENS	NUMÉROS ACTUELS	NUMÉROS ANCIENS	NUMÉROS ACTUELS	NUMÉROS ANCIENS	NUMÉROS ACTUELS
194	6675	198	7094 A	200	3237
195	7563	199	4036 A	201	6883 A
196	4281	199,2	4720 A	204	5365
197	7029				

SAINT-VICTOR

1	14247	31	14514	62	14510
2	14326	32	14700	63	14465
3	14316	33	14474	64	14589
4	14342	34	14587	65	14491
5	14343	35	14607	66	14556
6[1]	14339	36	14636	67	14577
6[2]	14340	37	14484	68	14759
6[3]	14341	38	14764	69	14512
7	14281	39	14581	70	14435
8	14383	40	14487	71	14414
9	14386	41	14240	72	14571
10	14361	42	14417	73	14505
11	14293	43	14335	74	14509
12	Fr.{20330	44	14394	75	14468
13	{24233	45	Fr. 22551	76	14422
14	14734	46	14283	77	14460
15	14673	47	14358	78	14529
16	14420	48	Fr. 23138	79	14530
17	14744	49	14261	80	14285
18	14421	50[1]	14266	81	14459
19	14384	50[2]	14267	82	14286
20[1]	14248	51	Hébr. 649	83	14649
20[2]	14249	52	14309	84	14650
21	14622	53	14513	85	14651
22	14444	54[1]	14307	86	14652
23	14407	54[2]	14308	87	14475
24	14466	55	14516	88	14610
25	14473	56	14517	89	14633
26	14481	57	14620	90	14761
27	14456	58	14526	91	14749
28	14588	59	14525	92	Fr.{24389
29	14480	60	14477	93	{24434
30	14717	61	14519	94	14729

SAINT-VICTOR

NUMÉROS ANCIENS	NUMÉROS ACTUELS	NUMÉROS ANCIENS	NUMÉROS ACTUELS	NUMÉROS ANCIENS	NUMÉROS ACTUELS
95^1	14727	134	14345	171	14385
95^2	14728	135	14346	172	14321
96	14709	136	14347	173	14324
97	14763	137	14303	174	14312
98	14566	138	14232	175	14381
99	14501	139	14327	176	14311
100	14580	140	14323	177	14310
101	14461	141	14257	178	14306
102	14558	142^1	14298	179	14233
103	14554	142^2	14299	180	14304
104	14735	143	14330	181	14305
105	14635	144	14336	182	14289
106	14437	145	14393	183^1	14270
107	14549	146	14390	183^2	14271
108	14550	147	14320	183^3	14272
109	14520	148	14362	183^4	14273
110	14479	149	14318	183^5	14274
111	14579	150	14300	183^6	14275
112	14627	151	14239	184	14314
113	14532	152	14325	185^1	14234
114	14492	153	14328	185^2	14235
115	14531	154	14392	185^3	14236
116	14533	155	14391	185^4	14237
117	14712	156	14389	186	14242
118	14711	157	14315	187	14295
119	14706	158	14246	188	14280
120	14705	159	14258	189^1	14363
121	14451	160^1	14251	189^2	14364
122	14450	160^2	14252	190	14350
123	Fr.23927	161^1	14254	191	14333
124	14322	161^2	14255	192^1	14354
125	14331	161^3	14256	192^2	14355
126	14329	162	14253	193	14278
127	14349	163	14263	194	14382
128	14292	164	14357	195	14313
129	14319	165	14265	196	14277
130	14302	166	14264	197	14317
131	14348	167	14294	198	14245
132^1	14337	168	14296	199	Fr.20319
132^2	14338	169	14291	200	14380
133	14344	170	14243	200^1	14268

CONCORDANCES DES NUMÉROS ANCIENS ET ACTUELS

NUMÉROS ANCIENS	NUMÉROS ACTUELS	NUMÉROS ANCIENS	NUMÉROS ACTUELS	NUMÉROS ANCIENS	NUMÉROS ACTUELS
201²	14269	239	14604	280	14575
202	14603	240	14641	281	14591
203	14262	241	14765	282	14732
204	14259	242	14426	283	14471
205	14378	243	14419	284	14595
206	14276	244	14427	285	14665
207	14365	245	14415	286	14436
208	14707	246	14423	287	14663
209	14719	247	14605	288	Fr. 24365
210	14458	248	14463	289	14693
211	14570	249	14609	290	14409
212	14284	250	14751	291	14690
213	14360	251	14750	292	14656
214	14562	252	14561	293	14464
215	14564	253	14503	294	14518
216	14721	254	14739	295	Fr. 24309
217	Fr. 23017	255	14657	296	14416
218	14731	256	14433	297	14560
219	14553	257	14411	298	14597
220	14697	258	14638	299	14606
221	Fr. 24278	259	Fr. 24302	300	Fr. 23117
222	14535	260	14574	301	14702
223	14584	261	14490	302	14482
224	Fr. {23019	262	14743	303	14488
225	{24292	263	14612	303 bis	14397
226	14448	264	14527	304	Fr. {24295
227	14722	265	14593	305	{24285
228	14538	266	Fr. 23428	306	14626
229	14544	267	14617	307	14623
230	14545	268	Fr. 24303	308	Fr. 22934
231	14547	269	14669	309	14629
232	14548	270	Fr. 24433	310	14470
233	14546	271	14585	311	14625
234¹	14540	272	14502	312	14486
234²	14541	273	14766	313	14628
234³	14543	274	14733	314	14521
234⁴	14542	275	N. a. fr. 6223	315	14616
235	14537	276	14643	316	15114
236	14551	277	14644	317	14555
237	14642	278	14457	318	14408
238	14624	279	14596	319	14958

SAINT-VICTOR

NUMÉROS ANCIENS	NUMÉROS ACTUELS	NUMÉROS ANCIENS	NUMÉROS ACTUELS	NUMÉROS ANCIENS	NUMÉROS ACTUELS
320	14472	360	Fr. {24112 / 24439}	397	14511
321	14494	361		398	14583
322	14590	362	14694	399	14402
323	Ital. 1474	363	14334	400	14701
324	Français {24231 / 23896 / 25074 / 24271}	364	14290	401	14445
325		365	14469	402	14586
326		366¹	14497	403	14485
327		366²	17326	404	14522
328	14740	367	14297	405	14698
329	14279	368	14238	406	14695
330	14611	369	14332	407	14757
331	14508	370¹	14287	408	Français {24280 / 24281 / 24282 / 25138 / 24088}
332¹	14557	370²	14288	409¹	
332²	14565	371	14301	409²	
333	14724	372	14379	410	
334	14708	373	14260	411	
335	14493	374	14429	412	14646
336	14696	375	14430	413¹	Français {23594 / 23595 / 24094 / 23475 / 23351}
337	Fr. 24395	376	14250	413²	
338	14573	377	14443	414	
339	14563	378	14524	415	
340	14639	379	14647	416	
341	14528	380	14758	417	Ital. 1436
342	14576	381¹	14387	418	14630
343	14454	381²	14388	419	14377
344	14434	381³	14356	420	14769
345	14608	382	14714	421	Fr. {23352 / 23466 / 22968}
346	Fr. 24254	383	14713	422	
347	14483	384	14495	423	
348	14539	385	14671	424¹	14395
349	14440	386	Fr. {24242 / 24070}	424²	14396
350	14746	387		425	14241
351	14534	388	14631	426	14244
352	14418	389	14559	427	14783
353	14710	390	14476	428	Fr. {22925 / 22964}
354	14552	391	14640	429	
355	14634	392	14431	430	14592
356	14567	393	Fr. {22890 / 24440 / 24441}	431	14452
357	14569	394		432¹	14368
358	14439	395		432²	14369
359	Fr. 22565	396	Hébr. 213	432³	14370

104 CONCORDANCES DES NUMÉROS ANCIENS ET ACTUELS

NUMÉROS ANCIENS	NUMÉROS ACTUELS	NUMÉROS ANCIENS	NUMÉROS ACTUELS	NUMÉROS ANCIENS	NUMÉROS ACTUELS
432^4	14371	470	15102	511	15085
432^5	14372	471	14952	512	14900
432^6	14373	472	14845	513	14923
432^7	14374	473	15065	514	15156
433	14760	474	14966	515	Fr.25552
434	14424	475	14959	516	14904
435	14412	476	15076	517	(24839
436	15104	477	15157	518	Fr.{24840
437	15122	478	14885	519	(25551
438	15089	479	Fr.25418	520	14810
439	15126	480	15083	521	14971
440	15080	481	15032	522	14842
441	15140	482	Fr.24841	523	Fr.25204
442	14909	483	14980	524	15094
443	15123	484	14893	525	14814
444	15160	485	14807	526	14826
445	15044	486	15005	527	14829
446	14793	487	15105	528	14817
447	15136	488	14831	529	14825
448	15118	489	15073	530	14813
449	15173	490	Fr.24842	531	15069
450	15103	491	14977	532	15124
451	15024	492	15068	533	15119
452	15143	493	15148	534	15120
453	15026	494	14978	535	15167
454	14857	495	15108	536	15000
455	15107	496	14961	537	14993
456	15015	497	14887	538	14891
457	15008	498	14796	539	14770
458	14782	499	14998	540	14809
459	14850	500	15170	541	14894
460	14890	501	14948	542	14960
461	14853	502	Fr.24781	543	Fr.25550
462	14804	503	15017	544	14982
463	15064	504	14843	545	14876
464	FRANÇAIS {25417	505	14848	546	14895
465	{25377	506	14892	547	14873
466	{14835	507	14976	548	15135
467	{14798	508	14867	549	14985
468	15016	509	14870	550	15057
469	14852	510	14832	551	14812

SAINT-VICTOR

NUMÉROS ANCIENS	NUMÉROS ACTUELS	NUMÉROS ANCIENS	NUMÉROS ACTUELS	NUMÉROS ANCIENS	NUMÉROS ACTUELS
552	14972	591	14878	631	14871
553	14949	592	14907	632	14797
554	14970	593^1	15091	633	14846
555	14973	593^2	Fr.24759	634	14875
556	14974	594	14933	635	15075
557	14975	595	15003	636	14801
558	14967	596	14986	637	14899
559	14951	597	14994	638	14901
560	14965	598	14882	639	15002
561	14921	599	15001	640	14957
562	14969	600	14931	641	14997
563^1	14943	601	14861	642	14884
563^2	Fr.24817	602	15165	643	14788
564	14834	603	15161	644	14925
565	14889	604	14912	645	15023
566	14781	605	14953	646	14926
567	15009	606	14880	647	15125
568	14992	607	15007	648	15152
569	14833	608	14935	649	Fr.25159
570	14398	609	14996	650	15113
571	14771	610	15117	651	15153
572^1	14658	611	15151	652	15162
572^2	Fr.22932	612	14979	653	15149
573	14762	613	15159	654	15922
574	14703	614	14874	655	15018
575	Fr.24773	615	14877	656	Fr.24863
576	15040	616	14879	657	15158
577	14872	617	Fr.24748	658	15035
578	14869	618	14787	659	15128
579	14868	619	24866	660	14811
580	15047	620	24838	661	14815
581	15011	621	FRANÇAIS 24868	662	14816
582	15010	622	24760	663	15030
583	Fr.25213	623	24864	664	15052
584	15046	624	25547	665	15027
585	14927	625	14928	666	15043
586	Fr.24782	626	Fr.24765	667	15053
587	15006	627	14898	668	15051
588	15115	628	14981	669	Fr.25186
589	Fr.25548	629	14896	670	15163
590	15014	630	14802	671	14736

106   CONCORDANCES DES NUMÉROS ANCIENS ET ACTUELS

NUMÉROS ANCIENS	NUMÉROS ACTUELS	NUMÉROS ANCIENS	NUMÉROS ACTUELS	NUMÉROS ANCIENS	NUMÉROS ACTUELS
672	14499	711	14725	751	15090
673	14498	712	14723	752	14854
674	14496	713	14716	753	15066
675	14504	714	14655	754	14805
676	14582	715	14613	755	14808
677	14621	716	14745	756[1]	15155
678	14507	717	14715	756[2]	14413
679	14688	718	14632	757	14506
680	14741	719	14756	758	14803
681	FR. {24294	720	14653	759	15071
682	FR. {24304	721	14730	760	14795
683	14404	722	14618	761	15106
684	FR. {24858	723	14654	762	15141
685	FR. {24869	724	14500	763	15144
686	15174	725	14478	764	14773
687	15063	726	14799	765	15132
688[1]	14839	727	15147	766	14401
688[2]	14840	728	15146	767	14774
689	14841	729	14911	768	14776
690	FR. {25158	729 bis	14800	769	14777
691	FR. {23936	730	15036	770	14778
692	14827	731	14936	771	14772
693	FR. {25544	732	15067	772	14849
694	FR. {25041	733	15101	773	14786
695	14820	734	14858	774	14790
696	14821	735	14903	775	14789
697	14822	736	14806	776	14785
698	FR. {24967	737	14863	777	14775
699	FR. {23135	738	14515	778	14851
700	14823	739	14902	779	14784
701[1]	FR. {25231	740	14905	780[1]	14791
701[2]	FR. {25232	741	14908	780[2]	14792
702	14449	742	14742	781	14428
703	Fr. 24232	743	14467	782	14753
704	14400	744	15150	783	15092
705	14410	745	14856	784	14572
706	14598	746	14748	785	15172
707	14599	747	14944	786	15031
708	14600	748	14950	787	14864
709	14601	749	14939	788[1]	14987
710	Fr. 24279	750	14755	788[2]	14988

SAINT-VICTOR

NUMÉROS ANCIENS	NUMÉROS ACTUELS	NUMÉROS ANCIENS	NUMÉROS ACTUELS	NUMÉROS ANCIENS	NUMÉROS ACTUELS
788³	14989	828	FRANÇAIS {25299	869	14752
789	14984	829	25230	870	14779
790	14947	830	25233	871	14720
791	15061	831	24914	872	14718
792	14906	832	14455	873	14699
793	14956	833	FRANÇAIS {25016	874	15134
794	15081	834	24776	875	14738
795	14924	835	25337	876	14662
796	15025	836	25006	877	14754
797	15168	837	14645	878	14780
798	15121	838	15175	879	FR. {25380
799	14920	839	FR. {24448	880	24945
800	14888	840	24958	881	14489
801	15039	841	15093	882	14432
802	14883	842	15058	883	15145
803	15029	843	14737	884	14860
804	14862	844	14614	885	15137
805	14929	845	14689	886	Fr.22921
806	15037	846	14619	887	15041
807	15078	847	14442	888	Fr.24783
808	14844	848	14704	889	15045
809	14855	849	14399	890	Fr.24436
810	15086	850	14403	891	14937
811	15079	851	14405	892	14995
812	15129	852	14406	893	15038
813	15139	853	Fr.24398	894	14447
814	15087	854	14462	895	15004
815	14828	855	Ital. 14711	896	14847
816	14818	856	14536	897	14932
817	FRANÇAIS {25154	857	14425	898	14602
818	24480	858	14523	899	15142
819	25309	859	14441	900	15171
820	25369	860	14438	901	Fr.25397
821	22922	861	14578	902	15070
822	14830	862	14594	903	15116
823¹	FRANÇAIS {24082	863	14648	904	Fr.25270
823²	24083	864	14568	905	14910
824	25229	865	14726	906	15082
825	23701	866	Fr.24306	907	14897
826	24952	867	14747	908	14886
827	15072	868	14446	909	15074

CONCORDANCES DES NUMÉROS ANCIENS ET ACTUELS

NUMÉROS ANCIENS	NUMÉROS ACTUELS	NUMÉROS ANCIENS	NUMÉROS ACTUELS	NUMÉROS ANCIENS	NUMÉROS ACTUELS
910	14990	945	15034	982	Fr. {25878 / 25216
911	15084	946	15169	983	Français {25646 / 24938
912	15154	947	Fr. {24947 / 24778	984	{22954 / 22955
913	14881	948		985	
914	15112	949	15048	986¹	
915	15131	950	Fr. 25268	986²	
916	14934	951	14983	987¹	14675
917	14794	952	15019	987²	14676
918	14968	953	15022	988	14674
919	14865	954	14637	989¹	Fr. {22945 / 22946 / 22947 / 22948
920	14962	955	Fr. 25257	989²	
921	14964	956	14919	989³	
922	14938	957¹	{22956 / 22957 / 22958 / 22959	989⁴	
923	14859	957²		990¹	14836
924	14942	957³		990²	14837
925	14954	957⁴		991	14838
926	14999	958	24757	992	Fr. 22246
927	15133	959	Français {25261 / 25262 / 25263 / 25264 / 25259 / 25258	993¹	Fr. {14351 / 14352 / 14353
928	15138	960		993²	
929	14963	961		993³	
930	15130	962		994	Fr. 23137
931	Fr. 25525	963		995	14282
932	15088	964		996	Esp. 382
933	14824	965	24772	997	Fr. {24726 / 22900
934	14819	966	25661	998	
935	14866	967	15164	999	15077
936	14991	968	15028	1000	15166
937¹	14913	969	15013	1001	Fr. {24999 / 24934
937²	14914	970	{25027 / 24915 / 24931	1002	
937³	14915	971		1003	15054
937⁴	14916	972		1004	15049
937⁵	14917	973	Français {25276 / 24851 / 24856 / 24857 / 24852	1005	15055
937⁶	14918	974		1006¹	15061
938	Impr.	975¹		1006²	15062
939	14930	975²		1007	15056
940	14955	976		1007 bis	14685
941	14945	977	25290	1008	15042
942	14946	978	15020	1009	15050
943¹	14940	979	15021	1010	Fr. {25189 / 23465 / 25313
943²	14941	980	Fr. 23293	1011	
944	15033	981	Ital. 1429	1012	

SAINT-VICTOR

NUMÉROS ANCIENS	NUMÉROS ACTUELS	NUMÉROS ANCIENS	NUMÉROS ACTUELS	NUMÉROS ANCIENS	NUMÉROS ACTUELS
1013	15012	1037	14679	1067	ITAL. { 1420
1014	24997	1038	14677	1068	1488
1015	24928	1039^1	14375	1069	24102
1016	24916	1039^2	14376	1070^1	21152
1017	FRANÇAIS { 25217	1040^1	22396	1070^2	21153
1018	25254	1040^2	FRANÇAIS { 22397	1070^3	21154
1019	24993	1040^3	22398	1070^4	21155
1020	25177	1040^4	22399	1070^5	21156
1021	25030	1040^5	22400	1070^6	21157
1022	25210	1040^6	22401	1070^7	21158
1023	Esp. 387	1041	14678	1070^8	21159
1024^1	15095	1042^1	FR. { 24080	1070^9	21160
1024^2	15096	1042^2	24081	1070^{10}	21161
1024^3	15097	1043^1	14680	1070^{11}	21162
1024^4	15098	1043^2	14681	1070^{12}	21163
1024^5	15099	1043^3	14682	1070^{13}	21164
1025	15100	1043^4	14683	1070^{14}	21165
1026	15110	1044	14684	1070^{15}	21166
1027	15109	1045	15059	1070^{16}	21167
1028	Ital. 1480	1046^1	14666	1070^{17}	21168
1029	Fr. 25305	1046^2	14667	1070^{18}	21169
1030	15127	1047	14687	1070^{19}	FRANÇAIS { 21170
1031	15111	1048	14672	1070^{20}	21171
1032	Fr. 25368	1049	14686	1070^{21}	21172
1033	ITAL. { 1534	1050	Fr. 24085	1070^{22}	21173
1034	1532	1051	14453	1070^{23}	21174
1035	25399	1052	FR. { 24086	1070^{24}	21175
1036^1	25647	1053	24087	1070^{25}	21176
1036^2	25648	1054	14660	1070^{26}	21177
1036^3	25649	1055	14661	1070^{27}	21178
1036^4	25650	1056	14692	1070^{28}	21179
1036^5	25651	1057	Fr. 20326	1070^{29}	21180
1036^6	25652	1058	14659	1070^{30}	21181
1036^7	FRANÇAIS { 25653	1059	Fr. 20331	1070^{31}	21182
1036^8	25654	1060	14615	1070^{32}	21183
1036^9	25655	1061	14366	1070^{33}	21184
1036^{10}	25656	1062	14367	1070^{34}	21185
1036^{11}	25657	1063	14668	1070^{35}	21186
1036^{12}	25658	1064	Fr. 20924	1070^{36}	21187
1036^{13}	25659	1065	14664	1070^{37}	21188
1036^{14}	25660	1066	14691	1071	23830

110 CONCORDANCES DES NUMÉROS ANCIENS ET ACTUELS

NUMÉROS ANCIENS	NUMÉROS ACTUELS	NUMÉROS ANCIENS	NUMÉROS ACTUELS	NUMÉROS ANCIENS	NUMÉROS ACTUELS
1072	23831	1088	23627	1106	23932
1073[1]	23825	1089[1]	23240	1107	23835
1073[2]	23826	1089[2]	23241	1108	25248 (FRANC.)
1073[3]	23827	1090	23488	1109	23307
1074	23828	1091[1]	23618	1110	25021
1075[1]	23682	1091[2]	23619	1111	20309
1075[2]	23683	1091[3]	23620	1112	14359
1076[1]	23869	1092[1]	23556	1113	20351
1076[2]	23870	1092[2]	23557	1114	20598
1076[3]	23871 (FRANÇAIS)	1093	23559	1115[1]	20858
1076[4]	23872	1094	23026 (FRANÇAIS)	1115[2]	20859
1076[5]	23873	1095	23699	1115[3]	20860
1077	23877	1096	20867	1115[4]	20861 (FRANÇAIS)
1078	23678	1097[1]	23230	1116	20857
1079	23023	1097[2]	23231	1117	22453
1080	23024	1098	23233	1118	24185
1081	23025	1099	23027	1119	24006
1082	23337	1100	23327	1120	23981
1083	23346	1101	24026	1121[1]	24007
1084	20869	1102	23596	1121[2]	24008
1085	14670	1103	23358	1122	14767
1086	23068 (FR.)	1104	23590	1123	14768
1087	23332	1105	23677		

SORBONNE

1	15467	15	15267	29	15189
2	15468	16	15252	30	15187
3	15185	17	15255	31	15562
4	15469	18	15480	32	15563
5	15470	19	15559	33	15186
6	15479	20	15482	34	15260
7	15471	21	15486	35	15190
8	15478	22	15485	36	15489
9	15248	23	15188	37	15488
10	15253	24	15579	38	15572
11	15249	25	15592	39	15191
12	15250	26	15560	40	15564
13	15251	27	15481	41	15176
14	15585	28	15487	42	15193

SORBONNE

NUMÉROS ANCIENS	NUMÉROS ACTUELS	NUMÉROS ANCIENS	NUMÉROS ACTUELS	NUMÉROS ANCIENS	NUMÉROS ACTUELS
43	15192	84	15216	125	15229
44	15194	85	15504	126	15522
45	15492	86	15505	127	15595
46	15493	87	15506	128	15596
47	15494	88	15507	129	15590
48	15495	89	15508	130	15230
49	15195	90	15217	131	15527
50	15196	91	15218	132	15593
51	15496	92	15219	133	15523
52	15565	93	15223	134	15529
53	15264	94	15220	135	15528
54	15199	95	15224	136	15586
55	15571	96	15222	137	15524
56	15200	97	15226	138	15591
57	15201	98	15510	139	15272
58	15202	99	15577	140	15540
59	15203	100	15516	141	15536
60	15498	101	15225	142	15541
61	15204	102	15511	143	15269
62	15205	103	15514	144	15537
63	15206	104	15512	145	15538
64	15211	105	15221	146	15231
65	15207	106	15578	147	15598
66	15208	107	15582	148	15232
67	15209	108	15513	149	15233
68	15254	109	15580	150	15531
69	15210	110	15581	151	15532
70	15500	111	15509	152	15533
71	15499	112	15515	153	15534
72	15212	113	15227	154	15535
73	15213	114	15517	155	15542
74	15265	115	15518	156	15273
75	15501	116	15519	157	15539
76	15266	117	15583	158	15543
77	15604	118	15584	159	15546
78	15502	119	15491	160	15547
79	15214	120	15588	161	15548
80	15574	121	15587	162	15549
81	15573	122	15526	163	15550
82	15503	123	15589	164	15551
83	15215	124	15594	165	15611

CONCORDANCES DES NUMÉROS ANCIENS ET ACTUELS

NUMÉROS ANCIENS	NUMÉROS ACTUELS	NUMÉROS ANCIENS	NUMÉROS ACTUELS	NUMÉROS ANCIENS	NUMÉROS ACTUELS
166	15610	207	15282	239	15655
167	15606	208	15635	240	Fr.20320
168	15607	209	15634	241	15289
169	15603	210	15638	242	Fr.23084
170	15601	211	15641	243	15668
171	15605	212	15639	244	Fr.24725
172	15978	213	15640	245	15654
173	15973	214	15636	246	Fr.23086
174	15257	215	15323	247	15296
175	15258	216	15284	248	15300
176	15261	217	15643	249	15472
177	15259	218	15283	250	15302
178	15262	219	15642	251	15294
179	15274	220	15629	252	15521
180	15275	221	15646	253	15656
181	15237	222	15285	254	15297
182	15600	223	15644	255	Fr.{22885
183	15238	223ᵃ	Fr.{20065	255ᵃ	Fr.{22886
184	15239	223ᵇ	Fr.{20066	256	15657
185	15240	224	15286	257	15647
186	15241	224ᵃ	15177	258	15299
187	15242	224ᵇ	15178	259	15650
188	15243	224ᶜ	15179	260	Fr.{20105
189	15244	224ᵈ	15180	261	Fr.{20106
190	15245	225	15645	262	15653
191	15277	226	15902	262ᵃ	16057
192	15276	227	15290	263	15648
193	15602	228	15298	264	15658
194	15609	228ᵃ	15292	265	15304
195	15197	229	15291	266	15305
196	15234	230	15293	267	15675
197	15235	231	15301	268	15673
198	15247	231ᵃ	Fr.20313	269	15307
199	15608	232	15288	270	15676
200	15246	233	15228	271	15674
201	15236	234	15295	272	15678
202	15597	235	15303	273	Ital. 1481
203	15628	236	Fr.23083	274	15308
204	15632	237	15651	275	15306
205	15631	238	Fr.{20312 ter	276	15183
206	15633	238ᵃ	Fr.{20314	277	15311

SORBONNE

NUMÉROS ANCIENS	NUMÉROS ACTUELS	NUMÉROS ANCIENS	NUMÉROS ACTUELS	NUMÉROS ANCIENS	NUMÉROS ACTUELS
278	16120	316	16021	353	15692
279	15683	317	15313	354	15730
280	16216	318	15911	355	16093
281	15912	319	15316	356	16172
282	16252	320	15699	357	15731
283	16361	321	15698	358	16138
284	15684	322	15697	359	15732
285	16078	323	Fr. 22542	360	15982
286	15679	324	15688	361	15987
287	15659	324ª	FR. {24297 / 24289}	362	16257
288	15943	325		363	15689
289	15686	326	15734	364	16185
290	15310	326ª	Fr. 24287	365	Fr. 24247
291	15287	327	15669	366	16181
292	15618	328	15309	367	15984
293	15733	329	16167	368	15981
293ª	15619	330	16168	369	16197
294	15637	331	15661	370	15672
295	15620	332	16058	371	16211
296	15980	333	Fr. 24291	372	15690
297	15256	334	15694	373	Fr. 20122
297ª	FR. {20071 / 20072}	335	16001	374	15181
297ᵇ		336	16002	375	15182
298	15737	337	15696	376	Fr. 24272
299	15404	337ª	15419	377	15613
300	15687	338	Fr. 22970	378	Fr. 24273
301	15660	339	15652	379	15427
302	15829	340	Fr. 20118	380	16020
303	15409	341	16052	381	FR. {20125 / 20126 / 22495}
304	15695	342	FR. {20120 / 22969}	382	
305	Fr. 24390	343		383	
306	15416	344	16009	384	15280
307	15983	345	15424	385	Fr. 24208
308	16073	346	15417	386	15614
309	FR. {23111 / 23112}	346ª	15315	387	Fr. 24209
310		347	15314	388	15615
311	16094	348	15693	389	15616
312	FR. {23113 / 23114}	349	15691	390	Fr. 24035
313		350	FR. {24069 / 22500}	391	Ital. 1465
314	15682	351		392	Fr. 23284
315	15312	352	16091	393	15628

114 CONCORDANCES DES NUMÉROS ANCIENS ET ACTUELS

NUMÉROS ANCIENS	NUMÉROS ACTUELS	NUMÉROS ANCIENS	NUMÉROS ACTUELS	NUMÉROS ANCIENS	NUMÉROS ACTUELS
394	Ital. 1462	433	⎧20359	473	15324
395	15196	434	FR.⎨23282	474	15718
396ª	15288	435	⎩23283	475	16215
396ᵇ	16071	436	16250	476	15719
396ᶜ	16049	437	⎧23133	477	15720
397	Fr. 24210	438	FR.⎨22483	478	15711
398	15278	439	⎨23994	479	15721
399	15279	440	⎩22481	480	15325
400	15617	441	15913	481	15722
401	16653	442	Fr. 24333	482	15723
402	15318	443	15812	483	16225
403	15319	444	15756	484	16226
404	15320	445	⎧24379	485	16227
405	15321	446	FR.⎨24384	486	15724
406	15701	447	⎩24288	487	15725
407	15322	448	15975	488	16248
408	15323	449	16253	489	16247
409	15702	450	Fr. 22555	490	15726
410	15703	451	15707	491	15727
411	15704	452	⎧24388	492	15728
412	15705	453	FR.⎨24316	493	15329
413	15706	454	⎨24430	494	15330
414	15739	455	⎩22553	495	15335
415	15326	455ª	15708	496	16230
416	15740	456	Fr. 22544	497	15331
417	15741	457	15709	498	15332
418	⎧20127	458	Fr. 24367	499	15752
419	⎨20128	459	15710	500	16024
420	FR.⎨20129	460	⎧24400	501	15750
421	⎩21110	461	FR.⎨24385	502	15333
422	15742	462	⎨20087	503	16027
423	Fr. 23142	463	⎩20088	504	Fr. 20312
424	15743	464	15712	505	16234
425	⎧20352	465	15713	506	15328
426	FR.⎨20353	466	Fr. 24371	507	16235
427	⎩20354	467	15317	508	15336
428	15744	468	15714	509	15753
429	15748	469	15715	510	15327
430	Fr. 23143	470	16231	511	16236
431	15768	471	15716	512	15334
432	Fr. 20358	472	15717	513	16237

NUMÉROS ANCIENS	NUMÉROS ACTUELS	NUMÉROS ANCIENS	NUMÉROS ACTUELS	NUMÉROS ANCIENS	NUMÉROS ACTUELS
514	16108	545	15343	586	15341
515	15837	546	15350	587	16107
516	16109	547	15803	588	15342
517	15448	548	15801	589	15778
518	16243	549	15797	590	15779
519	16239	550	15787	591	15780
520	15449	551	15270	592	15781
521	15838	552	15271	593	16183
521a	15349	553	15760	594	16154
522	15839	554	15804	595	16104
522a	15792	555	15802	596	16105
523	15783	556	15800	597	16144
523a	15344	557	15813	598	16102
524	15784	558	15814	599	16103
524a	15345	559	15815	600	16106
525	15785	560	15816	601	16101
525a	15790	561	15817	602	15821
526	15786	562	15818	603	15806
526a	16246	563	15819	604	15354
527	15799	564	15808	605	15822
527a	15791	565	15807	606	15823
528	15788	566	15809	607	15824
528a	15794	567	15810	608	15825
529	15347	568	15811	609	15826
529a	15793	569	15761	610	15827
530	15346	570	15337	611	15828
530a	15795	571	15762	612	16110
531	15796	572	15338	613	15855
532	15388	573	15763	614	15360
533	15389	574	15764	615	15361
534	15798	575	15765	616	15854
535	16173	576	15340	617	15858
536	15348	577	15339	618	15857
537	15759	578	15770	619	15856
538	16254	579	15771	620	15881
539	16153	580	15772	621	15860
540	15775	581	15773	622	15862
541	15820	582	15774	623	16122
542	15789	583	15776	624	15861
543	15352	584	15777	625	16158
544	15769	585	15766	626	16121

116 CONCORDANCES DES NUMÉROS ANCIENS ET ACTUELS

NUMÉROS ANCIENS	NUMÉROS ACTUELS	NUMÉROS ANCIENS	NUMÉROS ACTUELS	NUMÉROS ANCIENS	NUMÉROS ACTUELS
627	15945	668	15364	709	15907
628	15367	669	15850	710	15369
629	15365	670	15372	711	15447
630	15366	671	15805	712	15371
631	15875	672	15871	713	15859
632	15874	673	15872	714	15883
633	15879	674	15870	715	15906
634	15876	675	15873	716	15974
635	15877	676	15363	717	15888
636	15878	677	15867	718	15882
637	15353	678	15390	719	15893
638	15368	679	15976	720	15896
639	15847	680	15977	721	15886
640	15355	681	15922	722	15909
641	15848	682	15379	723	15988
642	15849	683	15923	724	15378
643	15356	684	15865	725	15925
644	15357	685	15866	726	15926
645	15846	686	15864	727	15380
646	15358	687	15840	728	15393
647	15831	688	15895	729	15391
648	15833	689	15887	730	15394
649	15832	690	15370	731	15395
650	15834	691	15880	732	15396
651	15835	692	15884	733	15397
652	15836	693	15885	734	15997
653	15830	694	16195	735	15405
654	15749	695	15903	736	15998
655	15900	696	15898	737	15999
656	15901	697	15359	738	15400
657	15891	698	15463	739	15401
658	15889	699	15868	740	15402
659	15890	700	15351	741	15398
660	15845	701	15374	742	15406
661	15842	702	15904	743	15993
662	15843	703	15852	744	15403
663	15844	704	15851	745	15399
664	16389	705	15362	746	15408
665	15754	706	15894	747	15410
666	15841	707	15892	748	15407
667	15747	708	15920	749	15992

NUMÉROS ANCIENS	NUMÉROS ACTUELS	NUMÉROS ANCIENS	NUMÉROS ACTUELS	NUMÉROS ANCIENS	NUMÉROS ACTUELS
750	15415	791	16476	831	16056
751	15411	792	16491	832	15933
752	15392	793	15946	833	15557
753	15412	794	16473	834	15986
754	15995	795	15751	835	15962
755	15413	796	15934	836	15963
756	15996	797	15953	837	15985
757	15377	798	15957	838	15938
758	15921	799	16496	839	15381
759	16112	800	15954	840	15767
760	16111	801	16511	841	16089
761	16113	802	15955	842	15919
762	16114	803	15942	843	16044
763	16115	804	15970	844	15268
764	16116	805	16471	845	16051
765	16117	806	15941	846	15428
766	15385	807	15386	847	16405
767	15450	808	15387	848	16134
768	16118	809	15383	849	15905
769	15924	810	15373	850	15420
770	16119	811	15936	851	15422
771	15918	812	15937	852	15421
772	15375	813	15935	853	16008
773	15915	814	15939	854	16003
774	15376	815	15958	855	16004
775	15916	816	15956	856	Sup.Gr.538
776	15914	817	15959	857	16005
777	15917	818	15949	858	16007
778	16000	819	15561	859	15418
779	16010	820	15965	860	16006
780	15928	820a	15969	861	15423
781	15932	821	15967	862	16545
782	16482	822	15968	863	15930
783	15951	823	15931	864	15869
784	15947	824	15384	865	16032
785	15952	825	15966	866	16048
786	15971	826	15929	867	16012
787	15899	827	15960	868	16013
788	15568	828	15961	869	16011
789	15948	829	15382	870	16050
790	15940	830	15451	871	16047

118 CONCORDANCES DES NUMÉROS ANCIENS ET ACTUELS

NUMÉROS ANCIENS	NUMÉROS ACTUELS	NUMÉROS ANCIENS	NUMÉROS ACTUELS	NUMÉROS ANCIENS	NUMÉROS ACTUELS
872	15429	912	16238	953	16142
873	16046	913	16029	954	16097
874	15434	914	16026	955	16170
875	16033	915	16023	956	16130
876	16034	916	16028	957	16126
877	15430	917	16255	958	16127
878	16035	918	16136	959	16152
879	15431	919	16090	960	16099
880	16036	920	16145	961	16128
881	16037	921	16087	962	16131
882	16038	922	16135	963	16133
883	16039	923	15452	964	16129
884	16040	924	16156	965	16080
885	16041	925	16085	966	16140
886	16017, 16018	926	16081	967	16214
		927	16132	968	16213
887	16019	928	16086	969	16200
888	16014	929	15454	970	Sup.Gr.597
889	16015	930	16083	971	16203
890	16016	931	16164	972	16202
891, 892	16100	932	16151	973	16205
		933	16165	974	16206
893	16045	934	16162	975	16210
894	15433	935	16084	976	16198
895	16043	936	16141	977	16209
896	Arsenal, 16.	937	16088	978	16211
897	16079	938	16163	979	16204
898	16054	939	16223	980	16208
899	16022	940	16222	981	15461
900	16221	941	16096	982	16199
901	16220	942	16149	983	15459
902	15556	943	15453	984	16174
903	16217	944	16150	985	15455
904	16218	945	16095	986	15456
905	16219	946	16166	987	16175
906	15462	947	16146	988	16180
907	15425	948	16169	989	16182
908	16233	949	16147	990	16186
909	16228	950	16155	991	15458
910	16229	951	16171	992	15457
911	16232	952	16148	993	16178

SORBONNE

NUMÉROS ANCIENS	NUMÉROS ACTUELS	NUMÉROS ANCIENS	NUMÉROS ACTUELS	NUMÉROS ANCIENS	NUMÉROS ACTUELS
994	16176	1035	23537	1075	Fr. 23815
995	16177	1036	23538	1076	16066
996	16191	1037	24169	1077	23866
997	16184	1038	23472	1078	23818
998	16196	1039	23473	1079	23864
999	16194	1040	23539	1080	23675
1000	15460	1041	23540	1081	24438
1001	16193	1042	23955	1082	23155
1002	16192	1043	23965	1083	21384
1003	16189	1044	23541	1084	23820
1004	16188	1045	23542	1085	23679
1005	20355	1046	23543	1086	23655
1006	20363	1047	24226	1087	16068
1007	24402	1048	24029	1088	23822
1008	16077	1049	15426	1089	21391
1009	20130	1050	23819	1090	21390
1010	24263	1051	21365	1091	23046
1011	23992	1052	21366	1092	24012
1012	23464	1053	21367	1093	23199
1013	23622	1054	21368	1094	16256
1014	23534	1055	21369	1095	24036
1015	23535	1056a	21370	1096	24075
1016	23166	1056b	21371	1097	16074
1017	23167	1057	21372	1098	Fr. 23496
1018	23168	1058	21373	1099	15446
1019	23169	1059	21374	1100	21392
1020	23170	1060	21375	1101	21385
1021	23171	1061	21376	1102	20623
1022	23172	1062	21377	1103	15438
1023	23173	1063	21378	1104	15991
1024	23174	1064	21379	1105	15439
1025	23175	1065	21380	1106	20628
1026	23176	1066	21381	1107	20111
1027	23177	1067	21382	1108	15445
1028	23178	1068	21383	1109	16075
1029	23179	1069	16067	1110	15989
1030	23180	1070	23328	1111	15990
1031	23181	1071	21386	1112	24073
1032	22277	1072	21387	1113	23654
1033	24034	1073	23813	1114	24076
1034	23536	1074	23814	1115	15444

120 CONCORDANCES DES NUMÉROS ANCIENS ET ACTUELS

NUMÉROS ANCIENS	NUMÉROS ACTUELS	NUMÉROS ANCIENS	NUMÉROS ACTUELS	NUMÉROS ANCIENS	NUMÉROS ACTUELS
1116	23816	1157	16061	1198	Fr.24779
1117	23817	1158	Fr.23470	1199	16343
1118	21096	1159	16062	1200	16344
1119	21097	1160	16063	1201	16345
1120	21098	1161	16064	1202	16346
1121	21099	1162	16065	1203	16347
1122	21100	1163	15979	1204	FR. {24884
1123	21101	1164	{24245	1204 bis	{20071
1124	21102	1165	{23821	1205	16572
1125	21103	1166	FRANÇAIS {22891	1206	FRANC. {25025
1126	22577	1167	{23247	1207	{24854
1127	22578	1168	{23248	1208	{25149
1128	22579	1169	{22394	1209	{25015
1129	22963	1170	{22395	1210	16549
1130	FRANÇAIS {22960	1171	{22393	1211	16718
1131	{22923	1172	Ital. 1482	1212	16446
1132	{22924	1173	16059	1213	16447
1133	{22961	1174	Fr.23021	1214	16448
1134	{22962	1175	15435	1215	16449
1135	23200	1176	15897	1216	16450
1136	23201	1177	16139	1217	16451
1137	23340	1178	{22926	1218	16444
1138	23341	1179	FRANÇAIS {23469	1219	16445
1139	24163	1180	{22245	1220	Fr.24903
1140	20142	1181	{20109	1221	16573
1141	22884	1182	{24266	1222	16576
1142	23492	1183	16288	1223	{25667
1143	20344	1184	16455	1224	FRANÇAIS {25662
1144	21393	1185	16072	1225	{25151
1145	20100	1186	FR. {25088	1226	{25663
1146	20101	1187	{23069	1227	{25664
1147	20970	1188	16402	1228	{25665
1148	15622	1189	16660	1229	{25666
1149	15625	1190	Fr.25372	1230	16527
1150	15624	1191	15758	1231	{23342
1151	15623	1192	16137	1232	FR. {25668
1152	15626	1193	{22920	1233	{25206
1153	15627	1194	FRANÇAIS {24885	1234	16443
1154	FR. {23874	1195	{24887	1235	16571
1155	{23875	1196	{24883	1236	16436
1156	16060	1197	{25256	1237	16337

SORBONNE

NUMÉROS ANCIENS	NUMÉROS ACTUELS	NUMÉROS ANCIENS	NUMÉROS ACTUELS	NUMÉROS ANCIENS	NUMÉROS ACTUELS
1238	16338	1278	15263	1318	15555
1239	16335	1279	15432	1319	15576
1240	16336	1280	16574	1320	16353
1241	Fr.24735	1281	Fr.20086	1321	15490
1242	16384	1282	15436	1322	15566
1243	16526	1283	15437	1323	15570
1244	16459	1284	16031	1324	16273
1245	16457	1285	15414	1325	15567
1246	16458	1286	15473	1326	16292
1247	16575	1287	16260	1327	16293
1248	16710	1288	16261	1328	15569
1249	Fr.25077	1289	16258	1329	16294
1250	16404	1290	16259	1330	16296
1251	16321	1291	16262	1331	16295
1252	Fr.24888	1292	15474	1332	15575
1253	16632	1292ᵃ	16263	1333	16274
1254	16287	1293	16264	1334	16297
1255	24777	1294	15475	1335	16298
1256	24789	1295	15476	1336	15530
1257	25026	1296	15477	1337	16276
1258	FRANÇAIS 24998	1297	16265	1338	15544
1259	25084	1298	16266	1339	15545
1260	23139	1299	16267	1340	15599
1261	25075	1300	15520	1341	16277
1261 bis	25076	1301	15525	1342	16278
1262	Chinois	1302	16279	1343	16558
1263	16313	1303	15554	1344	16301
1264	15927	1304	16284	1345	15910
1265	16418	1305	16283	1346	15552
1266	15184	1306	16280	1347	15553
1267	15466	1307	15558	1348	16299
1268	15464	1308	16269	1349	16523
1269	15465	1309	16290	1350	16285
1270	16071	1310	16703	1351	16322
1271	16070	1311	16244	1352	16325
1272	16069	1312	15484	1353	16324
1273	Impr.	1313	15483	1354	16327
1274	15441	1314	Fr.24774	1355	15630
1275	15443	1315	16701	1356	15662
1276	15442	1316	16289	1357	16268
1277	15440	1317	16270	1358	15497

CONCORDANCES DES NUMÉROS ANCIENS ET ACTUELS

NUMÉROS ANCIENS	NUMÉROS ACTUELS	NUMÉROS ANCIENS	NUMÉROS ACTUELS	NUMÉROS ANCIENS	NUMÉROS ACTUELS
1359	16275	1400	16310	1441	15700
1360	Fr.25549	1401	16315	1442	15972
1361	15665	1402	16319	1443	16300
1362	15664	1403	16318	1444	16699
1363	16328	1404	16541	1445	16360
1364	16332	1405	16540	1446	16358
1365	15667	1406	16331	1447	16359
1366	15649	1407	16341	1448	Fr.24234
1367	15663	1408	16342	1449	16366
1368	16340	1409	16092	1450	FR.{25266
1369	16372	1410	16349	1451	25207
1370	16333	1411	16352	1452	25214}
1371	16329	1412	Fr.24791	1453	16368
1372	15672	1413	15681	1454	16580
1373	16334	1414	16339	1455	16369
1374	16712	1415	Fr.24785	1456	16365
1375	15666	1416	16330	1457	16595
1376	16354	1417	{24788	1458	16381
1377	16713	1418	FR.{24786	1459	16380
1378	16702	1419	{24787	1460	16624
1379	16291	1420	16567	1461	16626
1380	16524	1421	FR.{25379	1462	16636
1381	16568	1422	{24301	1463	15755
1382	Fr.24766	1423	16363	1464	16531
1383	16348	1424	15729	1465	16637
1384	16367	1425	FR.{22937	1465a	16638
1385	16351	1426	{24274	1466	16251
1386	15670	1427	15680	1467	16627
1387	16379	1428	Ital.1527	1468	16371
1388	16614	1429	16622	1469	16639
1389	16415	1430	16382	1470	Fr.25342
1390	16518	1431	Fr.25519	1471	16530
1391	16355	1432	15677	1472	16364
1392	16416	1433	16350	1473	16642
1393	16528	1434	FR.{25343	1474	16357
1394	16460	1435	{24784	1475	16190
1395	16461	1436	16373	1476	16668
1396	16478	1437	16356	1477	Fr.24909
1397	16463	1438	16519	1478	16641
1398	16479	1439	Vacant	1479	16664
1399	16662	1440	16606	1480	15612

SORBONNE

NUMÉROS ANCIENS	NUMÉROS ACTUELS	NUMÉROS ANCIENS	NUMÉROS ACTUELS	NUMÉROS ANCIENS	NUMÉROS ACTUELS
1481	16305	1516⁴	23009	1557	(25522
1482	16307	1517	23010	1558	Fr. 25344
1483	16309	1518	23011	1559	(25520
1484	16030	1519	Français 23012	1560	16676
1485	Fr. 24442	1520	23013	1561	16679
1486	16308	1521	23014	1562	16680
1487	16304	1522	23015	1563	16677
1488	16306	1523	23016	1564	16378
1489	Fr. (24052	1524	16302	1565	16376
1490	22987	1525	16303	1566	16666
1491	16272	1526	16462	1567	16667
1492	16311	1527	16320	1568	16665
1493	16271	1528	16362	1569	16671
1494	16314	1529	15745	1570	16588
1495	16312	1530	16386	1571	16587
1496	16570	1531	15746	1572	16589
1497	16317	1532	16715	1573	16678
1498	Fr. 25285	1533	16370	1574	16555
1499	16326	1534	16525	1575	16556
1500	Fr. 25265	1535	16569	1576	16025
1501	16316	1536	16700	1577	16691
1502	22989	1537	16553	1578	16689
1503	22990	1538	16552	1579	16690
1504	22991	1539	16577	1580	16608
1505	22992	1540	16487	1581	Fr. 24305
1506	22993	1541	16488	1582	16635
1507	22994	1542	Ital. 1499	1583	16240
1508	22995	1543	Fr. 24296	1584	16241
1509	22996	1544	16489	1585	16242
1510	22997	1545	16490	1586	16592
1511	Français 22998	1546	15738	1587	16249
1512	22999	1547	15735	1588	16591
1512ᵃ	23000	1548	15736	1589	16697
1512ᵇ	23001	1549	Esp. 392	1590	16695
1513	23002	1550	16391	1591	16698
1514	23003	1551	15757	1592	16694
1514ᵃ	23004	1552	16419	1593	16704
1515	23005	1553	16383	1594	16706
1516¹	23006	1554	16375	1595	16705
1516²	23007	1555	16374	1596	16245
1516³	23008	1556	16377	1597	16692

CONCORDANCES DES NUMÉROS ANCIENS ET ACTUELS

NUMÉROS ANCIENS	NUMÉROS ACTUELS	NUMÉROS ANCIENS	NUMÉROS ACTUELS	NUMÉROS ANCIENS	NUMÉROS ACTUELS
1598	16693	1639	16431	1680	16409
1599	16594	1640	16427	1681	16607
1600	16684	1641	16426	1682	Fr. 24870
1601	16714	1642	16432	1683	16439
1602	16392	1643	16539	1684	16440
1603	16394	1644	16548	1685	16456
1604	16398	1645	15994	1686	16454
1605	16616	1646	16441	1687	16453
1606	15863	1647	16492	1688	16452
1607	16681	1648	16500	1689	16410
1608	16157	1649	16493	1690	16437
1609	16123	1650	16494	1691	16537
1610	16124	1651	16433	1692	16512
1611	15944	1652	16434	1692a	16481
1612	16484	1653	16475	1693	16515
1613	16387	1654	16435	1694	15964
1614	16469	1655	16464	1695	16495
1615	16385	1656	16501	1696	16470
1616	16412	1657	Fr. 24780	1697	16413
1617	15853	1658	16502	1698	16414
1618	15782	1659	16503	1699	16465
1619	16480	1660	16504	1700	15950
1620	16407	1661	16516	1701	16411
1621	16399	1662	16466	1702	16408
1622	16390	1663	16483	1703	16486
1623	16485	1664	16505	1704	16498
1624	16536	1665	16395	1705	16388
1625	16542	1666	16477	1706	16533
1626	16543	1667	16506	1707	16708
1627	16421	1668	16507	1708	16401
1628	16428	1669	16467	1709	Hébr. 440
1629	16615	1670	16497	1710	Arabe 2514
1630	16547	1671	16468	1711	16534
1631	16538	1672	16474	1712	16535
1632	16544	1673	16438	1713	16621
1633	16424	1674	16442	1714	16517
1634	16425	1675	16400	1715	16393
1635	16423	1676	16521	1716	16514
1636	16422	1677	16685	1717	16513
1637	16429	1678	16417	1718	16532
1638	16430	1679	15908	1719	16499

SORBONNE

NUMÉROS ANCIENS	NUMÉROS ACTUELS	NUMÉROS ANCIENS	NUMÉROS ACTUELS	NUMÉROS ANCIENS	NUMÉROS ACTUELS
1720	16508	1761	16557	1802	16612
1721	16529	1762	16551	1803	16611
1722	16420	1763	16623	1804	16634
1723	16403	1764	16711	1805	16125
1724	16520	1765	Sup.Gr.540	1806	16628
1725	16510	1766	16669	1807	16629
1726	16397	1767	16696	1808	16630
1727	16509	1768	16687	1809	16631
1728	16522	1769	16686	1810	16161
1729	16472	1770	16596	1811	16579
1730	16406	1771	16581	1812	16625
1731	16546	1772	16582	1813	16707
1732	16560	1773	16583	1814	16597
1733	16042	1774	16143	1815	16646
1734	16559	1775	16600	1816	16201
1735	16286	1776	16609	1817	16663
1736	16563	1777	16599	1818	16647
1737	16564	1778	16082	1819	16653
1738	16055	1779	16673	1820	16654
1739	16565	1780	16584	1821	16655
1740	16566	1781	16672	1822	16648
1741	16670	1782	16709	1823	16658
1742	16282	1783	16224	1824	16657
1743	16159	1784	16610	1825	Fr.24276
1744	16550	1785	16098	1826	16207
1745	Sup.Gr.598	1786	16602	1827	15685
1746	16675	1787	16603	1828	16650
1747	16396	1788	16618	1829	16651
1748	16674	1789	16604	1830	16656
1749	16682	1790	16619	1831	16659
1750	16683	1791	16620	1832	16649
1751	16593	1792	16586	1833	16645
1752	16688	1793	16613	1834	16661
1753	16717	1794	16585	1835	Sup.Gr.542
1754	16716	1795	16633	1836	16179
1755	16590	1796	16605	1837	16640
1756	16578	1797	16617	1838	16187
1757	16562	1798	16160	1839	16643
1758	16644	1799	Sup.Gr.599	1840	Fr. {24980
1759	16652	1800	16601	1841	25037
1760	16554	1801	16598	1842	25036}

NUMÉROS ANCIENS	NUMÉROS ACTUELS	NUMÉROS ANCIENS	NUMÉROS ACTUELS	NUMÉROS ANCIENS	NUMÉROS ACTUELS
1843	16561	1845	16281	1847	Sup.Gr.541
1844	Fr.25103	1846	Sup.Gr.172	1848	Sup.Gr.565

SUPPLÉMENT ANCIEN

165	1486 B	378	4817	415	6035
166	1486 B 2	379	4817,2	416	6035,2
167	1486 B 3	380	4818	417	6035,3
168	5170	381	4819	418	6035,4
169	5170,2	382	4820	419	6035,5
170	849 B	383	4820,2	420	6035,6
181	5199	410	6032	421	6018
276	5194	411	6032,2	422	6018,2
375	4814	412	6032,3	423	6018,3
376	4815	413	6032,4	424	6018,4
377	4816	414	6032,5	442	4266 c

SUPPLÉMENT LATIN

1	8871	15	8955	30	8869
2	8928	16	9337	31	10100
3	8848	17	9260	32,1	9759
4,1	8859	18	9321	32,2	9760
4,2	8860	18,2	8916	32,3	9761
5	8877	18,3	9336	32,4	9762
6	8886	19	9322	32,5	9763
7	8887	19 bis	11126	32,6	9764
8	8889	20	9324	33	9417
9,1	8861	21	9328	34	9379
9,2	8862	22	9341	35	9578
9,3	8863	23	8844	36	9551
10	8864	24	9699	37	9573
10 bis	8927	25	9991	38,1	10264
10,2	8865	26,1	9707	38,2	10265
10,3	8866	26,2	9708	39	Scand.7
11	8925	27	9709	40	10292
12	8926	28	8874	41	9651
13	8933	29	9667	42	9027
14	8943	29 bis	9666	43	9323

SUPPLÉMENT LATIN

NUMÉROS ANCIENS	NUMÉROS ACTUELS	NUMÉROS ANCIENS	NUMÉROS ACTUELS	NUMÉROS ANCIENS	NUMÉROS ACTUELS
44	8929	75	9654	109	10261
45	9326	76	10321	110	9783
46	8942	77	9639	111	10253
47	8870	78	10258	112	10268
48	10443	79,1	9866	113	10252
49	9335	79,2	9867	114	10267
50	9414	80	10354	115	9641
51	9408	81	10055	116	10868
52	9794	82	10263	117	10251
53	9343	83	9333	118	9546
54	10245	84	10000	118 A	9539
55	10159	84 bis	10001	118 B	9533
56	10197	85	9851	118 C	10601
57,1	10247	86	9602	118 D	9538
57,2	10248	87	10377	119	9587
57,3	10249	88	10198	120	9670
57,4	10250	89	10041	121	9592
58	10254	90	9844	122	Fr. 8682
59	9791	91	10273	123	10274
60	9186	92	10259	124	9795
61	9650	93	9518	125	10911
62	8888	94	9960	126	11376
63,1	10352	95	9705	127	10989
63,2	10353	96	10224	128	10295
64,1	9944	96 bis	9585	129	9664
64,2	9945	97	9516	130	9950
64,3	9946	98	9663	131	9572
64,4	9947	99	9722	132	Ital. 112
64,5	9948	99 bis	9384	133	9671
64,6	9949	99 ter	10437	133 bis	9593
65	9653	100	10407	134	10149
66	10270	101,1	8957	135	10266
67	10389	101,2	8958	136	10170
68	8997	102	9340	137	10171
69	11275	103,1	10637	138,1	10323
70	9883	103,2	10638	138,2	10575
71,1	9914	104	10045	139	10337
71,2	9915	105	9940	140	9686
72	9734	106	9945	141	9465
73	10185	107	9675	142	9767
74	9681	108	10362	143	9597

128 CONCORDANCES DES NUMÉROS ANCIENS ET ACTUELS

NUMÉROS ANCIENS	NUMÉROS ACTUELS	NUMÉROS ANCIENS	NUMÉROS ACTUELS	NUMÉROS ANCIENS	NUMÉROS ACTUELS
144	10313	165^{19}	9347	196	9515
145	9659	165^{20}	10500	197	9632
146	9506	165^{21}	9227	198	10872
147	9590	165^{22}	10878	199	10593
148	11227	165^{23}	9437	200	10920
149	9702	165^{24}	9429	200 bis	11136
150	9535	165^{25}	9432	201^{1}	9423
151	10269	165^{26}	9565	201^{2}	9746
152	10200	165^{27}	9532	201^{3}	9452
153	9754	166	10341	201^{4}	10312
154	9543	166 bis	11381	201^{5}	9410
155	9975	$167^{1\,et\,2}$	9492	201^{6}	9745
156	9591	168	9493	201^{7}	10300
157	9704	169	9494	201^{8}	10330
158	9674	170	9495	201^{9}	9724
159	9731	171	9496	201^{10}	11103
160	10205	172	9497	201^{11}	10770
161	11101	173	9498	201^{12}	11347
162	10517	174	9499	201^{13}	9767
163	10420	175	9500	202	10355
164	10342	176	9501	202 bis	9520
164 bis	10758	177	9502	202 ter	10463
165^{1}	9514	178	9503	203	10815
165^{2}	11335	179	9504	204	11132
165^{3}	10307	180	9507	205	10741
165^{4}	9376	181	10663	205^{2}	9888
165^{5}	10416	182	10523	205^{3}	10340
165^{6}	9941	183	9505	205^{4}	10195
165^{7}	10150	184	9508	206	11083
165^{8}	9787	185	9490	207^{1}	11272
165^{9}	9803	185 bis	10271	207^{2}	10257
165^{10}	9753	186	9726	207^{3}	10609
$165^{10\,bis}$	9542	187	9491	208	10814
165^{11}	9744	188	10184	209	11223
165^{12}	9559	189	9720	210	11092
165^{13}	9716	190	10932	211	11087
165^{14}	10706	191	11352	212	11218
165^{15}	10625	192	10137	212 bis	10311
165^{16}	11108	193	10836	212 ter	10401
165^{17}	10867	194	10262	213	10579
165^{18}	9574	195	Duchesne 97	214	11362

SUPPLÉMENT LATIN

NUMÉROS ANCIENS	NUMÉROS ACTUELS	NUMÉROS ANCIENS	NUMÉROS ACTUELS	NUMÉROS ANCIENS	NUMÉROS ACTUELS
215	10753	242	10333	266,4	11201
216	11029	243,1	10849	267	11202
217	10935	243,2	10847	268	10460
218 A	11195	243,3	9740	269	10506
218 B	11196	244	10844	270	10914
218 C	11197	245	11224	271	10402
218,2	10838	246	10589	272	10748
218,3	11019	247,1	10453	272 bis	11130
218,4	10338	247,2	10974	272,2	10454
218,5	10336	247,3	10939	273	11386
218,6	10617	248	10616	274	11067
218,7	10615	248,2	9566	274 bis	10683
218,8	10853	249	10457	275,1	11430
218,9	9738	250	10835	275,2	11206
219	11117	251	11133	276,1	11377
220,1	10750	252	11240	276,2	10599
220,2	10751	253,1	11106	276,3	10845
220,3	10752	253,2	9889	277	9640
221	11021	254,1	10759	278,1	10445
222	10902	254,2	9561	278,2	11124
223	10612	254,3	11061	279,1	10711
223 bis	10440	255	10832	279,2	10485
224	10839	256	10468	279,3	10478
225	11281	257,1	10747	280	10824
226	10576	257,2	11000	281	Fr. 14163
227	10501	258	11258	282	11204
227 A	9433	259	11354	283	10723
228	10503	260	10869	284,1	10787
229	11262	260 bis	10864	284,2	10788
230	10677	261,1	11235	284,3	10789
231	11294	261,2	11314	284,4	10790
232	10678	262,1	11244	284,5	10791
233	11212	262,2	11346	284,6	10792
234	11363	263	10891	284,7	10793
235	11355	264,1	11345	284,8	10794
236	10921	264,2	10899	284,9	10795
237	9755	265,1	10885	284,10	10796
238	11419	265,2	11122	284,11	10797
239	11349	266,1	11247	284,12	10798
240	11105	266,2	11321	284,13	10799
241	10466	266 3	11374	285	10671

17

130 CONCORDANCES DES NUMÉROS ANCIENS ET ACTUELS

NUMÉROS ANCIENS	NUMÉROS ACTUELS	NUMÉROS ANCIENS	NUMÉROS ACTUELS	NUMÉROS ANCIENS	NUMÉROS ACTUELS
286	10611	306	10540	344	9563
287	10812	307	11186	345	10614
288	10586	308	10619	346	10239
289	10830	309	10704	347	10236
290	11107	310	11234	348	10448
291	11306	311	10629	349	10241
292	11277	312	10724	350	11391
292 bis	11207	313	11399	351	11342
293	11341	314	10739	352	10522
294	11360	315	11232	353,1	11144
294,2	10421	316	10893	353,2	11145
294,3	11313	317	10907	353,3	11146
294,4	11121	318	11250	353,4	11147
294,5	10871	319	Déficit	353,5	11148
294,6	10851	320	10908	354	11339
294,7	11325	321	10903	355	11330
294,8	11098	322	11479	356	10879
294,9	11278	323	11112	357	10785
294,10	11282	324	10680	358	11384
294,11	10521	325	11077	359	10585
294,12	10923	326	10486	360	10743
295,1	11483	327	10530	361	9788
295,2	11484	328	11332	362	9612
295,3	11485	329	10481	363	10061
295,4	11486	330	10477	364	10499
295,5	11487	331	8921	365	10765
295,6	11488	332	8959	366	11237
295,7	11489	333	8824	367	11257
295,8	11490	334	11379	368	11329
295,9	11491	335	10596	369	9801
295,10	11492	335 bis	9521	370	9823
296	11209	336	10922	371	11137
297	11503	337	11318	372	10630
298	10550	337 bis	10769	373	10598
299	10551	338	11099	374	9583
300	11255	339	10633	375	10502
301	10767	340,1	10803	376	10628
302	10588	340,2	10804	377	10309
303	10754	341	10613	378	10994
304	10693	342	10624	379	9689
305	11172	343	10110	380	10926

SUPPLÉMENT LATIN

NUMÉROS ANCIENS	NUMÉROS ACTUELS	NUMÉROS ANCIENS	NUMÉROS ACTUELS	NUMÉROS ANCIENS	NUMÉROS ACTUELS
381	11389	420	11180	457	8918
382	Déficit	421	11183	458	9604
382 bis	10025	422	11184	459	8822
383	9486	423	10778	460	9633
384	9127	424	11300	461	8924
385	10489	424 A	11301	462	10511
386	9701	425	10819	463	10363
387	10898	426,1	10817	464	10326
388	11328	426,2	10818	465	10805
389	11143	427,1	10800	466	8890
390	11189	427,2	10801	467	10054
391	11393	427,3	10802	468	11095
392	9683	428	10821	469	11076
393	9630	429	11299	470	9727
394	9730	430	11303	471	10040
395	10909	431	11181	472	10047
396	10536	432	10820	473	10168
397	Fr.11754	433	10203	474	9553
398	9936	434	10019	475	9439
399	10886	435	10771	476	10504
400	11125	436	10635	477	9603
401	9570	437	10725	478	9733
402	10840	438	10513	479	9085
403	10590	439	11254	480	8956
404	9254	440	9442	481	11230
405	10696	441	19425	482	8895
406	10552	442	10359	483	9201
406 bis	10119	443	10686	484	9902
407	11118	444	10584	485	11065
408	10422	445	9401	486	10111
409	11260	446	10581	487	11072
410	11268	447	10524	488	11064
411	9779	448	10423	489	9972
412	10980	449	10717	490	10109
413	11480	450	10892	491	9339
414	10982	451	10428	492	9487
415	10937	452	10841	493	10842
416	11213	453	8823	494	9736
417	10898	454	9450	495	10043
418	9715	455	9606	496,1	9741
419	11182	456	10296	496,2	9742

CONCORDANCES DES NUMÉROS ANCIENS ET ACTUELS

NUMÉROS ANCIENS	NUMÉROS ACTUELS	NUMÉROS ANCIENS	NUMÉROS ACTUELS	NUMÉROS ANCIENS	NUMÉROS ACTUELS
497	8991	538,1	10293	573	11311
498	10990	538,2	10291	574	11319
499	11324	539	9576	575,1	10494
500	9419	540	9894	575,2	10495
501	9479	541	9562	576	10161
502	9614	542	10972	577	10343
503	10610	543	9580	578	10553
504	10883	544,1	9735	579	10450
505	10701	544,2	10870	580	10419
506	10516	545	9397	581	11288
507	10720	546	9434	582	10344
508	10639	547	10491	583	8885
509	10713	548	9729	584	10728
510	10702	549	10113	585	9939
511	10465	550	10542	586	10740
512	10632	551	9680	587	8909
513	10622	552	10473	588	10429
514	10880	553	8948	589	10242
515	10726	554	10016	590	10543
516	10594	555	10316	591	10339
517	10703	556	9544	592	10310
518	10719	557	8961	593	11249
519	10733	558	10011	594	8907
520	10735	559	10346	595	11390
521	10603	560	10455	596	11228
522	10608	561	9430	597	11392
523	10882	562	9431	598	11138
524	10730	563	9422	599	11295
525	10447	564	10207	600	10434
526	10605	565	9749	601	10474
527	Ita'ien 111	566	10322	602	9392
528	8962	567	8930	603	10430
529	9615	568	11284	604	11274
530	10436	569	9608	605	10510
531	10895	570	8947	606	9522
532	10424	571,1	10281	606 bis	10597
533	11323	571,2	10282	607	9424
534	11119	571,3	10283	608	10487
535	10784	571,4	10284	609	10716
536	11316	571,5	10285	610	10482
537	10541	572	10425	611	10732

SUPPLÉMENT LATIN

NUMÉROS ANCIENS	NUMÉROS ACTUELS	NUMÉROS ANCIENS	NUMÉROS ACTUELS	NUMÉROS ANCIENS	NUMÉROS ACTUELS
612	9457	649	9462	690	9396
613	9582	650	9383	691	9460
614	10714	651	10532	692	10383
615	9685	652	9456	693	9389
616	11208	653	9395	694	8920
617	10905	654	9390	695	10526
618	11310	655	10515	696	10910
619	10623	656	9446	697	10547
620	8945	657	10545	698	10554
621	10233	658	10546	699	10529
622	10114	659	10527	700,1	10483
623	9768	660	10533	700,2	10484
624	9386	661	9545	701	9473
625	10289	662	9388	702	8880
626	9332	663	9455	703	10764
627	8879	664	8849	704	9387
628,1	10773	665	8892	705	10567
628,2	10774	666	9436	706	10568
628,3	10775	667	8851	707	10555
628,4	10776	668	8913-8914	708	10564
628,5	10777	669	11326	709	10874
629	10457	670	9688	709 bis	10852
630	9478	671	9661	710	10570
631	9135	672	9586	711	10569
632		673	10834	712	10592
633	10544	674	11269	713	10439
634	9477	675	11322	714	11080
635	9474	676	9471	715	10565
636	10525	677	10558	716	11270
637	10531	678	9476	717	10556
638	10538	679	10537	718	11052
639	10431	680	10563	719	9631
640	9861	681	10426	720	10627
641	9448	682	10479	721	10675
642	9393	683	9344	722	10855
643	9453	684	10578	722 A	10854
644	9394	685	10318	722 B	10862
645	9428	686	8850	722 C	10866
646	9454	687	9380	723	9721
647	9691	688	9451	724	9627
648	10438	689	9385	725	10299

134 CONCORDANCES DES NUMÉROS ANCIENS ET ACTUELS

NUMÉROS ANCIENS	NUMÉROS ACTUELS	NUMÉROS ANCIENS	NUMÉROS ACTUELS	NUMÉROS ANCIENS	NUMÉROS ACTUELS
726	9610	761	9331	801	10062
727	9006	762	9330	802	10128
728,1	9693	763	9679	803	9756
728,2	9694	764,1	8953	804	8837
729	10670	764,2	8954	805	11414
730	10493	765	8946	806	10393
731	10507	766	9717	807	9031
732	10243	767	10231	808	10519
733,1	9510	768	11279	809	11361
733,2	9511	769	10303	810	10763
734	9713	770	9320	811	11271
735	10731	771	10308	812,1	11356
736	10669	772	11309	812,2	11357
737	10220	773	10136	813,1	10651
738	9607	774	11246	813,2	10652
739,1	9036	775	11388	813,3	10653
739,2	9037	776	9325	814	11353
740	10470	777	9342	815	11153
741	10471	778	10861	816,1	9617
742	10772	779	9652	816,2	9618
743	11175	780	9517	816,3	9619
744	11375	781	9875	816,4	9620
745	10475	782	9876	816,5	9621
746	9405	783	9669	816,6	9622
747	9406	784	11226	816,7	9623
748	9403	785	10012	816,8	9624
749	9402	786	10203	816,9	9625
750	9404	787	11093	817,1	11162
751	9418	788	10763	817,2	11163
752	9531	789	11351	817,3	11164
752 A	9530	790	11336	817,4	11165
753	8908	791	10850	817,5	11166
754	9552	792	10449	818	11162
755	10488	793	10534	819	10986
756	9412	794	9903	820	9648
757	10742	795	11088	821,1	10644
758	8936	796	10480	821,2	10650
759,1	8949	797	9732	821,3	10647
759,2	8950	798	10476	821,4	10649
759,3	8951	799	9441	821,5	10645
760	10206	800	9426	821,6	10648

SUPPLÉMENT LATIN

NUMÉROS ANCIENS	NUMÉROS ACTUELS	NUMÉROS ANCIENS	NUMÉROS ACTUELS	NUMÉROS ANCIENS	NUMÉROS ACTUELS
821,7	10646	854	10492	882	10496
822	11160	855	9466	883	10144
823	9649	856	11079	884	10128
824,1	10212	857	10806	885	10166
824,2	10213	858	11320	886	10142
824,3	10214	859	10929	887	10143
824,4	10215	860	11192	888	10145
824,5	10216	861	10385	889	11253
824,6	10217	862	11304	890	9381
824,7	10218	863	10681	891	9399
824,8	10219	864	9467	892	9400
825	9334	865,1	9769	893	9407
826	10172	865,2	9770	894	9409
827	10120	865,3	9771	895	9577
828	10985	865,4	9772	896	8872
829	9657	865,5	9773	897	8875
830	10174	865,6	9774	898	9413
831	10235	865,7	9775	899	8876
832	11135	865,8	Fr. 12989	900	9415
833	8836	865,9	12990	901	9416
834	10244	866	11239	902	9710
835	9658	867	10548	903,1	8910
836	10746	868	10539	903,2	8911
837	10940	869	9714	904	8934
838	11317	869 bis	8960	905	8941
839	9550	870,1	9554	906	10202
840	9629	870,2	9555	907	11116
841	9711	870,3	9556	908	10226
842	8884	870 A	10394	909	10201
842 bis	8919	871	8834	910	9668
843	11327	872	9092	911	9123
844	9636	873	8830	912	10115
845	9684	874	10435	913	9225
846	10191	875	10358	914	10135
847	10304	876	10708	915	8940
848	9863	877	11013	916	10451
849	11344	878	9782	917	10580
850	10672	879	8842	918	10631
851	11185	880	8843	919	10727
852	11256	881	8840	920	10744
853	10404	881 bis	8841	921	10676

CONCORDANCES DES NUMÉROS ANCIENS ET ACTUELS

NUMÉROS ANCIENS	NUMÉROS ACTUELS	NUMÉROS ANCIENS	NUMÉROS ACTUELS	NUMÉROS ANCIENS	NUMÉROS ACTUELS
922	10158	949	9206	981	10749
923	11315	950	9219	982	10031
924,1	11337	951	10042	983	9616
924,2	11338	952,1	9028	984	9443
925	10783	952,2	9029	985	9338
926	10461	953	11245	986	9942
927	Déficit	954	10379	987	10467
928	Déficit	955	10761	987 A	9527
929	10766	956	11474	987 B	9626
930	11267	957	10674	987 C	10600
931	10786	958	11406	988	10414
932	10685	959	9719	989	10415
933	10843	960	10894	990	10509
934,1	11454	961	9992	991	10382
934,2	11455	962	11210	992	9087
935,1	11456	963	9444	993	9549
935,2	11457	964	9881	994,1	9899
935,3	11458	965	9882	994,2	9900
935,4	11459	966,1	10048	995	10884
935,5	11460	966,2	10049	996	10938
935,6	11461	966,3	10050	997	9757
935,7	11462	966,4	10051	998	11383
935,8	11463	966,5	10052	999	10306
935,9	11464	967	9153	1000	10587
936,1	11466	968	9925	1001	9372
936,2	11467	969	9706	1002	10865
936,3	11468	970	10988	1003	9472
937,1	11469	971	8900	1004	8952
937,2	11470	972	10682	1005	9643
938	10705	973	10223	1006	9644
939	11465	974	10643	1007	10757
940	10679	975	10577	1008	11248
941	9459	976,1	10857	1009	10277
942	9458	976,2	10858	1010	10691
943	8891	976,3	10859	1011	11308
944	8893	976,4	10860	1012	10848
945	8894	977,1	9398	1013	10846
946,1	9463	977,2	10444	1014	10912
946,2	9464	978	9205	1015	11331
947	8938	979	10983	1016	11034
948	9038	980	10900	1017	10508

SUPPLÉMENT LATIN 137

NUMÉROS ANCIENS	NUMÉROS ACTUELS	NUMÉROS ANCIENS	NUMÉROS ACTUELS	NUMÉROS ANCIENS	NUMÉROS ACTUELS
1018	10520	1052,2	8905	1091	9836
1019	8845	1052,3	8906	1092	9837
1020	11149	1053	9800	1093	9819
1021	10427	1053 A	9035	1094	9820
1022	10297	1054	11403	1095	9823
1023	8883	1055	9370	1096	9829
1024	10877	1056	10811	1097	9817
1025	10876	1057	11014	1098	9828
1026	9564	1058	10246	1099	9824
1027	10357	1059	8996	1100	9831
1028	10324	1060	10194	1101	9838
1029	10325	1061	9519	1102	9825
1030	10146	1062	10131	1103	9822
1031	9088	1063	9678	1104	9821
1032	9850	1064	10193	1105	9830
1033	9790	1065	9676	1106	9827
1034	9540	1066	11307	1107	9826
1035,1	10319	1067	11290	1108	9044
1035,2	10320	1068	11289	1109	9656
1036,1	9858	1069	11084	1110	9739
1036,2	9859	1070	10192	1111	10165
1036,3	9860	1071	9690	1112	9483
1037	9070	1072	11305	1113,1	10347
1038	10017	1073	10813	1113,2	10348
1039	9548	1074	9662	1113,3	10349
1040	10887	1075	8878	1114	9665
1040 A	10888	1076	10092	1115	9747
1040 B	10889	1077	10036	1116	9655
1040 C	10890	1078	10856	1117	11090
1041	9584	1079	10015	1118	10514
1042	9673	1080	8898	1119	11078
1043	9938	1081	8937	1120	10756
1044	9647	1082	8939	1121	10925
1045	9117	1083	11291	1122	9509
1046	10755	1084	9818	1123	10037
1047	9447	1085	9815	1124	9634
1048	11035	1086	9816	1125	8931
1049	11089	1087	9832	1126	8932
1050	9728	1088	9835	1127	10690
1051	10356	1089	9833	1128	11385
1052,1	8904	1090	9834	1129	10240

138 CONCORDANCES DES NUMÉROS ANCIENS ET ACTUELS

NUMÉROS ANCIENS	NUMÉROS ACTUELS	NUMÉROS ANCIENS	NUMÉROS ACTUELS	NUMÉROS ANCIENS	NUMÉROS ACTUELS
1130	9970	1169	10561	1201,1	11221
1131	9910	1170	11297	1201,2	11222
1132	9862	1171	11115	1202	10276
1133	10975	1172	10979	1203	9469
1134	11111	1173,1	11156	1204	10188
1135	10913	1173,2	11157	1205	9743
1136	11266	1173,3	11158	1206	10056
1137	10211	1174,1	9480	1207	10301
1138	10695	1174,2	9481	1208	10446
1139	10738	1174,3	9482	1209,1	11167
1140	10734	1175	9595	1209,2	11168
1141	10781	1176	9589	1210	10441
1142	11298	1177	9598	1211	10583
1143	11348	1178	10376	1212	10386
1144	9599	1179	9718	1213	10413
1145	9918	1180,1	10828	1214	10591
1146	11131	1180,2	10829	1215	10221
1147	11482	1181	11170	1216,1	11432
1148	11481	1182	11293	1216,2	11433
1149	10490	1183	10687	1217	10906
1150	11120	1184	10688	1218	10722
1151	10208	1185	11292	1219	11412
1152,1	11475	1186,1	11150	1220	10607
1152,2	11476	1186,2	11151	1221	11287
1153	10298	1186,3	11152	1222	10528
1154	9596	1187	11154	1223	9635
1155	8835	1188	10822	1224	10410
1156	10004	1189	10595	1225	11378
1157	10779	1190	9594	1226	10409
1157 bis	10780	1191	11339	1227	8827
1158	10294	1192	9461	1228	8829
1159	11030	1193	10405	1229	10709
1160	10549	1194	8846	1230	10707
1161	10559	1195	10411	1231	10505
1162	10560	1196	9605	1232	11159
1163	9475	1197	11394	1233	10712
1164	11380	1198,1	11371	1234	10626
1165	9677	1198,2	11372	1235,1	10497
1166	10232	1199,1	11178	1235,2	10498
1167	9672	1199,2	11179	1236	10660
1168	9032	1200	11190	1237	10432

SUPPLÉMENT LATIN

NUMÉROS ANCIENS	NUMÉROS ACTUELS	NUMÉROS ANCIENS	NUMÉROS ACTUELS	NUMÉROS ANCIENS	NUMÉROS ACTUELS
1238	10288	1278	10721	1317	11193
1239	10518	1279	9350	1318	9190
1240	10512	1280	10334	1319	11219
1241	11096	1281	10173	1320	11358
1242	10831	1282	9959	1321	10664
1243	10745	1283	10418	1322,1	10654
1244	10673	1284	9646	1322,2	10655
1245	10641	1285	9557	1322,3	10656
1246	10668	1285 A	9558	1322,4	10657
1247	10873	1286	10604	1322,5	10658
1248	10464	1287	11142	1322,6	10659
1249	10606	1288	10160	1323	10762
1250	10718	1289	9931	1324	9712
1251	10684	1290	11033	1325	10164
1252	10716	1291	10175	1326	10147
1253	11373	1292	9752	1327	10280
1254	11296	1293	10737	1328	10456
1255	10562	1294	11251	1329	10904
1256	10462	1295	10133	1330	10816
1257	10287	1296	10345	1331	10275
1258	11365	1297	10327	1331 A	11127
1259	9847	1298	9276	1331 B	11242
1260	10459	1299	10924	1331 C	11128
1261	10666	1300	9435	1331 D	11129
1262	11169	1301	10976	1332	10155
1263	10665	1302	10642	1333	10156
1264,1	11139	1303	10621	1334	9949
1264,2	11140	1304	9857	1335	10210
1265	10661	1305	9588	1336	10987
1266	11188	1306	9725	1337	10692
1267	11194	1307	8881	1338	9951
1268	10662	1308	10412	1339	9952
1269	9513	1309	11134	1340	9953
1270	9687	1310	10602	1341	9954
1271	11350	1311	11200	1342	9955
1272	11261	1312	11333	1343	9956
1273	10003	1312 A	11334	1344	9957
1274	9628	1313	10305	1345	9958
1275	9916	1314	9438	1346	9154
1276	10636	1315	10196	1347	9155
1277	9601	1316	11171	1348	9156

140 CONCORDANCES DES NUMÉROS ANCIENS ET ACTUELS

NUMÉROS ANCIENS	NUMÉROS ACTUELS	NUMÉROS ANCIENS	NUMÉROS ACTUELS	NUMÉROS ANCIENS	NUMÉROS ACTUELS
1349	9157	1381	8831	1421	11478
1350	9158	1382	8828	1422	9421
1350 bis	9159	1383	8838	1423	9382
1351	9160	1384	9021	1424	8847
1352	9161	1385	9022	1425	10442
1352 A	9151	1386	9023	1426	10535
1352 B	9152	1387	9024	1427	9008
1353	9569	1388	9025-9026	1428	10388
1353 A	9571	1389	Fr.12014	1429	10928
1353 B	9525	1390	Allem. 55	1430	9188
1354	9799	1391	Fr.11970	1431	9163
1355	11415	1392	9045	1432	8902
1356	9660	1393	9046	1433	9164
1357	9793	1394	9047	1434	9191
1358	9802	1395	9048	1435	9034
1359,1	11395	1396	9049	1436	9017
1359,2	11396	1397	9050	1437	9017
1359,3	11397	1398	9051	1438	9204
1360	10204	1399	9052	1439	9210
1361	9581	1400	9053	1440	11216
1362	9007	1401	9054	1441	10238
1363	10332	1402	9055	1442	10009
1364	8867	1403	9056	1443,1	10227
1365	9275	1404	9057	1443,2	10228
1366	9468	1405	9058	1444	9427
1367	10162	1406	9059	1445	10863
1368	9579	1407	9060	1446	10640
1369	9638	1408	9063	1447	10698
1370	9485	1409	9064	1448	10700
1371	9484	1410	9065	1449	11366
1372	10667	1411	9066	1450	11264
1373	10782	1412	9067	1451	11233
1374	10941	1413	9068	1452	11238
1375	9933	1413 A	9069	1453	9703
1376	10833	1414	Fr. 7708	1454	11359
1377,1	11198	1415	8994	1455	10995
1377,2	11199	1416	9695	1456	9246
1378	11118	1417	9696	1457	9247
1379	10930	1418	10807	1458	9248
1380,1	8825	1419	10808	1459	9249
1380,2	8826	1420	10809	1460	9250

SUPPLÉMENT LATIN 141

NUMÉROS ANCIENS	NUMÉROS ACTUELS	NUMÉROS ANCIENS	NUMÉROS ACTUELS	NUMÉROS ANCIENS	NUMÉROS ACTUELS
1461	9251	1500 A	11205	1541	11409
1462	9252	1501	11263	1542	9345
1463	9253	1502	11259	1543	10768
1464	10469	1503	10252	1544	10618
1465	11407	1504	11141	1545	11123
1466	10810	1505	10697	1546	9528
1467	10395	1506	11434	1547	9541
1468	9697	1507	11435	1548	9368
1469	11280	1508	11436	1549	9529
1470	9329	1509	11437	1550	10557
1471	10694	1510	11438	1551	1163
1472	11382	1511	11440	1552	1164
1473	10689	1512	11441	1553	1165
1474	10335	1513	11442	1554	1166
1475	9600	1514	11443	1555	1168
1476,1	9361	1515	11446	1556	1167
1476,2	9362	1516	11447	1557	1169
1477	9997	1517	10472	1558	1170
1478	9018	1518	9637	1559	1171
1479		1519	11413	1560	1172
1480	9016	1520	11439	1561	1173
1481	9019	1521	11444	1562	1174
1482	11276	1522	11449	1563	1175
1483	9363	1523	11450	1564	1176
1484	9364	1524	11445	1565	1177
1485	9365	1525	11448	1566	1178
1486	9366	1526	10302	1567	1179
1487	10710	1527	9691	1568	1180
1488	10237	1528	9692	1569	1181
1489	8944	1529	11451	1570	1182
1490	9913	1530	11452	1571	1183
1491	9411	1531	11453	1572	1184
1492	9751	1532	11404	1573	1185
1493	9005	1533	10375	1574	1186
1494	9216	1534	9346	1575	1187
1495	10088	1535	10315	1576	1188
1496	11243	1536	9534	1577	1189
1497	10255	1537	11241	1578	1190
1498	10256	1538	9765	1579	1191
1499	11191	1539	9560	1580	1192
1500	10225	1540	10229	1581	1193

(1565–1581 : MORBAU)

142 CONCORDANCES DES NUMÉROS ANCIENS ET ACTUELS

NUMÉROS ANCIENS	NUMÉROS ACTUELS	NUMÉROS ANCIENS	NUMÉROS ACTUELS	NUMÉROS ANCIENS	NUMÉROS ACTUELS
1582	1194	1623	1235	1663	1276
1583	1195	1624	1236	1664	1277
1584	1196	1624 A	1237	1665	1278 (MOREAU)
1585	1197	1625	1238	1666	1279
1586	1198	1626	1239	1667	1280
1587	1199	1627	1240	1668	1281
1588	1200	1628	1241	1669	8922
1589	1201	1629	1242	1670	10317
1590	1202	1630	1243	1671	10314
1591	1203	1631	1244	1672	10290
1592	1204	1632	1245	1673	11273
1593	1205	1633	1246	1674	8737
1594	1206	1634	1247	1675	8917
1595	1207	1635	1248	1676	9568
1596	1208	1636	1249	1677	11113
1597	1209	1637	1250	1678	9609
1598	1210	1638	1251	1679	9287
1599	1211	1639	1252	1680	10837
1600	1212	1640	1253	1681	11431
1601	1213	1641	1254	1682	9796
1602	1214 (MOREAU)	1642	1255 (MOREAU)	1683	9348
1603	1215	1643	1256	1684	10186
1604	1216	1644	1257	1685	9797
1605	1217	1645	1258	1686	10038
1606	1218	1646	1259	1687	11104
1607	1219	1647	1260	1688	9523
1608	1220	1648	1261	1688 A	9524
1609	1221	1649	1262	1689	10199
1610	1222	1650	1263	1690	10222
1611	1223	1651	1264	1691	10825
1612	1224	1652	1265	1692	10826
1613	1225	1653	1266	1693	10827
1614	1226	1654	1267	1694	9929
1615	1227	1655	1268	1695	10260
1616	1228	1656	1269	1696	9700
1617	1229	1657	1270	1697	10279
1618	1230	1658	1271	1698	8915
1619	1231	1659	1272	1699	8912
1620	1232	1660	1273	1700	9536
1621	1233	1661	1274	1701	10566
1622	1234	1662	1275	1702	10572

SUPPLÉMENT LATIN

NUMÉROS ANCIENS	NUMÉROS ACTUELS	NUMÉROS ANCIENS	NUMÉROS ACTUELS	NUMÉROS ANCIENS	NUMÉROS ACTUELS
1703	10573	1744	11387	1782	9317
1704	9449	1745	11023	1783	9284
1705	10458	1746	9291	1784	9084
1706	8963	1747	10369	1785	9093
1707	8964	1748	10396	1786	9094
1708	8965	1749	11418	1787	9220
1709	8966	1750	10823	1788	9217
1710	8967	1751	10875	1789	9262
1711	8968	1752	11236	1790	9148
1712	8969	1753	9115	1791	9149
1713	8970	1754	10881	1792	10140
1714	8971	1755	10887	1793	9645
1715	8972	1756	10433	1794	10132
1716	8973	1757	11225	1795	10139
1717	8974	1758	11081	1796	10141
1718	8975	1759	Fr.12053	1797	10729
1719	8976	1760	9242	1798	10699
1720	8977	1761	9243	1799	9440
1721	8978	1762	9244	1800	9270-274
1722	8979	1762 A	9239	1801	9278
1723	8980	1762 B	9240	1802	9279
1724	8981	1762 C	9241	1803	9280
1725	8982	1763	11477	1804	9281
1726	8983	1764	9228	1805	9282
1727	8984	1765	10634	1806	9283
1728	8985	1766	9020	1807	9285
1729	8986	1767	11214	1808	9286
1730	8987	1768	11220	1809	9288
1731	10571	1769	11217	1810	9298
1732	9967	1770	11215	1811	9300
1733	9893	1771	8853	1812	9299
1734	11173	1772	8854	1813	9306
1735	11174	1773	8855	1814	9315
1736	11175	1774	8856	1815	9316
1737	11176	1775	8857	1816	9318
1738	11177	1776	8858	1817	9704
1739	9537	1777	8873	1818	9129
1740	8896	1778	8992	1819	9130
1741	8897	1779	8993	1820	9131
1742	9470	1780	9230	1821	9132
1743	11312	1781	9277	1822	9133

144 CONCORDANCES DES NUMÉROS ANCIENS ET ACTUELS

NUMÉROS ANCIENS	NUMÉROS ACTUELS	NUMÉROS ANCIENS	NUMÉROS ACTUELS	NUMÉROS ANCIENS	NUMÉROS ACTUELS
1823	9231	1848 A	9269	1875	8852
1824	9232	1849	9292	1876	9147
1825	9233	1850	9293	1877	9378
1826	9234	1851	9294	1878	9073
1827	9236	1852	9295	1879	9911
1828	9075	1853	9296	1880	10391
1829	9076	1854	9297	1881	10392
1830	9077	1855	9261	1882	10351
1831	9078	1856	9255	1883	9766
1832	9079	1857	8901	1884	9852
1833	9080	1858	9575	1885	10167
1834	9081	1859	9089	1886	9015
1835	9082	1860	9420	1887	11283
1836	9003	1861	10234	1888	10620
1837	9004	1862	10272	1889	9200
1838	8998	1863	11231	1890	10181
1839	8999	1864	11343	1891	10397
1840	9000	1865	9613	1892	10408
1841	9301	1866	10154	1893	9488
1842	9302	1867	9083	1894	10399
1843	9303	1868	8839	1895	10400
1843 A	9304	1869	10403	1896	9843
1844	9264	1870	9377	1897	9319
1845	9265	1871	8832	1898	9373
1846	9266	1872	8833	1899	11416
1847	9267	1873	9289	1900	11417
1848	9268	1874	10105	1901	11411

DE TARGNY

1	5141	34	3091	48	2188
18	5209	36	738	49	3858
22	3848 A	38	7950	50	1649
24	3135	40	5495	52	2344
25	4266	41	3131	54	106
26	3381 B	43	7718	57	1787
27	4221 A[3]	44	7704	58	3807
28	8019	45	3994 A	61	3386
29	8166	46	3242	65	5583
32	3240	47	8129	66	7995

NUMÉROS ANCIENS	NUMÉROS ACTUELS	NUMÉROS ANCIENS	NUMÉROS ACTUELS	NUMÉROS ANCIENS	NUMÉROS ACTUELS
67	4908 A	95	3450	110	6644
69	7858	97	3439	113	1335
70	1004 A	98	6244 A	117	1381
74	339	99	5028	118	6768
75	8419	100	2849 A	120	3685
77	8219	102	170	121	1420
86	4300	103	4346	122	5658 B
88	542	105	3626	123	3701
90	3586	106	1598	128	1379
91	2845	107	6783	129	4397
92	3601	108	8441	130	5493
94	3440	109	8508		

DERNIÈRES ACQUISITIONS DU XVIII° SIÈCLE

Nos actuels	Nos actuels	Nos actuels	Nos actuels	Nos actuels	Nos actuels
202	1148	1500	1637	2753	3295
233 A	1339	1504	1802 A	2754	3421
246	1439	1505	1809	2755	3421,2
423 A	1441	1508	1878	2756	3421,3
534	1441,2	1510	1894	2757	3421,4
570	1442	1513	1964	2757,2	3422
674 A	1445	1516	2028 A	2758	3451
697	1446	1517	2108	2759	3452 A
709	1447	1518	2598	2759,2	3452 B
712 A	1448	1519	2620 A	2760	3456
760 A	1494	1520	2656 A	2761	3460 A
760 A²	1494,2	1521	2697	2762	3512 A
760 A³	1494,3	1524	2745	2763	3530
828 A	1494,4	1551	2746	2764	3591
864	1494,5	1583	2747	2765	3641
864,2	1494,6	1584	2747,2	2766	3646 A
918	1494,7	1585	2747,3	2767	3647
967	1494,8	1586	2748	2774,A	3648
996	1494,9	1595	2749	2943	3669
1001 A	1494,10	1596 A	2750	2943,2	3696 C
1029 A	1494,11	1604	2750,2	3168 A	3729
1066	1494,12	1605	2751	3170 A	3751 A
1111	1494,13	1606	2751,2	3180 A	3758
1116 A	1498	1607	2752	3220	3775 B

NUMÉROS ACTUELS

NUMÉROS ACTUELS	NUMÉROS ACTUELS	NUMÉROS ACTUELS	NUMÉROS ACTUELS	NUMÉROS ACTUELS	NUMÉROS ACTUELS
3920 A	5456 A	5688	6244	6928	8094
4277 C	5460 A	5825 N	6340 A	6937	8211
4318	5488	5825 N^2	6373	7167 A	8230
4364 A	5494	5825 N^3	6491	7178 A	8246 A
4368	5494 A	5285 N^4	6573	7222 A	8279
4506	5496	5919 C	6574	7226	8283
4506,2	5506 A	5932 A	6595	7226 B	8294
4552 A	5524	5988	6600	7264	8300
4628 A	5525	5988 A	6605	7347	8347
4682	5531	6055	6682	7412	8402
4682,2	5533	6058	6686	7445	8409 A
4746 A	5542	6079	6776	7486 A	8429 B
4774	5550	6130	6887	7575	8455
4778	5657 A	6178 A	6890	7606	8516
4779	5657 B	6215	6907 A	7687	8531
4836	5657 C	6216 A	6914	7848	8590
4976 A	5685	6226 A	6914,2	7934	8784
5008	5686	6242	6926	7999	8797 A
5139	5687	6243	6927	8009	8799
5434					

ANCIENS CATALOGUES

PREMIER CATALOGUE DE 1645

CATALOGUE DE 1645	CATALOGUE DE 1682	CATALOGUE DE 1645	CATALOGUE DE 1682	CATALOGUE DE 1645	CATALOGUE DE 1682
1	2277	32	4940	63	2666
2	2513	33	1930	64	5031
3	2607	34	1847	65	2701
4	2621	35	2141	66	1971
5	2523	36	2711	67	4754
6	2619	37	7055	68	3762
7	18²	38	2560	69	3616
8	2727	39	3726	70	3713
9	2644	40	10105	71	Inv.Rés.J.461
10	4032	41	2049	72	4765
11	2807	42	2058	73	2081
12	2787	43	2154	74	4759
13	2768	44	4978	75	3617
14	2349	45	4786	76	5045
15	14	46	5059	77	3583
16	2571	47	4933	78	112
17	15	48	1915	79	4903
18	2645	49	2767	80	1996
19	2105	50	4975	81	5216
20	3622	51	5072	82	5085
21	4977	52	9984	83	5066
22	3773	53	2642	84	2182
23	5076	54	2280	85	2181
24	3738	55	3621	86	4258
25	4756	56	1897	87	9387
26	5041	57	4760	88	4792
27	3636	58	4943	89	5035
28	5219	59	2055	90	3725
29	3627	60	5354	91	2587
30	3800	61	5028	92	7066
31	3751	62	5027	93	8312

CONCORDANCES DES NUMÉROS DE 1645 ET DE 1682

CATALOGUE DE 1645	CATALOGUE DE 1682	CATALOGUE DE 1645	CATALOGUE DE 1682	CATALOGUE DE 1645	CATALOGUE DE 1682
94	2087	135	1816	176	3566
95	1972	136	3619	177	1
96	1955	137	1842	178	2
97	2326	138	3561	179	3
98	2805	139	1978	180	3631
99	4766	140	1857	181	3591
100	1905	141	4738	182	3634^2
101	2125	142	1835	183	3576
102	2164	143	1828	184	3637
103	2023	144	4906	185	3623
104	1846	145	1843	186	3628
105	2010	146	2209	187	6817
106	2009	147	4784	188	4677
107	2019	148	1894	189	1844
108	2152	149	5082	190	1845
109	1840	150	2185	191	4686
110	2132	151	3608	192	3642
111	1970	152	3759	193	5038
112	1927	153	3743	194	4942
113	2158	154	3888	195	1826
114	2160	155	1809	196	4930
115	2153	156	3579	197	479^3
116	2195	157	3587	198	5067
117	2110	158	3644	199	3582
118	8	159	1887	200	1904
119	2163	160	9663	201	1808
120	2150	161	4757	202	2088
121	2114	162	4763	203	1924
122	2111	163	4702	204	1938
123	2121	164	5074	205	1820
124	2106	165	5075	206	2041
125	2187	166	3838	207	3575
126	1855	167	4730	208	12
127	1856	168	4790	209	1876
128	4771	169	5024	210	2092
129	1852	170	4740	211	1878
130	1803	171	4789	212	2091
131	1851	172	5055	213	43
132	2159	173	3629	214	44
133	1906	174	4945	215	1819
134	1989	175	3565	216	4775

PREMIER CATALOGUE DE 1645

CATALOGUE DE 1645	CATALOGUE DE 1682	CATALOGUE DE 1645	CATALOGUE DE 1682	CATALOGUE DE 1645	CATALOGUE DE 1682
217	1841	258	4047	299	2687
218	2178	259	3760	300	3127
219	1825	260	126	301	2785
220	2175	261	127	302	2748
221	2120	262	2730	303	2640
222	3562	263	2634	304	5337
223	Te^{138}27	264	2291	305	4787
224	4762	265	2261	306	2317
225	3663	266	2681	307	4788
226	3752	267	2345	308	2689
227	4917	268	4169	309	2569
228	1807	269	5547	310	2583
229	1892	270	3802	311	2709
230	3757	271	2442	312	2678
231	4671	272	5653	313	3790
232	1879^	273	2029	314	5470
233	3650	274	2447	315	2729
234	7057	275	1959	316	2646
235	5056	276	1829	317	2281
236	4751	277	2038	318	1920
237	5060	278	2435	319	4976
238	4973	279	2146	320	2060
239	3824	280	4925	321	10112
240	5064	281	2000	322	3820
241	6745	282	4985	323	2201
242	4797	283	2122	324	1980
243	3578	284	2109	325	2061
244	9634	285	4796	326	1977
245	2177	286	2145	327	2069
246	3819	287	2794	328	2161
247	2441	288	3359	329	9633
248	3811	289	554	330	2186
249	2670	290	5572	331	1981
250	2414	291	2335	332	2197
251	2085	292	2533	333	7455
252	2084	293	4795	334	4996
253	5156	294	5312	335	4935
254	2652	295	2211	336	3791
255	1944	296	2076	337	4926
256	1937	297	2077	338	5084
257	3723	298	2721	339	1912

CONCORDANCES DES NUMÉROS DE 1645 ET DE 1682

CATALOGUE DE 1645	CATALOGUE DE 1682	CATALOGUE DE 1645	CATALOGUE DE 1682	CATALOGUE DE 1645	CATALOGUE DE 1682
340	4203	381	2168	422	2353
341	3635	382	1969	423	1886
342	3826	383	5170	424	4931
343	4703	384	2139	425	4981
344	5004	385	5029	426	4900
345	5016	386	2135	427	4905
346	8353	387	2342	428	5013
347	3667	388	2691	429	1919
348	8356	389	2014	430	5517
349	3620	390	2601	431	1933
350	3720	391	2136	432	4112
351	4990	392	2322	433	5032
352	4750	393	2555	434	2359
353	5454	394	2510	435	2557
354	3883	395	2205	436	1871
355	5017	396	2520	437	1880
356	3906	397	1881	438	5183
357	4764	398	2191	439	4886
358	3962	399	2573	440	2128
359	4130	400	2064	441	5051
360	3652	401	2067	442	5058
361	4033	402	2068	443	2771
362	9974	403	2094	444	5489
363	4960	404	2149	445	8351
364	9857	405	2206	446	2167
365	3733	406	2070	447	2776
366	9799	407	2174	448	3932
367	9866	408	2056	449	2071
368	3901	409	1877	450	4780
369	4099	410	2193	451	3855
370	3719	411	1916	452	1925
371	5785	412	2115	453	2184
372	5560	413	1873	454	4778
373	2151	414	1965	455	1990
374	2424	415	1926	456	5061
375	1957	416	1968	457	4937
376	4288	417	1934	458	111
377	2595	418	1935	459	3648
378	2426	419	1817	460	3765
379	2606	420	1946	461	2179
380	2188	421	1947	462	2083

PREMIER CATALOGUE DE 1645

CATALOGUE DE 1645	CATALOGUE DE 1682	CATALOGUE DE 1645	CATALOGUE DE 1682	CATALOGUE DE 1645	CATALOGUE DE 1682
463	2210	504	Double du n° 404	545	2726
464	3788	505	2246	546	5187
465	4939	506	2526	547	2612
466	1985	507	2502	548	2346
467	1872	508	1999	549	2519
468	2165	509	2040	550	2062
469	5034	510	4887	551	10026
470	8317	511	2144	552	2623
471	8395	512	2166	553	25
472	8405	513	3793	554	5010
473	2148	514	3817	555	5080
474	9475	515	1964	556	3970
475	4915	516	2314	557	2558
476	4752	517	2319	558	2522
477	9677	518	2344	559	2732
478	4724	519	2397	560	2372
479	4907	520	2679	561	2590
480	2278	521	2715	562	4889
481	1901	522	2716	563	2536
482	2318	523	1848	564	2449
483	1948	524	2512	565	5159
484	2117	525	1810	566	2039
485	2134	526	2625	567	1900
486	2104	527	2156	568	2341
487	2090	528	8326	569	2327
488	2131	529	8327	570	2018
489	554	530	8328	571	1929
490	2130	531	8329	572	1991
491	2123	532	4932	573	2757
492	5022	533	3887	574	2255
493	2003	534	2722	575	4890
494	1958	535	2100	576	9823
495	1890	536	2127	577	9824
496	2065	537	1879 B	578	9742
497	2407	538	1911	579	10000
498	2366	539	2066	580	5240
499	123	540	2096	581	9684
500	2671	541	1884	582	9672
501	1967	542	4184	583	5457
502	2358	543	5195	584	9940
503	108	544	4344	585	225

CONCORDANCES DES NUMÉROS DE 1645 ET DE 1682

CATALOGUE DE 1645	CATALOGUE DE 1682	CATALOGUE DE 1645	CATALOGUE DE 1682	CATALOGUE DE 1645	CATALOGUE DE 1682
586	249	627	4173	668	3730
587	259	628	3939	669	7058
588	242	629	5436	670	3821
589	204	630	2550	671	4134
590	201	631	2859	672	10025
591	269	632	3288	673	3867
592	5984	633	3365	674	2162
593	3336	634	5178	675	2301
594	3250	635	10212	676	2528
595	3265	636	5180	677	2173
596	5997	637	5999	678	2574
597	4365	638	7769	679	2380
598	3319	639	9709	680	2780
599	6094	640	9667	681	2538
600	5342	641	9830	682	2793
601	3308	642	2180	683	2647
602	7276	643	2196	684	2769
603	2934	644	2198	685	2575
604	3327	645	2202	686	2695
605	3058	646	9854	687	2535
606	3305	647	2567	688	2760
607	2869	648	5044	689	2157
608	3073	649	2547	690	2761
609	3041	650	3794	691	5062
610	4349	651	3898	692	2410
611	2891	652	2739	693	2674
612	2927	653	5078	694	2717
613	5395	654	2792	695	2594
614	3080	655	3798	696	2428
615	2992	656	4952	697	2613
616	5193	657	2786	698	2559
617	5637	658	4927	699	2514
618	3178	659	4951	700	2367
619	5357	660	5057	701	2299
620	5179	661	5083	702	2665
621	6140	662	5447	703	2107
622	5498	663	2203	704	2199
623	2978	664	2073	705	1885
624	4077	665	7098	706	2192
625	5542	666	9803	707	2012
626	2704	667	5006	708	2422

PREMIER CATALOGUE DE 1645

CATALOGUE DE 1645	CATALOGUE DE 1682	CATALOGUE DE 1645	CATALOGUE DE 1682	CATALOGUE DE 1645	CATALOGUE DE 1682
709	1987	750	1882	791	2415
710	2806	751	2260	792	3704
711	2518	752	2204	793	1960
712	2050	753	2433	794	2354
713	2217	754	16	795	2015
714	2388	755	5449	796	2101
715	2641	756	5362	797	1903
716	2604	757	5363	798	1811
717	2525	758	5014	799	2143
718	5	759	5581	800	1997
719	2112	760	2750	801	1998
720	1874	761	2057	802	1982
721	1875	762	5501	803	1979
722	2004	763	5412	804	2028
723	1849	764	2741	805	2126
724	1954	765	7056	806	2053
725	1898	766	3666	807	2086
726	2133	767	6859	808	1827
727	2483	768	2627	809	2017
728	2113	769	3981	810	1889
729	2093	770	4018	811	3805
730	5475	771	2072	812	2102
731	5086	772	2282	813	2097
732	2075	773	2194	814	2155
733	3900	774	5069	815	2098
734	2242	775	1922	816	2052
735	5353	776	1854	817	2103
736	3933	777	3934	818	1936
737	5507	778	2697	819	1914
738	2456	779	5459	820	4941
739	452	780	1983	821	3763
740	2051	781	2378	822	2118
741	2256	782	1913	823	2099
742	1917	783	2685	824	1928
743	2074	784	2772	825	2095
744	2529	785	2622	826	1923
745	2630	786	2343	827	2207
746	7001	787	5023	828	5020
747	4983	788	1961	829	1899
748	9864	789	4918	830	4938
749	1918	790	1895	831	9983

154 CONCORDANCES DES NUMÉROS DE 1645 ET DE 1682

CATALOGUE DE 1645	CATALOGUE DE 1682	CATALOGUE DE 1645	CATALOGUE DE 1682	CATALOGUE DE 1645	CATALOGUE DE 1682
832	5532	873	2672	914	2387
833	3625	874	5512	915	2744
834	4958	875	5471	916	2894
835	7202	876	2591	917	3128
836	3700	877	2863	918	2901
837	8331	878	2800	919	3211
838	5009	879	2592	920	3081
839	4747	880	4325	921	9683
840	9973	881	2699	922	10111
841	3647	882	3088	923	5388
842	3638	883	3306	924	2875
843	5286	884	10395	925	3245
844	2089	885	5931	926	9661
845	4739	886	10262	927	4363
846	2119	887	3048	928	2853
847	1984	888	3166	929	2902
848	2138	889	2959	930	3183
849	2140	890	3238	931	2572
850	1896	891	3205	932	2987
851	1966	892	3097	933	3297
852	3737	893	5642	934	4346
853	3634	894	3252	935	5308
854	4929	895	4016	936	5623
855	5603	896	2885	937	2942
856	2302	897	3033	938	2915
857	5081	898	6313	939	2918
858	2775	899	9855	940	3028
859	2170	900	10310	941	7342
860	4928	901	2960	942	2866
861	5026	902	2566	943	2924
862	3710	903	3031	944	2969
863	4150	904	5641	945	3177
864	4111	905	4401	946	264
865	2933	906	3243	947	9674
866	3000	907	3161	948	10321
867	4084	908	6077	949	3208
868	5177	909	[Aristæas, lat.]	950	3123
869	5995	910	10421	951	3145
870	4054	911	2419	952	2876
871	3231	912	3026	953	4384
872	2734	913	2251	954	5962

PREMIER CATALOGUE DE 1645

CATALOGUE DE 1645	CATALOGUE DE 1682	CATALOGUE DE 1645	CATALOGUE DE 1682	CATALOGUE DE 1645	CATALOGUE DE 1682
955	5324	996	9868	1037	2712
956	3248	997	9655	1038	2381
957	3497	998	10027	1039	3200
958	3146	999	3943	1040	2936
959	3207	1000	7343	1041	3014
960	4153	1001	3274	1042	2858
961	4119	1002	3264	1043	2738
962	3086	1003	2249	1044	2588
963	3119	1004	2976	1045	2429
964	3040	1005	5504	1046	2462
965	9632	1006	2766	1047	2710
966	3099	1007	2860	1048	2330
967	3036	1008	3131	1049	2668
968	2659	1009	2610	1050	2675
969	2298	1010	2899	1051	2253
970	5562	1011	2275	1052	2916
971	6070	1012	3958	1053	2313
972	3115	1013	5481	1054	2664
973	6104	1014	3130	1055	2539
974	3347	1015	3209	1056	2781
975	5450	1016	2938	1057	2362
976	5319	1017	3334	1058	2283
977	3237	1018	3133	1059	2659
978	4420	1019	3168	1060	2383
979	5575	1020	3143	1061	2334
980	5577	1021	2731	1062	2599
981	3944	1022	2920	1063	2617
982	3046	1023	2413	1064	2420
983	3141	1024	2724	1065	2494
984	2928	1025	2406	1066	5633
985	2764	1026	2951	1067	2431
986	3230	1027	2570	1068	2542
987	3227	1028	2532	1069	10149
988	5251	1029	2893	1070	4011
989	3266	1030	2300	1071	3106
990	5209	1031	2412	1072	5596
991	2907	1032	2352	1073	4002
992	5598	1033	2262	1074	5548
993	2626	1034	3340	1075	2777
994	2888	1035	2598	1076	2799
995	3247	1036	3345	1077	5595

CONCORDANCES DES NUMÉROS DE 1645 ET DE 1682

CATALOGUE DE 1645	CATALOGUE DE 1682	CATALOGUE DE 1645	CATALOGUE DE 1682	CATALOGUE DE 1645	CATALOGUE DE 1682
1078	6114	1119	2980	1160	2698
1079	453	1120	6076	1161	2700
1080	9867	1121	5189	1162	3987
1081	10126	1122	5191	1163	2266
1082	5200	1123	5538	1164	3714
1083	10378	1124	5338	1165	5182
1084	5287	1125	5993	1166	2290
1085	2773	1126	2259	1167	2677
1086	4009	1127	3256	1168	2258
1087	5609	1128	2892	1169	2271
1088	2784	1129	3272	1170	8397
1089	6015	1130	5252	1171	8398
1090	5462	1131	5569	1172	8399
1091	6051	1132	5279	1173	8400
1092	4181	1133	4146	1174	9720
1093	4300	1134	3261	1175	2688
1094	2968	1135	5465	1176	2597
1095	5284	1136	4075	1177	2703
1096	6074	1137	2797	1178	4110
1097	3135	1138	5594	1179	2609
1098	5955	1139	5212	1180	2361
1099	5977	1140	3275	1181	5222
1100	3038	1141	9613	1182	2399
1101	4341	1142	10120	1183	4058
1102	4404	1143	9643	1184	3735
1103	4085	1144	5946	1185	2411
1104	5974	1145	5379	1186	2304
1105	3258	1146	2637	1187	2303
1106	4355	1147	2720	1188	5267
1107	2370	1148	2584	1189	2922
1108	3286	1149	2527	1190	6113
1109	3364	1150	2654	1191	3956
1110	2977	1151	5181	1192	5559
1111	3219	1152	5477	1193	2521
1112	3363	1153	5469	1194	5640
1113	4145	1154	2608	1195	4056
1114	4388	1155	2686	1196	107
1115	5204	1156	2257	1197	5184
1116	5599	1157	2667	1198	2638
1117	6075	1158	4052	1199	2639
1118	5202	1159	5348	1200	5455

PREMIER CATALOGUE DE 1645

CATALOGUE DE 1645	CATALOGUE DE 1682	CATALOGUE DE 1645	CATALOGUE DE 1682	CATALOGUE DE 1645	CATALOGUE DE 1682
1201	2614	1242	5628	1283	2991
1202	2578	1243	5361	1284	3071
1203	4240	1244	4980	1285	3259
1204	2320	1245	5583	1286	3276
1205	1910	1246	2273	1287	5647
1206	4947	1247	3187	1288	3246
1207	5549	1248	6018	1289	4335
1208	2579	1249	3180	1290	2962
1209	5468	1250	3358	1291	3277
1210	5259	1251	2808	1292	2564
1211	5555	1252	2540	1293	2925
1212	2373	1253	2247	1294	9490
1213	2432	1254	5285	1295	2988
1214	5214	1255	3972	1296	3244
1215	2636	1256	2746	1297	3225
1216	5615	1257	4121	1298	3226
1217	2339	1258	2809	1299	3367
1218	9834	1259	2328	1300	3242
1219	2276	1260	1907	1301	3228
1220	4963	1261	2147	1302	3144
1221	4989	1262	4968	1303	3090
1222	9976	1263	3976	1304	2386
1223	9700	1264	3705	1305	2690
1224	9701	1265	2790	1306	2728
1225	8421	1266	5461	1307	2524
1226	5373	1267	2129	1308	7607
1227	5236	1268	3988	1309	9796
1228	5310	1269	3292	1310	2288
1229	9829	1270	5435	1311	2250
1230	5318	1271	2042	1312	286
1231	2265	1272	9719	1313	3167
1232	4030	1273	9623	1314	3960
1233	5231	1274	9615	1315	4368
1234	5476	1275	9631	1316	3072
1235	2733	1276	7813	1317	3157
1236	9941	1277	9869	1318	3148
1237	2702	1278	3852	1319	5996
1238	5203	1279	5651	1320	4382
1239	313	1280	13	1321	4381
1240	2662	1281	2589	1322	3042
1241	2183	1282	5636	1323	3291

CONCORDANCES DES NUMÉROS DE 1645 ET DE 1682

CATALOGUE DE 1645	CATALOGUE DE 1682	CATALOGUE DE 1645	CATALOGUE DE 1682	CATALOGUE DE 1645	CATALOGUE DE 1682
1324	4053	1365	9705	1406	2631
1325	131	1366	5495	1407	2254
1326	3027	1367	5528	1408	2409
1327	3260	1368	3342	1409	2762
1328	2713	1369	3029	1410	2611
1329	2795	1370	3111	1411	2537
1330	5578	1371	3160	1412	2408
1331	4946	1372	3279	1413	2796
1332	5275	1373	3278	1414	2633
1333	4010	1374	2881	1415	2673
1334	3118	1375	3341	1416	2241
1335	2658	1376	3270	1417	2357
1336	4051	1377	2950	1418	2676
1337	5576	1378	3053	1419	2758
1338	5524	1379	2986	1420	2656
1339	2791	1380	2921	1421	2389
1340	5493	1381	2657	1422	2562
1341	5494	1382	2663	1423	5071
1342	2272	1383	2618	1424	7472
1343	9638	1384	2534	1425	2624
1344	3975	1385	2417	1426	5551
1345	2763	1386	2425	1427	5540
1346	5277	1387	2450	1428	2270
1347	5556	1388	2421	1429	2329
1348	5289	1389	2593	1430	270
1349	5223	1390	2541	1431	5221
1350	2565	1391	2778	1432	5448
1351	2495	1392	2576	1433	239^2
1352	2765	1393	2446	1434	3994
1353	2315	1394	2629	1435	2416
1354	7737	1395	2802	1436	5550
1355	10161	1396	2252	1437	9853
1356	10259	1397	2287	1438	5438
1357	5861	1398	2632	1439	5439
1358	2919	1399	2596	1440	3964
1359	10217	1400	2605	1441	2803
1360	8420	1401	2692	1442	4076
1361	4272	1402	2725	1443	5359
1362	5474	1403	2779	1444	2801
1363	5413	1404	2563	1445	5961
1364	4974	1405	2600	1446	5442

PREMIER CATALOGUE DE 1645

CATALOGUE DE 1645	CATALOGUE DE 1682	CATALOGUE DE 1645	CATALOGUE DE 1682	CATALOGUE DE 1645	CATALOGUE DE 1682
1447	10227	1488	4205	1529	3357
1448	2347	1489	2862	1530	3064
1449	5525	1490	5405	1531	3328
1450	5335	1491	10530	1532	2854
1451	5364	1492	7011	1533	6102
1452	5535	1493	10263	1534	2884
1453	5584	1494	6392	1535	10422
1454	5541	1495	3343	1536	3257
1455	2602	1496	9707	1537	5258
1456	3930	1497	2549	1538	3254
1457	5420	1498	4359	1539	3142
1458	7597	1499	2889	1540	6117
1459	5460	1500	3249	1541	3303
1460	5552	1501	4138	1542	4155
1461	5467	1502	5246	1543	2316
1462	9618	1503	4333	1544	7371
1463	3354	1504	3293	1545	10176
1464	4185	1505	5587	1546	7757
1465	4140	1506	3179	1547	7784
1466	2755	1507	3102	1548	2812
1467	5508	1508	2867	1549	2782
1468	5265	1509	3138	1550	2756
1469	5375	1510	3139	1551	4028
1470	5500	1511	Inv.Rés.J.1279	1552	3973
1471	5492	1512	3147	1553	8401
1472	2286	1513	3333	1554	4137
1473	2455	1514	3174	1555	3218
1474	2427	1515	3037	1556	3325
1475	5510	1516	614	1557	5406
1476	5441	1517	198	1558	2861
1477	5205	1518	132	1559	3181
1478	4206	1519	29	1560	3154
1479	1909	1520	239	1561	3110
1480	7197	1521	3109	1562	5616
1481	2705	1522	3296	1563	6084
1482	4031	1523	2871	1564	2616
1483	5530	1524	3332	1565	4282
1484	5305	1525	2811	1566	78
1485	5399	1526	5505	1567	2718
1486	5411	1527	6307	1568	2531
1487	5544	1528	3299	1569	5600

CONCORDANCES DES NUMÉROS DE 1645 ET DE 1682

CATALOGUE DE 1645	CATALOGUE DE 1682	CATALOGUE DE 1645	CATALOGUE DE 1682	CATALOGUE DE 1645	CATALOGUE DE 1682
1570	5334	1611	4147	1652	2989
1571	3954	1612	4136	1653	4379
1572	5536	1613	6160	1654	3324
1573	2653	1614	2683	1655	3220
1574	866 s	1615	6105	1656	3517
1575	5408	1616	5546	1657	3232
1576	4172	1617	2890	1658	3440
1577	2603	1618	3273	1659	3307
1578	4019	1619	6147	1660	5313
1579	3953	1620	3294	1661	4098
1580	5622	1621	2945	1662	3441
1581	3993	1622	6138	1663	5981
1582	3255	1623	2753	1664	6442
1583	10298	1624	2979	1665	10405
1584	9625	1625	3271	1666	10425
1585	4464	1626	3222	1667	2930
1586	4228	1627	2967	1668	6446
1587	10407	1628	3283	1669	218
1588	6184	1629	3149	1670	3484
1589	8142	1630	6182	1671	4378
1590	6096	1631	3047	1672	4597
1591	4328	1632	3221	1673	3495
1592	3054	1633	5241	1674	3528
1593	6026	1634	3267	1675	3473
1594	6017	1635	6081	1676	3500
1595	3004	1636	5602	1677	3499
1596	3214	1637	5429	1678	3531
1597	181	1638	4306	1679	3532
1598	2990	1639	6044	1680	3482
1599	6028	1640	6011	1681	3523
1600	4352	1641	2870	1682	3448
1601	3087	1642	3241	1683	3481
1602	4330	1643	3513	1684	4666
1603	6183	1644	3236	1685	3435
1604	3116	1645	3235	1686	3436
1605	2879	1646	5626	1687	3453
1606	4322	1647	6067	1688	3512
1607	3105	1648	2874	1689	3459
1608	3165	1649	3329	1690	5217
1609	2857	1650	3213	1691	2804
1610	5610	1651	3156	1692	154

PREMIER CATALOGUE DE 1645

CATALOGUE DE 1645	CATALOGUE DE 1682	CATALOGUE DE 1645	CATALOGUE DE 1682	CATALOGUE DE 1645	CATALOGUE DE 1682
1693	6116	1734	8141	1775	2851
1694	6097	1735	6367	1776	3062
1695	7837	1736	10309	1777	2719
1696	6019	1737	8098	1778	2946
1697	4316	1738	3184	1779	3059
1698	6286	1739	2911	1780	2577
1699	10299	1740	3348	1781	3132
1700	6419	1741	3290	1782	2390
1701	4081	1742	3162	1783	2661
1702	4353	1743	3152	1784	2759
1703	4421	1744	2984	1785	2747
1704	6121	1745	2382	1786	3182
1705	3055	1746	189	1787	2385
1706	2917	1747	6510	1788	2333
1707	2783	1748	3108	1789	2910
1708	2754	1749	2648	1790	3163
1709	2459	1750	3044	1791	3067
1710	872	1751	2964	1792	2880
1711	6109	1752	2952	1793	2268
1712	6148	1753	2913	1794	3045
1713	3490	1754	2696	1795	3310
1714	5619	1755	3076	1796	3223
1715	5523	1756	3117	1797	2882
1716	5967	1757	2903	1798	2400
1717	4103	1758	3322	1799	2269
1718	3351	1759	2965	1800	2886
1719	4576	1760	2430	1801	2394
1720	3234	1761	2985	1802	4008
1721	3317	1762	3269	1803	3983
1722	3281	1763	3092	1804	4252
1723	3285	1764	3061	1805	5473
1724	4114	1765	2955	1806	5443
1725	3101	1766	3051	1807	5260
1726	5295	1767	2872	1808	4170
1727	3233	1768	2551	1809	5415
1728	3089	1769	3049	1810	5453
1729	6382	1770	3066	1811	6155
1730	4113	1771	3150	1812	4331
1731	8144	1772	2953	1813	221
1732	5966	1773	3091	1814	10392
1733	6454	1774	3349	1815	4434

CONCORDANCES DES NUMÉROS DE 1645 ET DE 1682

CATALOGUE DE 1645	CATALOGUE DE 1682	CATALOGUE DE 1645	CATALOGUE DE 1682	CATALOGUE DE 1645	CATALOGUE DE 1682
1816	2954	1857	5390	1898	5452
1817	5944	1858	5634	1899	4387
1818	2995	1859	2530	1900	4389
1819	2982	1860	3977	1901	6380
1820	3443	1861	879	1902	3366
1821	5518	1862	871	1903	3304
1822	5276	1863	2635	1904	3206
1823	5343	1864	450	1905	6060
1824	5553	1865	10268	1906	6032
1825	3224	1866	4091	1907	2983
1826	5261	1867	8103	1908	3339
1827	5350	1868	10382	1909	3312
1828	6071	1869	5687	1910	202
1829	4080	1870	5585	1911	3229
1830	4097	1871	10326	1912	3287
1831	4059	1872	5994	1913	3353
1832	4082	1873	7751	1914	3302
1833	3107	1874	7752	1915	6127
1834	5527	1875	7731	1916	3239
1835	5444	1876	4135	1917	3035
1836	5351	1877	10377	1918	3194
1837	5196	1878	8088	1919	3321
1838	6059	1879	10389	1920	2743
1839	5650	1880	7768	1921	3315
1840	6007	1881	10264	1922	3355
1841	7919	1882	5378	1923	3082
1842	6020	1883	10368	1924	3318
1843	4386	1884	3480	1925	6061
1844	5401	1885	3498	1926	3352
1845	2770	1886	3493	1927	3043
1846	75	1887	3113	1928	3309
1847	5262	1888	3173	1929	3171
1848	2297	1889	3094	1930	3201
1849	5464	1890	3164	1931	3496
1850	5358	1891	3169	1932	3172
1851	2615	1892	4491	1933	2912
1852	2264	1893	4314	1934	2438
1853	2680	1894	2926	1935	1891
1854	96	1895	3212	1936	2556
1855	5355	1896	4375	1937	5629
1856	2517	1897	2981	1938	2116

PREMIER CATALOGUE DE 1645

CATALOGUE DE 1645	CATALOGUE DE 1682	CATALOGUE DE 1645	CATALOGUE DE 1682	CATALOGUE DE 1645	CATALOGUE DE 1682
1939	2190	1980	5644	2021	3065
1940	5171	1981	10505	2022	2660
1941	2693	1982	7739	2023	3032
1942	5511	1983	10507	2024	4360
1943	5272	1984	4577	2025	6481
1944	2643	1985	3462	2026	6421
1945	4050	1986	3463	2027	6426
1946	5345	1987	3464	2028	10533
1947	4043	1988	3465	2029	5963
1948	8416	1989	3474	2030	
1949	9942	1990	3471	2031	10329
1950	5879	1991	267	2032	7422
1951	9489	1992	3508	2033	7600
1952	4921	1993	3485	2034	6483
1953	4909	1994	4598	2035	10319
1954	3734	1995	3445	2036	6004
1955	5314	1996	3437	2037	6010
1956	9621	1997	3521	2038	3155
1957	4255	1998	3525	2039	3469
1958	7816	1999	[Sallustius]	2040	10300
1959	7225	2000	3458	2041	10367
1960	7775	2001	3522	2042	8143
1961	5299	2002	4383	2043	10354
1962	7260	2003	3262	2044	7914
1963	7651	2004	3451	2045	4427
1964	7251	2005	3452	2046	6125
1965	3948	2006	3491	2047	3326
1966	4993	2007	3516	2048	6291
1967	7247	2008	3175	2049	6488
1968	4092	2009	3176	2050	6296
1969	4302	2010	3170	2051	2054
1970	5380	2011	3338	2052	2208
1971	4311	2012	5957	2053	5557
1972	6073	2013	3191	2054	5302
1973	6323	2014	3122	2055	2200
1974	7898	2015	3153	2056	2078
1975	6409	2016	3362	2057	2079
1976	8140	2017	3346	2058	5054
1977	6154	2018	[Cabalistica]	2059	5174
1978	8139	2019	1414	2060	3797
1979	6145	2020	6580	2061	5356

CONCORDANCES DES NUMÉROS DE 1645 ET DE 1682

CATALOGUE DE 1645	CATALOGUE DE 1682	CATALOGUE DE 1645	CATALOGUE DE 1682	CATALOGUE DE 1645	CATALOGUE DE 1682
2062	2749	2103	4088	2144	6056
2063	5620	2104	9827	2145	5175
2064	2543	2105	3492	2146	6123
2065	5539	2106	4584	2147	6161
2066	2469	2107	6606	2148	5579
2067	129	2108	6599	2149	6156
2068	5423	2109	3438	2150	5250
2069	3708	2110	3479	2151	4312
2070	5627	2111	3524	2152	10355
2071	7759	2112	3460	2153	9715
2072	5648	2113	3507	2154	10365
2073	7758 B	2114	4575	2155	6143
2074	5791	2115	3472	2156	5323
2075	2798	2116	3422	2157	9714
2076	2548	2117	3518	2158	[P. Æmilius]
2077	5244	2118	3519	2159	9708
2078	2554	2119	3483	2160	10172
2079	3120	2120	3429	2161	3996
2080	2745	2121	3494	2162	5213
2081	507	2122	3475	2163	4154
2082	4936	2123	4593	2164	5427
2083	2244	2124	3529	2165	5274
2084	5169	2125	3504	2166	7941
2085	3839	2126	6086	2167	7740
2086	4944	2127	5360	2168	6013
2087	10207	2128	10316	2169	4600
2088	2810	2129	10122	2170	8166
2089	10173	2130	4315	2171	6482
2090	10170	2131	5407	2172	7910
2091	5488	2132	10314	2173	9826
2092	5895	2133	5208	2174	9833
2093	5564	2134	6115	2175	3505
2094	5565	2135	6100	2176	3526
2095	9671	2136	10431	2177	3514
2096	9644	2137	10297	2178	3477
2097	5211	2138	8104	2179	4385
2098	5330	2139	10433	2180	3442
2099	7772	2140	6031	2181	4309
2100	4991	2141	8101	2182	5951
2101	10220	2142	10324	2183	4581
2102	7532	2143	10364	2184	4590

PREMIER CATALOGUE DE 1645

CATALOGUE DE 1645	CATALOGUE DE 1682	CATALOGUE DE 1645	CATALOGUE DE 1682	CATALOGUE DE 1645	CATALOGUE DE 1682
2185	6181	2226	3434	2266	3323
2186	6590	2227	2957	2267	4367
2187	4380	2228	3084	2268	3503
2188	3530	2229	3103	2269	4397
2189	6034	2230	3311	2270	228[2]
2190	3188	2231	3052	2271	3335
2191	3050	2232	2868	2272	5998
2192	160	2233	3085	2273	3313
2193	3295	2234	3151	2274	3289
2194	4307	2235	3078	2275	3350
2195	3520	2236	3203	2276	4433
2196	3298	2237	3083	2277	3057
2197	3095	2238	3077	2278	2568
2198	2966	2239	3079	2279	2908
2199	5207	2239 B	2956	2280	2873
2200	3137	2240	3093	2281	2897
2201	4405	2241	2896	2282	2958
2202	3506	2242	3449	2283	1420
2203	4607	2243	3515	2284	451
2204	4605	2244	6119	2285	5248
2205	3425	2245	3121	2286	199
2206	3444	2246	2877	2287	7449
2207	3263	2247	2865	2288	4596
2208	4323	2248	3114	2289	8177
2209	3501	2249	3320	2290	436
2210	3314	2250	3186	2291	1351
2211	2944	2251	2864	2292	7897
2212	5980	2252	3069	2293	10511
2213	3330	2253	3280	2294	10406
2214	3331	2254	3100	2295	10432
2215	3533	2255	3140	2296	5982
2216	3502	2256	3337	2297	10296
2217	3510	2257	3193	2298	6108
2218	2909	2258	3300	2299	10332
2219	2999	2259	3284	2300	10372
2220	3301	2260	6079	2301	10408
2221	2883	2261	3202	2302	10381
2222	3476	2262	2914	2303	10380
2223	2898	2263	2940	2304	4498
2224	557	2264	3282	2305	6005
2225	3421	2265	4395	2306	10532

CONCORDANCES DES NUMÉROS DE 1645 ET DE 1682

CATALOGUE DE 1645	CATALOGUE DE 1682	CATALOGUE DE 1645	CATALOGUE DE 1682	CATALOGUE DE 1645	CATALOGUE DE 1682
2307	7923	2317	6092	2327	4514
2308	7430	2318	7765	2328	7836
2309	4337	2319	9828	2329	9865
2310	4571	2320	10171	2330	3240
2311	4422	2321	5561	2331	3946
2312	4327	2322	5382	2332	4303
2313	4614	2323	7464	2333	5970
2314	5971	2324	9798	2334	4471
2315	6607	2325	7738	2335	10323
2316	5954	2326	5566		

NUMÉROS DES PAQUETS	CATALOGUE DE 1682	NUMÉROS DES PAQUETS	CATALOGUE DE 1682	NUMÉROS DES PAQUETS	CATALOGUE DE 1682
1	2212, 2213, 2814	27	3379	53	2047
2	5657, 129^2	28	2815	54	2048
3	5828	29	3380	55	[Novellæ imp.]
4	42^2, 5656	30	3381	56	1802
5	5658	31	3382	57	4676
6	5659	32	2816	58	3580, 3581
7	5690	33	282^2	59	6815
8	2820	34	3383	60	3571
9	2822	35	6124	61	6811
10	2214, 2684	36	6187	62	{Musique d'église 30 vol.
11	2216	37	3385		
12	Grec 867	38	3384	63	920
13	1859	39	3536	64	9437, 9438
14	2824	40	3535		
15	2817	41	5655	MANUSCRITS NON COTÉS EN 1645	
16	2818	42	6992		
17	5715	43	6538		
18	2819	44	2830, 5929, 7248	2215	3806
19	2511	45	5766	2813	3844
20	2821	46	5091, 5104	2823	3931
21	5784	47	[Josephus, lat.]	2825	4037
22	3376	48	1858	3370	6811
23	2972	49	4910	3371	6814
24	3377	50	1839	3386	6815
25	2274, 2774	51	2045	3570	6816
26	3378	52	2046	3572	

SECOND CATALOGUE DE 1645

CATALOGUE DE 1645	CATALOGUE DE 1682	CATALOGUE DE 1645	CATALOGUE DE 1682	CATALOGUE DE 1645	CATALOGUE DE 1682
1	4831	38	6718	75	6936
2	6730	39	4679	76	6819
3	6909	40	6810	77	3676
4	3601	41	6799	78	8318
5	4672	42	8392	79	6895
6	4695	43	3585	80	4830
7	4841	44	3586	81	6888
8	6800	45	6845	82	4682
9	4800	46	8320	83	6803
10	6951	47	8321	84	6808
11	6778	48	8322	85	6977
12	6780	49	8323	86	6822
13	6807	50	4684	87	6701
14	4674	51	6741	88	6760
15	6771	52	7003	89	6761
16	4828	53	6806	90	6717
17	6772	54	6784	91	6704
18	6783	55	6788	92	6705
19	4678	56	6733	93	3568
20	6919	57	6920	94	6796
21	6792	58	6921	95	6720
22	7031	59	6776	96	6706
23	6980	60	3569	97	6709
24	6981	61	4680	98	4681
25	6982	62	6934	99	4820
26	6983	63	6978	100	6844
27	6967	64	4675	101	7053
28	6793	65	6795	102	6901
29	7179	66	6852	103	5718
30	6794	67	6712	104	6894
31	6802	68	6965	105	6903
32	6735	69	3577	106	6742
33	6738	70	6924	107	6989,2
34	6902	71	6804	108	6898
35	6773	72	6721	109	6889
36	4709	73	6719	110	6723
37	7139	74	6877	111	6716

CONCORDANCES DES NUMÉROS DE 1645 ET DE 1682

CATALOGUE DE 1645	CATALOGUE DE 1682	CATALOGUE DE 1645	CATALOGUE DE 1682	CATALOGUE DE 1645	CATALOGUE DE 1682
112	6782	153	7725	194	7190
113	6744	154	5794	195	4806
114	3639	155	7027	196	4713
115	3669	156	7346	197	7096
116	6984	157	5152	198	5106
117	6972	158	5660	199	5107
118	4720	159	7235	200	8319
119	6724	160	7715 [2]	201	6846
120	6914	161	5316	202	7180
121	6963	162	7808	203	8315
122	6896	163	5126	204	4711
123	6979	164	7553	205	4873
124	6918	165	9832	206	4699
125	6838	166	5669	207	6878
126	6834	167	3659	208	4869
127	8350	168	7531	209	6928
128	4776	169	7755	210	6769
129	3868	170	7165	211	4832
130	3718	171	7582	212	4847
131	3742	172	7474	213	6818
132	3729	173	7782	214	6821
133	3727	174	7286	215	8385
134	3728	175	7289	216	6912
135	4948	176	7067	217	6956
136	7061	177	5724	218	4805
137	3882	178	7142	219	6769
138	7187	179	7691	220	3592
139	9843	180	7075	221	8378
140	7571	181	5478	222	4723
141	5294	182	7486	223	6715
142	8413	183	5860	224	6931
143	8413	184	7406	225	4819
144	8414	185	5123	226	3664
145	8415	186	4214	227	6713
146	8411	187	7484	228	6714
147	8410	188	9699	229	4835
148	7275	189	5919	230	6922
149	7205	190	7781	231	6937
150	7736	191	9706	232	5377
151	7612	192	7045	233	4758
152	10260	193	7084	234	6858

SECOND CATALOGUE DE 1645

CATALOGUE DE 1645	CATALOGUE DE 1682	CATALOGUE DE 1645	CATALOGUE DE 1682	CATALOGUE DE 1645	CATALOGUE DE 1682
235	6830	271	4744	312	6850
236	8304	272	3904	313	4822
237	6840	273	4817	314	6968
238	6813	274	4799	315	4719
239	6986	275	6988	316	6722
240	8300	276	4877	317	3597
241	8301	277	3665	318	4818
242	4814	278	4859	319	3614
243	4848	279	6736	320	8387
244	4694	280	6841	321	6860
245	6897	281	3613	322	4688
246	6737	282	4704	323	6743
246 A	4876	283	6874	324	3598
247	6823	284	4884	325	6926
247 B	6900	285	6748	326	4164
248	6809	286	6750	327	3871
248 C	3618	287	6752	328	7059
249	8384	288	6754	329	3872
249 D	6762	289	6756	330	7174
250	6853	290	6758	331	9985
250 E	6829,2	291	7134	332	9991
251	6864	292	4882	333	7609
252	6932	293	7219	334	5048
253	6933	294	6851	335	3731
254	7020	295	4878	336	7364
255	6781	296	8330	337	4954
256	6993	297	6935	338	4987
257	6930	298	8380	339	7054
258	3600	299	6779	340	5563
259	7203	300	6959	341	7090
260	4745	301	6996	342	7172
261	4865	302	6915	343	5005
262	3672	303	4685	344	5391
263	6835	304	6927	345	3786
264	3611	305	6890	346	5117
265	6801	306	6999	347	5381
266	4850	307	6998	348	7140
267	6811	308	4700	349	3668
268	6880	309	6766	350	6954
269	6961	310	4829	351	6953
270	4844	311	4843	352	7044

CONCORDANCES DES NUMÉROS DE 1645 ET DE 1682

CATALOGUE DE 1645	CATALOGUE DE 1682	CATALOGUE DE 1645	CATALOGUE DE 1682	CATALOGUE DE 1645	CATALOGUE DE 1682
353	7070	394	8403	435	4888
354	7281	395	4768	436	7092
355	5033	396	4842	437	7246
356	7631	397	8377	438	3834
357	7232	398	6973	439	7034
358	8302	399	6876	440	7261
359	4840	400	4726	441	6964
360	7218	401	4715	442	8404
361	7087	402	6913	443	8316
362	7250	403	6867	444	6925
363	6861	404	7182	445	4861
364	3893	405	6891	446	4998
365	7033	406	7256	447	7194
366	7535	407	3662	448	4912
367	7230	408	7089	449	4923
368	4743	409	7088	450	5326
369	7459	410	3895	451	5161
370	6862	411	4969	452	3717
371	6839	412	6938	453	7065
372	4966	413	8313	454	4893
373	6962	414	8375	455	7228
374	6848	415	4755	456	5105
375	6855	416	9988	457	7214
376	6863	417	4924	458	4953
377	4879	418	6843	459	5133
378	7007	419	7038	460	7220
379	6882	420	7184	461	4770
380	4880	421	7133	462	3712
381	6923	422	7071	463	7094
382	4801	423	7262	464	3843
383	4815	424	4718	465	7229
384	4874	425	7078	466	7217
385	4825	426	4994	467	7188
386	6875	427	7141	468	4992
387	3683	428	7068	469	7325
388	8376	429	6989	470	7035
389	6886	430	4839	471	7565
390	7079	431	4783	472	7181
391	3909	432	3891	473	7399
392	4824	433	7191	474	5108
393	6975	434	5036	475	4708

CATALOGUE DE 1645	CATALOGUE DE 1682	CATALOGUE DE 1645	CATALOGUE DE 1682	CATALOGUE DE 1645	CATALOGUE DE 1682
476	7241	517	6829	558	3671
477	5003	518	6887	559	7073
478	6849	519	6911	560	4742
479	10216	520	7017	561	4712
480	7060	521	6703	562	6857
481	7018	522	7171	563	7074
482	7210	523	6960	564	7310
483	4860	524	4845	565	7542
484	3889	525	6847	566	3724
485	4773	526	7236	567	5826
486	7000	527	4849	568	5166
487	7069	528	4838	569	7013
488	7085	529	9678	570	5160
489	8305	530	4817	571	4920
490	6820	531	6879	572	3835
491	3915	532	6985	573	4982
492	6866	533	7196	574	7704
493	7150	534	6997	575	3804
494	4875	535	4753	576	3854
495	6974	536	4746	577	7086
496	4833	537	4810	578	9486
497	5000	538	7095	579	»
498	6842	539	4696	580	6881
499	5834	540	6805	581	4802
500	5124	541	6976	582	4701
501	5892	542	6731	583	5148
502	4816	543	6732	584	4687
503	3640	544	6734	585	4774
504	4772	545	4811	586	4821
505	3707	546	4872	587	7215
506	4749	547	6746	588	4863
507	7243	548	6747	589	4809
508	3881	549	6869	590	8372
509	9481	550	4870	590	7375
510	7037	551	6971	590	9642
511	4883	552	6777	591	4864
512	6966	553	4735	592	6775
513	4714	554	4736	593	4862
514	4748	555	4737	594	4698
515	4767	556	8357	595	4868
516	7021	557	3787	596	8388

172 CONCORDANCES DES NUMÉROS DE 1645 ET DE 1682

CATALOGUE DE 1645	CATALOGUE DE 1682	CATALOGUE DE 1645	CATALOGUE DE 1682	CATALOGUE DE 1645	CATALOGUE DE 1682
597	7103	638	5122	679	7413
598	6774	639	7515	680	5728
599	4812	640	3830	681	5329
600	4851	641	7040	682	5819
601	4808	642	5135	683	9975
602	7252	643	7460	684	7147
603	4871	644	7347	685	5672
604	5868	645	7367	686	7701
605	9822	646	5011	687	7822
606	3940	647	5907	688	7504
607	7566	648	7076	689	4268
608	7242	649	5376	690	4120
609	5291	650	5894	691	7099
610	9804	651	7148	692	9716
611	10272	652	7332	693	7732
612	9819	653	7083	694	7186
613	5911	654	7713	695	7269
614	5773	655	5121	696	7362
615	5869	656	7025	697	4216
616	9754	657	5006 bis	698	5168
617	7295	658	5125	699	7149
618	7730	659	5782	700	7064
619	7414	660	7321	701	5836
620	7641	661	7583	702	5871
621	7703	662	4922	703	5315
622	7580	663	7290	704	5103
623	7354	664	7313	705	7394
624	4919	665	9721	706	5580
625	5113	666	7461	707	7208
626	5094	667	9680	708	4957
627	5815	668	7456	709	5090
628	7419	669	5646	710	7211
629	9647	670	5875	711	7063
630	7675	671	7548	712	7570
631	7170	672	7193	713	3711
632	9846	673	7263	714	5134
633	10195	674	5874	715	7397
634	4988	675	7039	716	5873
635	7297	676	7036	717	7555
636	7272	677	3848	718	7516
637	5095	678	7091	719	7639

SECOND CATALOGUE DE 1645

CATALOGUE DE 1645	CATALOGUE DE 1682	CATALOGUE DE 1645	CATALOGUE DE 1682	CATALOGUE DE 1645	CATALOGUE DE 1682
720	5114	760	5092	801	7437
721	7581	761	4892	802	7483
722	5138,6995[2]	762	4971	803	7648
723	5164	763	7183	804	4403
724	7403	764	4959	805	7331
725	5837	765	4962	806	7502
726	5898	766	5165	807	7296
727	5132	767	3850	808	7488
728	5790	768	3761	809	7670
729	7409	769	7162	810	7636
730	5867	770	7231	811	7753
731	7528	771	7240	812	7458
732	7809	772	7213	813	7283
733	7259	773	4956	814	5789
734	5088	774	5015	815	7423
735	7766	775	7022	816	7304
736	5731	776	4964	817	7487
737	4209	777	5149	818	7451
738	5778	778	4697	819	7350
739	5770	779	6957	820	5831
740	7778	780	7026	821	7819
741	7395	781	5783	822	7726
742	3853	782	7363	823	7551
743	5835	783	4721	824	5733
744	7552	784	5674	825	5421
745	7727	785	5735	826	7400
746	5918	786	5617	827	4895
747	7525	787	7370	828	7425
748	7204	788	7630	829	7418
749	7537	789	7485	830	5093
750	7712	790	9642	831	5771
750,2	5254	791	7288	832	7223
751	7221	792	7285	833	7543
752	7549	793	7189	834	7526
753	4965	794	9878	835	4225
754	5087	795	7224	836	4454
755	4997	796	4984	837	3846
756	9929	797	7401	838	3827
757	7032	798	7407	839	5410
758	5792	799	9711	840	9820
759	7062	800	4260	841	5697

174 CONCORDANCES DES NUMÉROS DE 1645 ET DE 1682

CATALOGUE DE 1645	CATALOGUE DE 1682	CATALOGUE DE 1645	CATALOGUE DE 1682	CATALOGUE DE 1645	CATALOGUE DE 1682
842	7616	883	7255	924	7787
843	7599	884	7676	925	6487 [2]
844	7823	885	7002	926	8032
845	5392	886	6899	927	7408
846	9641	887	4777	928	10118
847	5109	888	4852	929	10119
848	7679	889	7082	930	9797
849	7398	890	7004	931	7745
850	5515	891	4866	932	7663
851	5769	892	3680	933	7329
852	5472	893	8314	934	7665
853	7384	894	4826	935	10308
854	9831	895	4728	936	7664
855	5704	896	3612	937	7658
856	9484	897	3584	938	6512
857	7503	898	4827	939	7385
858	7680	899	6768	940	7436
859	7005	900	4836	941	5903
860	4881	901	8373	942	»
861	9928	902	4813	943	7807
862	7216	903	3660	944	4274
863	7249	904	4834	945	5695
864	4961	905	4853	946	7777
865	7801	906	5593	947	7709
866	9717	907	5729	948	7390
867	6958	908	4673	949	7723
868	4914	909	4867	950	10219
869	9388	910	5333	951	7644
870	7209	911	4846	952	7368
871	4894	912	5710	953	7811
872	5002	913	5817	954	9622
873	5065	914	5906	955	7659
874	4710	915	5788	956	7976
875	7244	916	5912	957	10148
876	7158	917	10147	958	5649
877	3910	918	5292	959	5242
878	5112	919	5727	960	4151
879	4823	920	7866	961	7300
880	4705	921	7788	962	5224
881	4804	922	5818	963	7627
882	7012	923	7747	964	7396

CATALOGUE DE 1645	CATALOGUE DE 1682	CATALOGUE DE 1645	CATALOGUE DE 1682	CATALOGUE DE 1645	CATALOGUE DE 1682
965	7722	1006	5841	1047	5418
966	3840	1007	7424	1048	4152
967	7416	1008	4480	1049	4468
968	7383	1009	7634	1050	7547
969	7324	1010	7307	1051	6054
970	7632	1011	5862	1052	7568
971	4233	1012	7560	1053	4211
972	7638	1013	7825	1054	»
973	7277	1014	7835	1055	9702
974	7538	1015	7357	1056	5317
975	7312	1016	5325	1057	»
976	7292	1017	7746	1058	»
977	7450	1018	7287	1059	6058
978	5876	1019	7780	1060	5466
979	10218	1020	7481	1061	7593
980	7692	1021	4259	1062	7268
981	7291	1022	4436	1063	6505
982	9662	1023	5830	1064	6495
983	7333	1024	5257	1065	8154
984	4232	1025	5896	1066	5886
985	7271	1026	3955	1067	7376
986	10096	1027	4001	1068	7863
987	3845	1028	7405	1069	Gotha, L. 104
988	5922	1029	5394	1070	7763
989	7652	1030	7577	1071	7821
990	5566	1031	5694	1072	7505
991	7427	1032	7820	1073	7824
992	7527	1033	7536	1074	7715
993	7826	1034	4046	1075	7802
994	7702	1035	9825	1076	5663
995	5908	1036	5793	1077	7776
996	5832	1037	7311	1078	7673
997	7810	1038	7683	1079	7656
998	7773	1039	7624	1080	5901
999	7585	1040	5226	1081	6008
1000	5893	1041	7519	1082	4399
1001	5428	1042	7336	1083	»
1002	6064	1043	9616	1084	»
1003	7482	1044	7711	1085	4408
1004	9801	1045	5667	1086	7323
1005	5900	1046	5328	1087	7815

CONCORDANCES DES NUMÉROS DE 1645 ET DE 1682

CATALOGUE DE 1645	CATALOGUE DE 1682	CATALOGUE DE 1645	CATALOGUE DE 1682	CATALOGUE DE 1645	CATALOGUE DE 1682
1088	4160	1129	»	1170	7756
1089	5821	1130	»	1171	7431
1090	7308	1131	6391	1172	197
1091	7610	1132	7309	1173	4519
1092	4157	1133	6052	1174	6055
1093	4215	1134	7420	1175	6284
1094	5368	1135	7335	1176	7851
1095	7282	1136	7554	1177	9795
1096	7391	1137	5670	1178	»
1097	4183	1138	7690	1179	5426
1098	7299	1139	4326	1180	4161
1099	7850	1140	7994	1181	»
1100	7284	1141	10325	1182	7377
1101	7633	1142	5987	1182,2	6487
1102	4192	1143	7389	1183	6041
1103	4236	1144	6033	1184	7674
1104	7596	1145	10485	1185	7320
1105	5714	1146	6022	1186	3373
1106	7429	1147	6194	1187	4440
1107	7351	1148	6003	1188	200
1108	7559	1149	4466	1189	8060
1109	4275	1150	7393	1190	7861
1110	7539	1151	6276	1191	8163
1111	7195	1152	7322	1192	4539
1112	5385	1153	10121	1193	7294
1113	9386	1154	7327	1194	7645
1114	10175	1155	10209	1195	4445
1115	»	1156	7669	1196	4374
1116	7728	1157	6193	1197	5719
1117	6278	1158	6275	1198	7862
1118	5194	1159	5514	1199	7864
1119	5675	1160	6440	1200	6236
1120	5671	1161	7693	1201	10366
1121	4986	1162	4373	1202	6500
1122	5440	1163	4108	1203	7623
1123	3832	1164	4462	1204	6195
1124	7392	1165	4235	1205	8009
1125	5654	1166	7845	1206	7598
1126	»	1167	4283	1207	7761
1127	8012	1168	7900	1208	7724
1128	6519	1169	4538	1209	7421

SECOND CATALOGUE DE 1645

CATALOGUE DE 1645	CATALOGUE DE 1682	CATALOGUE DE 1645	CATALOGUE DE 1682	CATALOGUE DE 1645	CATALOGUE DE 1682
1210	7754	1251	7305	1292	7867
1211	7912	1252	7799	1293	7968
1212	6237	1253	5320	1294	8001
1213	8054	1254	7387	1295	4102
1214	7874	1255	5661	1296	7903
1215	6023	1256	4458	1297	7877
1216	7961	1257	7814	1298	6264
1217	5968	1258	7918	1299	7886
1218	7849	1259	8010	1300	8055
1219	6377	1260	7306	1301	6514
1220	7859	1261	7417	1302	8006
1221	8165	1262	7758	1303	8024
1222	4230	1263	8137	1304	7668
1223	7546	1264	8136	1305	4451
1224	7334	1265	7660	1306	6393
1225	5787	1266	7853	1306[2]	4615
1226	7517	1267	7729	1307	»
1227	7494	1268	6310	1308	8023
1228	7101	1269	9718	1309	6497
1229	7524	1270	2829	1310	6515
1230	7163	1271	7404	1311	8017
1231	7569	1272	5765	1312	8151
1232	7695	1273	6452	1313	8052
1233	5730	1274	7567	1314	6536
1234	5825	1275	7880	1315	7960
1235	5463	1276	5419	1316	6508
1236	4278	1277	5249	1317	7916
1237	9862	1278	5917	1318	6389
1238	9637	1279	6107	1319	8003
1239	5374	1280	9794	1320	»
1240	5386	1281	8102	1321	7915
1241	5922	1282	7852	1322	7917
1242	10278	1283	7896	1323	7951
1243	7444	1284	7293	1324	6518
1244	»	1285	6235	1325	7879
1245	5369	1286	9835	1326	6520
1246	7501	1287	8129	1327	10322
1247	7298	1288	5681	1328	6239
1248	7705	1289	7846	1329	7902
1249	7832	1290	8145	1330	8034
1250	4248	1291	8090	1331	8095

CONCORDANCES DES NUMÉROS DE 1645 ET DE 1682

CATALOGUE DE 1645	CATALOGUE DE 1682	CATALOGUE DE 1645	CATALOGUE DE 1682	CATALOGUE DE 1645	CATALOGUE DE 1682
1332	8053	1373	6528	1414	7913
1333	7856	1374	6120	1415	7869
1334	8183	1375	6280	1416	4467
1335	6516	1376	6511	1417	6498
1336	8005	1377	7901	1418	6298
1337	7854	1378	8007	1419	8157
1338	4516	1379	4627	1420	7948
1339	6502	1380	7975	1421	8008
1340	8002	1381	6297	1422	7649
1341	10160	1382	6386	1423	7868
1342	6509	1383	6501	1424	7865
1343	7959	1384	6484	1425	8013
1344	7946	1385	8059	1426	8050
1345	8031	1386	10385	1427	8035
1346	6062	1387	8168	1428	7858
1347	4661	1388	6523	1429	6504
1348	6493	1389	6204	1430	8061
1349	6379	1390	7978	1431	8048
1350	6503	1391	7678	1432	6499
1351	6279	1392	8022	1433	6407
1352	8149	1393	8155	1434	8015
1353	6441	1394	6485	1435	8036
1354	7855	1395	8004	1436	8016
1355	7969	1396	7983	1437	8011
1356	8148	1397	10375	1438	4646
1357	6186	1398	6402	1439	6174
1358	7977	1399	7875	1440	6238
1359	6383	1400	»	1441	8020
1360	7881	1401	6424	1442	8037
1361	10412	1402	6506	1443	6063
1362	6532	1403	6205	1444	8091
1363	8187	1404	10527	1445	7857
1364	8029	1405	6486	1446	8195
1365	8019	1406	8021	1447	8204
1366	8038	1407	6303	1448	8204,2
1367	7920	1408	4234	1449	8204,3
1368	6527	1409	7860	1450	»
1369	6390	1410	6422	1451	6669
1370	6294	1411	6246	1452	8285
1371	7945	1412	4560	1453	8192
1372	7885	1413	8049	1454	8186

SECOND CATALOGUE DE 1645

CATALOGUE DE 1645	CATALOGUE DE 1682	CATALOGUE DE 1645	CATALOGUE DE 1682	CATALOGUE DE 1645	CATALOGUE DE 1682
1455	4650	1481	7473	1507	8152
1456	8185	1482	7666	1508	8153
1457	8199	1483	5824	1509	6038
1458	6305	1484	N° non employé.	1510	6413
1459	7838	1485	6541	1511	10528
1460	6196	1486	6277	1512	6403
1461	8164	1487	8184	1513	7947
1462	7952	1488	8289	1514	4540
1463	4663	1489	8207	1515	7970
1464	6678	1490	8200	1516	8030
1465	6507	1491	8193	1517	6513
1466	4628	1492	7888	1518	4532
1467	4602	1493	7887	1519	4419.
1468	6621	1494	10303	1520	6241
1469	4664	1495	7982	1521	8039
1470	4493	1496	7617, 8018	1522	8051
1471	4533	1497	7878	1523	6476
1472	7637	1498	6416	1524	6226
1473	10370	1499	6188	1525	5701
1474	7667	1500	4541	1526	»
1475	10371	1501	10301	1527	5972
1476	7512	1502	6496	1528	6667
1477	9813	1503	6494	1529	257
1478	6517	1504	5989	1530	7768,2
1479	5688	1505	6314	1531	9654
1480	7671	1506	6240	1532	7513

MANUSCRITS DES CATALOGUES DE 1645

DONT LES NUMÉROS
N'ONT PAS D'ÉQUIVALENTS DANS LE CATALOGUE DE 1682

PREMIER CATALOGUE DE 1645

909. Aristæas de interpretatibus LXX, lat. interpr. Matth. Palmerio.
1999. Sallustii bellum Catilinarium et Jugurthinum.
2018. Cabalistica. Liber imperfectus, carens initio. Item tractatus de mysteriis litterarum, et expositio in legem puram Torah Temimah.
2158. Pauli Aemilii Veron. panegyricus dictus regi Ludovico XII, redeunti Parisiis parta de Venetis victoria.

Paquets 47. Josephus, latin.
— 55. Novellæ quædam constitutiones imperatorum.
— 62. Trente-neuf volumes de musique d'église.

SECOND CATALOGUE DE 1645

579. Glossæ in v. priores libros Codicis Justinianei.
942. Règle et vie de S. François de Paule.
1054. Dialogue d'Arrostos et Pomelia.
1057. Cesar Opio, Brutus Tullio. — Lamentatio materiæ primæ ad Platonem de rege Alexandro.

1058. Bonini Monbritii bucolica ad Galeacium Mariam Vicecomitem.

1083. Histoire de la Passion de Nostre-Seigneur.

1084. Commentaires de S. Jean Chrysostome sur l'évangile S. Matthieu, mis en françois par P. Du Val, évesque de Sées.

1115. Livre nommé Decacornon, qui traitte des commandemens de la loy selon les dix cornes de la quarte beste qui apparut à Daniel.

1126. Remonstrance au pape sur la calomnie faitte contre le roi Louis XII, par le roi des Romains. — *Briçonnet*.

1129. Passio Domini secundum Joannem.

1130. Louanges à Madame de Savoie par les sept planettes, composées par André de La Vigne.

1178. Gesta comitum Andegavensium.

1181. Liber de tribus columbis. — Libellus ad socium volentem nubere. — Medicina animæ. — Liber pastorum.

1244. Magistri René computus lunaris. — Tractatus de matricibus. — Item, de matricibus per M. Ant. Gaignerium Papiensem. — Syllanus de Nigris de Papia super IX. Almansoris.

1307. Extrait de la généalogie de Hugues Capet. — *Tyard*.

1320. Noms, surnoms et armes des officiers de l'Ordre St-Michel.

1400. Gab. Pameri ad Ant. Guidobonium, ducis Mediol. orat. ad Venet., nuptialis celebratio.

1450. Le 10e livre de l'Iliade d'Homère, traduit par Salel.

1526. Poggius in Vallam et Valla in Poggium.

182 CONCORDANCES DES NUMÉROS DE 1677 ET ACTUELS

ANCIEN CATALOGUE DE SAINT-GERMAIN-DES-PRÉS (1677)

NUMÉROS DE 1677	NUMÉROS ACTUELS	NUMÉROS DE 1677	NUMÉROS ACTUELS	NUMÉROS DE 1677	NUMÉROS ACTUELS
1	11532	37	11984	74	12001
2	11533	38	13165	75	12004
3	11504	39	11559	76	12005
4	11505	40	13173	77	13190
5	11534	41	11558	78	13193
6	11535	42	11970	79	13191
7	11549	43	11969	80	11569
8	11550	44	13175	81	13198
9	11937	45	13215	82	13196
10	11938	46	13176	83	13209
11	11939	47	11971	84	»
12	11941	48	11979	85	13210
13	11946	49	11980	86	13211
14	11940	50	11981	87	11569-70
15	11553	51	11983	88	11571
16	11951	52	13205	89	11572
17	11952	53	13206	90	12025
17,2	11947	54	11982	91	12029
18	13171	55	11985	92	12303
19	11958	56	13441	93	12260
20	13170	57	11995	94	13390
21	»	58	11564	95	12287
22	11949	59	11998	96	12288
23	13174	60	12309	97	13216
24	11964	61	12016	98	12120
25	11711	62	12302	99	11616
26	12097	63	12019	100	11615
27	11611	64	11996	101	12122
28	13158	65	13192	102	12123
29	11944	66	11565	103	11617
30	11945	67	11566	104	12125
31	S. Pét., gr. 20	68	11567	105	S. Pét., F.I, 4
32	11957	69	12239	106	12124
33	11950	70	12240	107	13334
34	13166	71	12241	108	12136
35	11953	72	13141	109	»
36	11954	73	12147	110	12141

ANCIEN CATALOGUE DE SAINT-GERMAIN-DES-PRÉS 183

NUMÉROS DE 1677	NUMÉROS ACTUELS	NUMÉROS DE 1677	NUMÉROS ACTUELS	NUMÉROS DE 1677	NUMÉROS ACTUELS
111	12142	152	12245	193	12202
112	S. Pét.,Q.I,46	153	12246	194	12193
113	S. Pét.,F.I,13	154	11671	195	12194
114	13331	155	11672	196	12195
115	12126	156	12247	197	»
116	13440	157	12248	198	11635
117	S. Pét., O.I, 4	158	12251	199	12020
118	12148	159	13391	200	12225
119	12135	160	12252	201	12199
120	13337	161	S. Pét.,Q.I,14	202	12203
121	12137	162	12256	203	13359
122	S. Pét., F.I, 6	163	13392	204	12254
123	13340	164	11536	205	12204
124	12138	165	11673	206	12213
125	13343	166	12255	207	13363
126	13347	167	13394	208	13360
127	12149	168	11675	209	13362
128	12153	169	S. Pét.,F.I, 7	210	13365
129	12155	170	12257	211	13361
130	S. Pét.,Q.I,16	171	12258	212	12222
131	12156	172	12170	213	S. Pét., Q.I,3
132	12157	173	13358	214	12218
133	12158	174	11634	215	12221
134	12152	175	12171	216	12220
135	12150	176	12172	217	12209
136	12151	177	12173	218	12217
137	13349	178	12185	219	12223
138	13350	179	12174	220	13369
139	11627	180	12188	221	12208
140	13351	181	12175	222	12207
141	11681	182	12176	223	12367
142	12161	183	12177	224	S.Pét.,Q.I,17
143	12165	184	12186	225	12210
144	13354	185	12178	226	12168
145	13353	186	12179	227	11639
146	13352	187	12187	228	11637
147	12162	188	12209	229	12215
148	S.Pét.,Q.I,13	189	12182	230	12214
149	13356	190	12183	231	11638
150	12243	191	12959	232	Fr.19269
151	12244	192	12181	233	12224

184 CONCORDANCES DES NUMÉROS DE 1677 ET ACTUELS

NUMÉROS DE 1677	NUMÉROS ACTUELS	NUMÉROS DE 1677	NUMÉROS ACTUELS	NUMÉROS DE 1677	NUMÉROS ACTUELS
234	12212	275	12274	316	11690
235	12226	276	12273	317	11691
236	13366	277	12275	318	12329
237	13375	278	13384	319	12332
238	13364	279	12280	320	12330
239	11642	280	12281	321	13437
240	12228	281	13348	322	11692
241	Fr.19263	282	13753	323	12387
242	13374	283	12590	324	12438
243	13373	284	12275	325	13470
244	13377	285	12284	326	12098
245	12133	286	12285	327	12971
246	12132	287	13749	228	13448
247	13442	288	12276	329	13447
248	13385	289	13403	330	13460
249	12270	290	13013	331	13451
250	12236	291	14088	332	13446
251	12234	292	12320	333	12331
252	12235	293	12294	333	13472
253	S.Pét.,F.I,10	294	12467	335	13315
254	12269	295	12296	336	12085
255	13395	296	12297	337	12069
256	13201	297	12299	338	12043
257	S.Pét.,Q.I,15	298	12316	339	12083
258	13397	299	12325	340	13224
259	13398	300	13187	341	13221
260	13767	301	12957	342	13239
261	13028	302	14064	343	13248
262	14085	303	14080	344	13473
263	13027	304	13009	7345	13285
264	14086	305	13020	346	13218
265	13396	306	13956	347	12034
266	12307	307	13414	348	12892
267	13188	308	13387	349	13316
268	13411	309	»	350	12084
269	13762	310	12319	351	12082
270	12618	311	13424	352	12261
271	13752	312	13454	353	S.Pét.,F.I,2
272	13401	313	13425	354	12636
273	12271	314	Fr.19262	355	13908
274	12272	315	12328	356	12407

ANCIEN CATALOGUE DE SAINT-GERMAIN-DES-PRÉS

NUMÉROS DE 1677	NUMÉROS ACTUELS	NUMÉROS DE 1677	NUMÉROS ACTUELS	NUMÉROS DE 1677	NUMÉROS ACTUELS
357	Fr.17250	398	13591	438	11860
358	13798	399	13595	439	13000
359	12638	400	12402	440	Fr.19080
360	11963	401	13378	441	14027
361	13172	402	Fr.17108	442	12949
362	13853	403	12613	443	12950
363	13876	404	12520	444	13937
364	12784	405	12521	445	12952
365	13918	406	12522	446	12951
366	12894	407	12523	447	12956
367	»	408	12524	448	12958
368	»	409	13722	449	13957
369	12408	410	13723	450	13409
370	12046	411	13724	451	12968
371	12406	412	13405	452	12970
372	11588	413	13608	453	12967
373	12404	414	13609	454	13805
374	12238	415	13611	455	13967
375	13570	416	13610	456	13345
376	12242	417	13430	457	13393
377	12306	418	13436	458	12954
378	12304	419	Fr.19346	459	13966
379	12305	420	Fr.19444	460	Fr.20021
380	12024	421	13606	461	11753
381	12415	422	13461	462	11750
382	12414	423	11710	463	11749
383	13572	424	12444	464	11752
384	13587	425	11713	465	11756
385	13408	426	11716	466	11754
386	13204	427	11714	467	11705
387	13376	428	13664	468	11751
388	12428	429	12118	469	12612
389	13585	430	12649	470	12611
390	13590	431	13416	471	12615
391	12405	432	13809	472	12604
392	12421	432,2	12409	473	12602
393	13203	433	12471	474	12616
394	13768	434	11719	475	13761
395	Fr.17261	435	13665	476	13765
396	13589	436	13056	477	12597
397	13444	437	11720	478	12617

NUMÉROS DE 1677	NUMÉROS ACTUELS	NUMÉROS DE 1677	NUMÉROS ACTUELS	NUMÉROS DE 1677	NUMÉROS ACTUELS
479	12599	519	13700	559	13586
480	12610	520	11730	560	13593
481	S.Pét.,Q.XIV,1	521	13023	561	13953
482	13770	522	13024	562	12519
483	12608	523	13031	563	13429
484	11864	524	13029	564	12945
485	11685	525	14089	565	12298
486	11683	526	14087	566	13197
487	11684	527	12593	567	12412
488	11575	528	13025	568	12411
489	11576	529	»	569	12992
490	11682	530	14094	570	13432
491	11527	531	14175	571	13419
492	11699	532	14148	572	12021
493	11700	533	13050	573	12291
494	11703	534	13049	574	12459
495	11702	535	13833	575	»
496	11704	536	14151	576	12440
497	12833	537	14150	577	12416
498	12834	538	13777	578	13400
499	11580	539	13044	579	13344
500	11701	540	13026	580	»
501	11529	541	13046	581	12134
502	11530	542	13045	582	12033
502 bis	11735	543	12853	583	13968
503	12511	544	Fr.19186	584	13780
504	12527	545	13102-105	585	12154
505	12526	546	»	586	12295
506	12529	547	12117	587	12052
507	S.Pét.,F.I,11	548	12964	588	12324
508	12496	549	12965	589	12960
509	S. Pét., F.I,9	550	»	590	11865
510	12512	551	13952	591	12594
511	12090	552	13594	592	12050
512	12499	552,2	13909	593	12047
513	11729	553	13418	594	12601
514	12711	554	13433	595	12267
515	12712	555	13434	596	12999
516	12518	556	13217	597	12592
517	12517	557	13468	598	S.Pét.,F.XIV,1
518	Fr.15391	558	13688	599	14144

ANCIEN CATALOGUE DE SAINT-GERMAIN-DES-PRÉS 187

NUMÉROS DE 1677	NUMÉROS ACTUELS	NUMÉROS DE 1677	NUMÉROS ACTUELS	NUMÉROS DE 1677	NUMÉROS ACTUELS
600	14065	641	13167	681	13810
601	14069	642	13874	682	11715
602	13781	643	13222	683	13584
603	14117	644	13955	684	Fr. 14201
604	12513	645	12461	685	Esp. 357
605	12229	646	12710	686	»
606	12002	647	13407	687	12815
607	11994	648	13774	688	14136
608	13775	649	13422	689	13002
609	13335	650	12391	690	13057
610	13404	651	Amiens, 461	691	13663
611	11531	652	13759	692	Fr. 19138
612	11793	653	13760	693	Fr. 17231
613	13658	654	13580	694	13802
614	13355	655	14145	695	13662
615	14070	655,2	13660	696	13661
616	13435	656	14193	697	13093-100
617	11587	657	13747	698	14199
618	13428	658	11579	699	13093
619	12486	659	11851	700	13094
620	13427	660	S.Pét., F.I, 3	701	13095
621	11522	661	12087	702	13096
622	11589	662	11993	703	13097
623	12292	663	S.Pét.,Q.I,34 et 56	704	13098
624	14090	664	13806	705	12831
625	S.Pét.,Q.I,38 et 39	665	13048	706	13099
626	12583	666	S.Pét.,F.I,12	707	13100
627	12606	667	13800	708	{13102-105 / 14202-203
628	11694	668	13388		
629	11574	669	14143	709	12429
630	12205	670	13803	710	13789
631	11636	671	12598	711	13849
632	18296	672	13786	712	Fr. 17179
633	13757	673	13420	713	13728
634	13386	674	13951	714	13357
635	13368	675	13047	715	Fr. 20029
636	13772	676	12634	716	Fr. 18650
637	12196	677	12322	717	12978
638	13043	678	12799	718	Sup. Gr. 830
639	12410	679	13866	719	13979
640	13882	680	13659	720	12289

CONCORDANCES DES NUMÉROS DE 1677 ET ACTUELS

NUMÉROS DE 1677	NUMÉROS ACTUELS	NUMÉROS DE 1677	NUMÉROS ACTUELS	NUMÉROS DE 1677	NUMÉROS ACTUELS
721	12290	761	12582	801	12139
722	»	762	12086	802	13801
723	»	763	Fr.18670	803	13766
724	12131	764	12313	804	13875
725	13764	765	12450	805	»
726	13413	766	12451	806	»
727	13771	767	12457	807	11758
728	Fr.19867	768	12943	808	11757
729	12321	769	12413	809	11759
730	12605	770	13763	810	12035
731	13574	771	14146	811	11755
732	Fr.19270	772	»	812	12600
733	13643	773	»	813	13225
734	12483	774	13153	814	13327
735	Fr.19403	775	14026	815	13799
736	14197	776	9025	816	12798
737	Fr.19777		12475	817	Fr.18486
738	»	777	11955	818	Fr.15375
739	13310	778	S.Pét.,Q.1, 21	819	13381
740	13287	779	13160	820	12201
741	14198	780	11947	821	12007
742	Fr.19530	781	13163	822	Fr.19157
743	13311	782	12051	823	12430
744	14156	783	Sup. Gr. 1023	824	14135
745	Fr.19526	784	S. Armén. 67	825	Fr.17099
746	13576	785	16887	826	13667
747	13230	786	»	827	13153
748	12311	787	»	827,2	12008
749	13195	788	»	828	Fr.19859
749,2	13826	789	12603	829	13725
750	13746	790	13322	830	13965
751	14176	791	»	831	13948
752	13286	792	13597	832	13214
753	Fr.19546	793	12190	833	12476
754	Fr.19236	794	12500	834	12452
755	12963	795	12315	835	Fr.17511
756	S. Pét..F.1, 5	796	12607	836	13146
757	13346	797	»	836,2	13147
758	13402	798	11867	837	13148
759	13342	799	13326	838	13156
760	13745	800	13453	839	13155

ANCIEN CATALOGUE DE SAINT-GERMAIN-DES-PRÉS

NUMÉROS DE 1677	NUMÉROS ACTUELS	NUMÉROS DE 1677	NUMÉROS ACTUELS	NUMÉROS DE 1677	NUMÉROS ACTUELS
840	13157	871	12786	912	13452
841	13312	872	13808	913	13648
841,2	13602	873	Fr. 19852	914	Fr. 19368
842	13600	874	13807	915	»
843	13796	875	(19551	916	»
844	»	876	Fr. {19552	917	»
845	»	877	(19694	918	»
846	Hébreu 1032	878	(19692	919	Fr. 19485
847	Hébreu 1075	879	13857	920	14134
848	13448	880	13227	921	»
849	»	881	12062	922	»
850	12902	882	13571	923	»
851	Fr. 19957	883	Fr. {18783	924	»
852	Fr. 19978	884	{18487	924,2	»
853	12510	885	Sup. Gr. 241	925	Fr. {19487
854	»	886	Fr. 15475	926	{19935
855	»	887	13657	926,2	Ital. 1377
856	»	888	11868	927	»
857	11569	889	12727	928	14040
858	} 11562	890	Fr. 17155	928,2	14077
859		891	13884	929	Fr. {19476
860	11689	892	(19587	930	{19927
860,2	12265	893	Fr. {17492	931	14073
861	12458	894	(19067	932	13382
862	12049	895	»	933	»
863	Sup. Gr. 1011	896	Fr. {19038	934	Ital. 1305
863,2	»	897	{19063	935	»
863,3	Sup. Gr. 240	898	12485	936	
863,4	12919	899	12478	937	} Fr. 17806
863,5	»	900	12477	938	
864	12206	901	Fr. {19780	939	Fr. 19239
865	12159	902	{19215	940	»
866	12259	903	Ital. 1193-1198	941	Fr. 14159
867	»	904	Fr. {19417	942	13382
868	12609	905	{17110	942,2	13631
869	Fr. 19544	906	13320	943	Sup. Gr. 248
	13852	907	(19930	944	13449
869,2	{ 13853	908	Fr. {19915	945	13637
	13847	909	{19914	946	Fr. {19540
	13858	910	(19555	947	{19632
870	12785	911	»	948	(13395

CONCORDANCES DES NUMÉROS DE 1677 ET ACTUELS

NUMÉROS DE 1677	NUMÉROS ACTUELS	NUMÉROS DE 1677	NUMÉROS ACTUELS	NUMÉROS DE 1677	NUMÉROS ACTUELS
949	Fr. 19323	966	FR. {19391 / 19757	984	13523
950	13540	967		985	13332
951	»	968	13744	986	»
952	Fr. 19243	969	{17284	987	»
953	14160	970	FR. {17499	988	11747
954	»	971	(17678-81	989	FR. {19845
955	Fr. 20014	972	»	990	{19846
955 bis	»	973	»	991	»
956	Sup. Gr. 224	974	»	992	(17517
957	13929	975	Fr. 17044-58	993	FR. {16962
958	»	976	Fr. 14050-63	994	{17065
959	Fr. 19997	977	14041	995	(17068
960	»	978	Fr. 19988	996	»
961	Sup. Gr. 178	979	14038	997	Fr. 17098
962	Slave 15	980	FR. {19995	997	12837-12842
963	»	981	{19998	998	Fr. 19124
964	»	982	13699	999	12842
965	»	983	13691		

MANUSCRITS DE SAINT-GERMAIN-DES-PRÉS

PORTÉS AU CATALOGUE DE 1677

NON IDENTIFIÉS OU DONT LE SORT ACTUEL EST INCONNU

---

21. Evangelium secundum Matthæum; fragmentum evangelii secundum Marcum; in-4°, saltem 900 annorum.

84. Novum Testamentum, græce; 4°, annorum 100.

109. S. Johannis Chrysostomi et Basilii monachi dialogus de sacerdotio; in-fol., annorum 800.

197. Johannis Cassiani collationes, ex correctione Lanfranci; in-fol. min., annorum 600.

309. Hugonis de Folieto tractatus de claustro animæ; in-4°, annorum 500.

367. Peregrini [Conradi Hirsaugiensis] monachi speculum virginum; in-4°, card. Bona curante descriptus.

368. Regula S. Benedicti; in-fol. grand., annorum 400.

529. Marciani Minei Felicis Capellæ libri IX de nuptiis philologiæ; in-fol. min., annorum 800.

546. L. Junii Moderati Columellæ libri II de re rustica; in-4°, annorum 8 ad 900.

550. Gilberti Porretani glosulæ de glosis in Epistolas Pauli et Evangelium Johannis; in-fol. min., annorum 500.

575. Ciceronis liber ad Herennium de rhetorica; in-fol. min., annorum 8 ad 900.

580. Pelagii liber contra catholicam fidem sub nomine Rufini. — S. Fulgentii epistola de fide catholica. — Origenis libri duo in Cantica Canticorum, a S. Hieronymo translati, etc.; in-4°, annorum 1000.

686. Hymni antiqui et cantica; in-4°, annorum 2 ad 300.

722. Claudii, Taurinensis episcopi, liber informationum litteræ et spiritus super Leviticum; in-fol. min., annorum 800.

723. Johannis Cassiani liber de institutis cœnobiorum; in-4°, annorum 500.

738. Vita et translatio S. Faronis, Meldensis episcopi, carmine et prosa, etc.; in-4°, annorum 600.

772 et 773. Biblia sacra hebraica; in-fol., annorum 400 et 700.

786. Explicatio practica Alcorani, seu rituale Turcorum; in-4°; arabice.

787. Grammatica arabica; in-4°.

788. Grammatica arabica; in-8°.

791. Constitutiones, etc. Congregationis Casalis Benedicti, anno 1531 receptæ; fol. min., annorum 100.

797. Preces horariæ; in-12, annorum 100.

805. Missæ ejusque partium ac ornamentorum explicatio, auct. Laur. Mesnilio; in-12, annorum 100.

806. Nicolai de Fractura, abbatis S. Vincentii ad Vulturnum, expositio in regulam S. Benedicti, anno 1299 adornata; in-4°, annorum 40.

844. Le tiers volume du Manuel de S. Augustin; in-26, 13 vel 14 sæculi.

845. Vita S^{æ} Margaritæ; in-12, 12 sæculi.

849. Johannis Sabadini de Arientis Bonon. colloquium ad Ferrariam plebem pro conjugio Lucretiæ Borgiæ in Alphonsum primogenitum ducalem Estensem; 8°, ms. français.

854. Cahiers concernant les affaires ecclésiastiques et séculières de France aux xive, xve et xvie siècles; fol. min.

855. Cahiers et feuilles volantes de mathématiques, astrologie, arithmétique.

856. Codices exscripti ex codd. mss. S. Luciani Bellovac. de sacro chrismate, cum epitaphiis nonnullis. — Homilia S. Faustini de Quadragesima. — S. Fulgentii Ruspensis expositio Symboli apostolici. — Variæ lectiones et Glossarium anonym. ex bibl. P. Pithœi, etc. — La vie et les ouvrages de S. Pacien, en français.

863 ª. Nicephori CP. sermo de fide christiana, gr., e mss. Colbertinis; fol.

863 ᵇ. Commentarius in Psalmos Davidicos, ab anonymo Benedictino congr. S. Mauri; fol.

867. Antiqua diplomata scripta in pergameno.

895. Dictionarii arabici delineatio.

911. Collecta ex Ruperto abbate, ordine alphabetico.

915. Explication morale de la règle de S. Benoît pour servir de sujet de méditations aux novices.

916. Collectiones piæ ac eruditæ, inceptæ anno 1643; 4°.

917. Copia litterarum rabbinorum Francofurtensium rabbinice scriptarum.

918. Liber litterarum dulciter sapientium, seu litterarum palati hebr. rabbinice.

921. Cinq cahiers de musique notez à la main et un sixième pour la musique almerique.

922. Pièces de musique notées, sans aucune parole.

923. Pièces de musiques et chant figuré.

924. Airs en musique pour chanter et pour instruments ; 2 vol. 8°.

924ª. Règles de plain-chant, tirées de celles de D. Modeste Joron, O. B.

927. Antiquités gauloises.

933. Duché de Lorraine, distribué et décrit par bailliages.

935. Catalogus librorum bibliothecæ cujusdam.

940. Sacrorum Bibliorum synopsis.

951. Linguæ sanctæ elementorum synopsis, auct. D. Ruperto Renaud, O. B.

954. Canticum de prædestinatione, auct. D. Ruperto Renaud, O. B.

955ª. Analecta, seu adversaria gr. et lat. ; 6 aut 7 volum.

958. Dilucida totius philosophiæ compendia.

960. Vie de S. Fiacre ; son office en lat., franç. et vers latins.

963. Miscellanea Benedictina, inter quæ : ... 3° S. Athanasii opuscula tria, græce. — 5° Histoire abrégée de S. Corneille de Compiègne. — 11° SS. Benedicti et Scholasticæ ultimum colloquium, versibus heroicis, auct. D. Amab. Dumas. — 13° Devis des nouveaux bâtiments de l'abbaye de Bernay, en 1686. — 20° Inventarium librorum omnium bibliothecæ monasterii Casalis Benedicti, etc.

964. — 1° Bulle de Léon X en faveur de Chezal-Benoît. — 2° Officium Sᵐ. Gertrudis, auct. D. Hugone Vaillant. — 5° Lettre latine de D. Placide Porcheron sur l'antiquité de la ville de Breteüille. — 9° Vie de S. Athanase, par Montfaucon, mise en français par D. Beaugendre ; etc.

965. Claudii May, e Judæo Christiani atque Romani, meditationes in mysterium corporis Christi, etc.

972. Lettres de Rome des Procureurs généraux; 3 vol.

973. Lettres de Rome et de différents monastères pour les éditions des Pères, etc.

974. Lettres sur les affaires des Jésuites et de Port-Royal, des Réguliers et des Évêques, etc.; 6 portefeuilles.

986. Grammatica arabicæ linguæ; 4°.

987. Nomina ordine alphabetico digesta omnium sanctorum in Calendario docto-sancto D. Despont; 4°.

991. Sur la vie de feu M. l'abbé de S. Cyran; 4°.

996. De la fondation de Rome; gr. 4°.

TABLE

DES CONCORDANCES

DES NUMÉROS DES ANCIENS FONDS

DES

MANUSCRITS LATINS

	Pages.
Codices Regii (1682)	1
Baluze	38
Bigot	42
Boze (De)	45
Cangé (De)	45
Cartulaires	45
Colbert	48
Drouin	77
Gaignières	77
La Mare (De)	78
Lancelot	81
Mesmes (De)	81
Noailles (De)	82
Saint-Germain *latin*	83
Saint-Martial de Limoges	98
Saint-Victor	100
Sorbonne	110
Supplément *ancien*	126
Supplément latin	126
Targny (De)	144
Dernières acquisitions du xviiie siècle	145

ANCIENS CATALOGUES

Premier catalogue de 1645	147
Second catalogue de 1645	167
Catalogue de Saint-Germain-des-Prés (1677)	182

ERRATA. — Page 10, *supprimer* les n°s 4238 ⁹ et ¹⁰, qui correspondent aux n°s 377 et 378 anciens de Baluze.

ANGERS, IMPRIMERIE BURDIN ET Cⁱᵉ.

Theologia

Volumina.

Couuers de velour.

Aranasius De Caronelis Religiosus super visione Somnis Cuius Mustā.

Franasius De Marchia, Anno: Super quattuor libris Sententiarum.

Fundatio Ecclesie Sancti Michaelis de monte Tumba.

Tractatus.

Fulberti Epi Sermo de Natiuitate beate marie virginis.
Require In libro Itinerarium Clementis

Volumina.

Répertoire de la Librairie de Blois, par Guillaume Petit (1518).

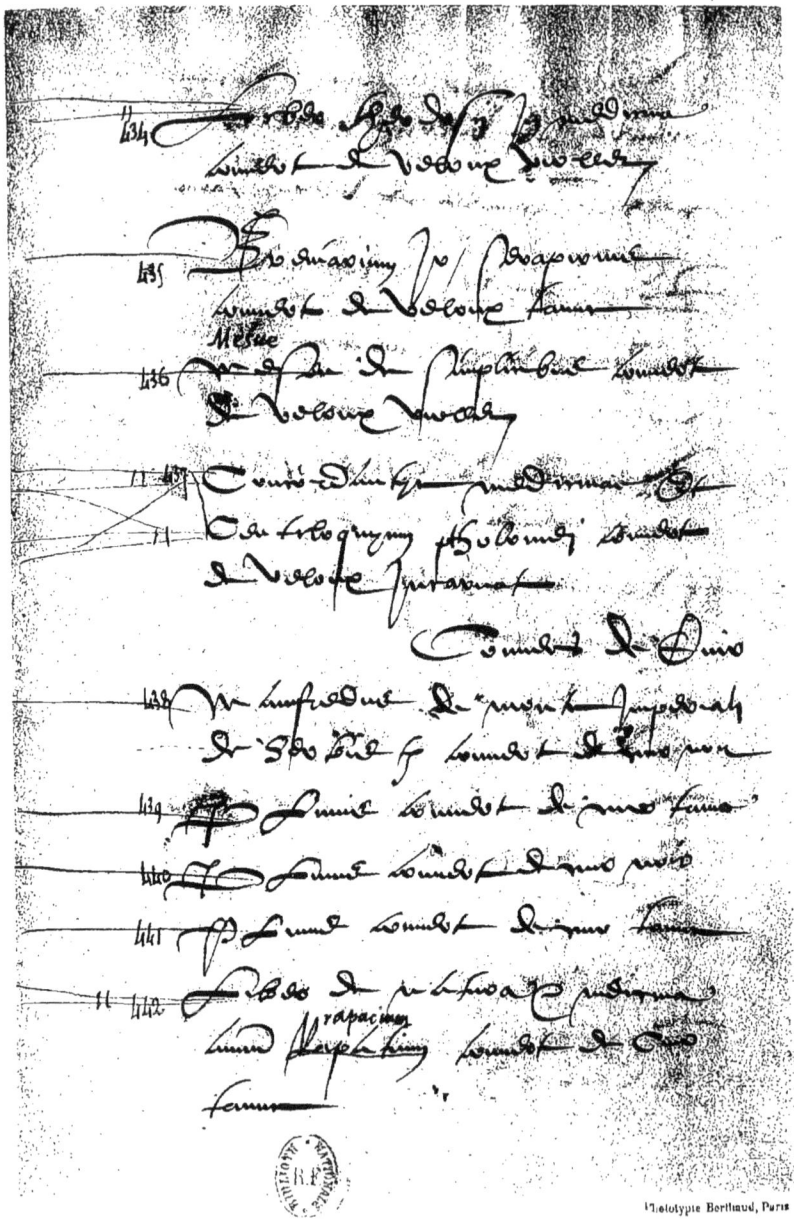

INVENTAIRE DE LA LIBRAIRIE DE BLOIS,
LORS DE SON TRANSFERT A FONTAINEBLEAU
(1544).

Historia Ferdinandi — Historia Ferdinandi

Quintus Curtius
Quintus Curtius de rebus Alexandri.
Quintus Curtius de gestis Alexandri.

Mare historiarum
Mare historiarum compilatum a fratre Ioanne de columna
Secunda pars maris historiarum

Genealogia Deorum
Genealogia Deorum gentium
Genealogia Deorum gentium
Dominus Andreas de genealogia

Plinius
Plinÿ historia naturalis
Plinius de viris illustribus

Pomponius mela
Pomponius Mela de situ orbis — Pomponius de situ orbis

CATALOGUE DES BIBLIOTHÈQUES DU ROI A PARIS,
A LA FIN DU XVIe SIÈCLE.

IV

Introductorium Alcabissi 528

Les Gloses de Haly sur le Quadripartite de Ptolémée 528

Almagestum Ptolomei 529

Le Livre des Merveilles, traitant des mœurs 530

Le Roman des Sept Sages de Rome 530

Epistolae S. Pauli cum Glossis 531

Apparatus Innocentii Papae quarti 532

L'art de Medecine, intitulé la Tour de grand richesse 533

Le 2 Volume de Vita Christi en françois 534

Liber Cibalis Medicinalis Pandectarum Mathei Silvatici medici de Salerno. Impr. Neapoli an 1474 — 535

Bernardini Corij Historia Mediolanensis Lat. impr. Mediolani ... D. III. 536

— *Cosmographie de Munster en Fr. Impr. 1556. Basle.* 537

Stilus Curiae Franciae 538

— *Histoire de Florence en Italie, traduite du latin de Leonard Aretin par Donat Acciayoli, à Venise 1473* — 539

— *Histoire de Florence de Poggio traduite du Latin en Italie par Jaques Poggio son fils. A Venise 1476* — 539

Les Œuvres de Dante en Italie avec Commentaires 540

Historia Scholastica Petri Presbyteri Trecensis, qui dictus est Comestor 541

Phototypie Berthaud, Paris

CATALOGUE DE LA BIBLIOTHÈQUE ROYALE,
PAR NICOLAS RIGAULT
(vers 1620).

I.

114

720 Bibliorum Graecorum pars prior.
Methodij Patarensis de regno Romanorum
721 Bibliorum Graecorum pars posterior
723 Pauli Aeginetae libri VII.
724 Chrysostomi Homiliae XXXIII in epist. ad Romanos
725 Eusebij demonstrationis Evangelicae libri
726 Hippocratis opera.
727 Canones ... mens. sep. octob. Novemb.
728 Olympiodori in meteorologica Aristotelis.
    Joannis, in meteorologica
729 Procli in Timaeum Platonis libri IIII.
    τὰ ζητήματα ...
    ...
732 Zonarae Histor. pars posterior a Diocletiano
    ad Alexium Comnenum
733 ...
734 Evangelia IIII. Synaxarium evangelii
735 Boetij de Consolatione
736 Evangelia IIII Latine.
737 Breviator Fest.
   Gregorij Nysseni in Gregorium Nazianzenum
738 Platonis martyrium
    Amphilochij Iconiensis vita
    Gregorij Neocaesariensis episcopi vita
    S. Catharinae vita
    Clementis episc. ... ad Jacobum Hierosolym.
    ...
    Levi Alexandrini martyrium
    Mercurij martyrium

722. Metaphrastae Januarius
vita Silvestri Papae primi
ex Graeco ... 3 Latinis
... Latino ...
Jo. Chrysostomi encomium
martyrem Julianum
XIII monachi quidam
Athanasij Alexand. de vita
Antonij Monachi

730 Georgij Zotsini Frideli U.J.
astrologia ... Physica Latine.
731 ...
   L. Sturij Tragoedia

733. an ad ... Bibliothecarius de vitis
Pontificum et aliis auctoribus
... ad Martinum V.

CATALOGUES DE LA BIBLIOTHÈQUE ROYALE,
PAR N. RIGAULT ET P. DUPUY
(1622 et 1645).

CATALOGUE DES MANUSCRITS DE LA BIBLIOTHÈQUE ROYALE, PAR NICOLAS CLÉMENT

(1682).

VII

ANCIENNES COTES DES CATALOGUES DE 1622, 1645 ET 1682.
SPÉCIMENS DE L'ÉCRITURE
DE MELLIN DE SAINT-GELAIS ET DE JEAN GOSSELIN.

www.ingramcontent.com/pod-product-compliance
Lightning Source LLC
Chambersburg PA
CBHW050650170426
43200CB00008B/1232